# 数字经济与数字贸易

王楠　倪一铭　著



化学工业出版社
·北京·

## 内容简介

本书从数字技术与经济的发展环境演变出发，对数字经济的内涵与特征进行了系统性梳理，将传统经济形态与数字经济形态进行比较，分析了数字经济与产业融合发展的路径，构建了一个数字经济应用的基本场景。在此基础上，本书以当前国际贸易形势为背景，对数字贸易、数字平台、数字产品以及数字营销的相关知识进行了系统梳理。最后，对国内外数字贸易发展面临的困难、经验与对策进行了分析。

本书可作为从事数字经济与数字贸易相关工作的企业管理人员、研究人员等以及高校相关专业的师生的参考用书。

**图书在版编目（CIP）数据**

数字经济与数字贸易 / 王楠，倪一铭著. —北京：化学工业出版社，2023.9

ISBN 978-7-122-43697-9

Ⅰ. ①数… Ⅱ. ①王… ②倪… Ⅲ. ①信息经济-研究②国际贸易-电子商务-研究 Ⅳ. ①F49②F740.4-39

中国国家版本馆 CIP 数据核字（2023）第 116728 号

责任编辑：张　艳　　　　文字编辑：赵　越
责任校对：李　爽　　　　装帧设计：王晓宇

出版发行：化学工业出版社（北京市东城区青年湖南街 13 号　邮政编码 100011）
印　　装：北京盛通数码印刷有限公司
710mm×1000mm　1/16　印张 17　字数 310 千字　　2023 年 11 月北京第 1 版第 1 次印刷

购书咨询：010-64518888　　　　售后服务：010-64518899
网　　址：http://www.cip.com.cn
凡购买本书，如有缺损质量问题，本社销售中心负责调换。

**定　　价：98.00 元**

# 前言 PREFACE

随着新一轮的科技革命和产业变革加快推进，数字经济成为世界各国竞相发展的新高地。数据显示，2020 年全球数字服务贸易规模达 31309.1 亿美元，在服务贸易中占比从 2011 年的 48.1%稳步提升至 62.8%，全球数字经济发展方兴未艾，迈入蓬勃发展阶段。物联网、人工智能、大数据、区块链、5G 等数字技术使得经济社会的各个环节发生了翻天覆地的变革，由此衍生的数字贸易逐渐成为全球经济增长的主引擎。同时，数字技术的下沉能够解决部分发达国家及落后国家产能过剩、信息不对称等带来的问题，一定程度上弥补发展中国家与发达国家之间的差距，实现“小国崛起”。此外，数字经济及数字贸易在传统产业的结构优化、产业融合、产业升级转型以及供给侧结构性改革中也发挥着至关重要的作用。

21 世纪的今天，面对新型冠状病毒感染疫情（简称新冠疫情）的蔓延、俄乌冲突对全球经济的冲击，我们看到了这场全球化浪潮不可逆转的趋势，同时认识到数字经济的发展韧性。在线教育、远程医疗、共享平台、协同办公、跨境电商等服务呈爆发式增长，改变了世界经济结构发展格局，缓解了新冠疫情对经济的冲击，助推了世界人民团结一致抗击疫情、发展生产，成为世界经济繁荣复苏以及构建人类命运共同体的重要支撑力量。

目前，世界经济格局不断变化，数字经济与数字贸易也以时代为背景呈现出不同的特点与形式，以不同的方式反映在我们的经济社会生活当中。在这样的一个数字时代，数字素养是每个公民所必须具备的，对于消费者、生产者以及管理者来说，数字素养是理解这个时代运作规律、形成经济发展观的基础。尽管目前数字经济方面的书籍琳琅满目，但大多数都是以某种数字技术或经济现象为出发点进行讨论的，议题的讨论也大多是围绕中国展开的，而关于数字经济与数字贸易的前瞻性、全局性论著相对较少。本书以数字经济的演变为线索，在对当前国际经济与贸易形势进行系统分析的基础上，对数字贸易的相关问题也展开了研究。

本书不仅是笔者多年潜心研究与实践的成果，其顺利出版更离不开团队的鼎力支持与合作，本书得到浙江省软科学重点项目（长三角科技协同创新机制与路径调控 2022C25022）、宁波大学科学技术学院重点教学研究项目（xyjy2021006）及宁波县域产业数字化研究基地的大力支持。宁波大学科学技术学院王楠教授负责全书的统稿及第一章至第六章和第十章的撰写，倪一铭硕士负责第七章至第九章的撰写，季立挺硕士在资料的收集与图表的完善方面提供了帮助。

梁漱溟先生认为做学问有八种境界，其中有二：形成主见、知不足。笔者对数字经济与数字贸易的思考所形成的主见已尽在书中，虽然已全力对内容进行完善，但囿于水平有限、时间仓促，其中难免还有许多疏漏与不妥之处，而数字经济与数字贸易作为一种千变万化的经济活动，也仍然有较大的探索空间，我们诚恳地欢迎您对本书提出意见。

著者

2023 年 6 月

目录
CONTENTS

# 第一章

# 数字经济发展的环境演变

2020 年，新冠疫情在全球蔓延，从多个方面给世界主要经济体带来了巨大的冲击。当前世界经济复苏缺乏动力，需要通过寻找新的增长点重现原有的繁荣。以互联网和数字（化）技术为载体的数字经济已经成为继农业经济、工业经济、信息经济之后的新经济发展模式，其具有高技术门槛、高渗透性、高融合性、高增长等特性，可以成为推动世界经济复苏、繁荣的重要引擎。数字经济的飞速发展不仅有利于缓解疫情对经济的影响，还可以推动企业数字化转型和智能化升级，促进新旧动能转换，为世界经济长期向好发展注入强劲的动力。美国、欧盟等世界发达国家和地区纷纷将数字经济作为振兴实体经济、培育经济动能、抢占新一轮全球产业竞争制高点的重要战略。

新冠疫情大流行加速了数字转型进程，同时也增加了各国政府应对的紧迫性。一个关键的挑战是如何管理和利用数字数据的激增来实现全球利益。经济合作与发展组织（Organization for Economic Cooperation and Development，OECD）是推动数字经济产业和数字经济统计分类的核心国际组织，整合了包括国际货币基金组织（International Monetary Fund，IMF）、欧盟统计局和各国统计机构专家在内的资源，对这一领域进行了长期深入的研究。OECD 认为数字经济是一个动态概念，是经济社会发展的数字化转型，人们对数字经济的认识经历了信息经济、互联网经济和数字经济的动态演进过程。

## 第一节　全球数字化发展的经济环境演变

囿于新冠疫情的全球性蔓延，世界经济形势中的不稳定、不确定因素日益增多，经济发展形势复杂严峻。在全球经济恢复以及国际贸易形势重塑等挑战面前，大部分国家纷纷着手于政策调整。科技创新、数字基础设施建设、数字产业链重塑、中小企业数字化转型以及数字化促进绿色化发展等，打破了工业时代历经百年形成的生活方式、经济体系、治理模式，加速了全球工业经济向数字经济的演进步伐，形成了全球数字经济逆势平稳发展的趋势。

2020 年，产业数字化转型作为数字经济发展的主要动力，占数字经济总量的比重为 84.4%，其中，第三产业是行业数字化的中坚力量，第一、二、三产业行业数字化占行业增加值比重分别为 8.0%、24.1%和 43.9%。从规模上看，发达国家的数字经济规模为 24.4 万亿美元，占全球总量的 74.7%，是发展中国家的约 3 倍。美国数字经济的发展水平仍然是世界第一，规模达到 13.6 万亿美元，中国位居世界第二，规模为 5.4 万亿美元。从占比看，发达国家的数字经济规模占 GDP

比重为54.3%，远超发展中国家27.6%的水平。德国、英国、美国数字经济在国民经济中占据主导地位，占GDP比重超过60%。从增速看，发展中国家数字经济同比名义增长3.1%，略高于发达国家数字经济3.0%的增速。中国、爱尔兰、保加利亚等国数字经济快速增长，其中，中国数字经济同比增长9.6%，位居全球第一。总体上看，全球各经济体都根据自身的优势形成了不同的数字化发展道路。中国立足于产业基础，并发挥自身市场优势，有为政府和有效市场共同促进数字化发展；美国依托持续领先的技术创新，巩固数字经济全球竞争力；欧盟以数字治理规则的领先探索，打造统一的数字化生态；德国依托强大制造业优势，打造全球制造业数字化转型标杆；英国完善数字经济整体布局，以数字政府建设引领数字化发展。全球正围绕数字经济的几个关键领域进行部署与发展。在技术赋能方面，以5G和人工智能为代表的技术进步和产品创新快速演进，并加速与垂直行业深度融合。在数字化转型方面，制造业数字化转型步伐加快，金融科技等服务业数字化快速成长，推动传统产业新型裂变和升级演进。在数据与安全方面，各国加快推动数据开发利用及市场化流通，同时，全球网络安全部署升级，带动网络安全产业发展进入快车道。

## 一、全球数字经济发展的综合协同效应

数字经济是将知识与信息进行数字化处理，转化为关键生产要素，辅以数字技术作为核心动力，以实体经济与数字技术的深度融合作为机会窗口，持续提升传统产业数字化转型、智能化转型，推动实体经济发展与社会治理模式优化的一种新型经济形态。当前，以数据驱动为特征的数字化、网络化、智能化深入推进，数据化的知识和信息作为关键生产要素在推动生产力发展和生产关系变革中的作用更加凸显，经济社会实现从生产要素到生产力，再到生产关系的全面系统变革。数字经济体系框架升级为“四化”框架：一是数字产业化，即信息通信产业，具体包括电子信息制造业、电信业、软件和数字技术服务业、互联网行业等；二是产业数字化，即传统第一、二、三产业由于应用数字技术所带来的生产数量和生产效率提升，其新增产出构成数字经济的重要组成部分；三是治理数字化，包括治理模式创新，利用数字技术完善治理体系，提升综合治理能力等；四是数据价值化，包括数据采集、数据标准、数据确权、数据标注、数据定价、数据交易、数据流转、数据保护等。

数字经济有着典型的正外部效应、集聚效应、长尾效应、滚雪球效应等综合协同效应，能够释放数字经济的创新红利和智能化红利，助力全球经济的高质量发展。数字经济的发展，将使全球迎来“数字红利”，在逆全球化背景下，成为经

济高速增长的另一推动力。数字社会最大的资产是数据，数据为企业的发展提供了强大的支撑和资源。因此，数字经济具有精准预测、精准服务、精准供应的特性，有利于形成数字经济综合协同效应。在给消费者、创业者带来决策便利、个性化精准服务的同时，也能够通过自动化与智能化转型，将用户从机械性的重复劳动中解放出来，让用户将时间与精力投入不可替代的高价值工作中。这一趋势将形成高效率、高服务水平、响应迅速的新型经济形态，改变现有的社会生态体系。

### （一）世界经济衰退，国际贸易和投资规模萎缩

随着全球政治与经济秩序的大洗牌，新一轮逆全球化的历史车轮已经缓缓向前，严重影响着世界经济贸易格局的走向。首先，疫情导致全球产业链、供应链的断裂，上游原材料、核心零部件短缺造成制造成本上升，下游消费需求疲软拖累一般性产品出口。为规避地域风险，一些供应链出现产能转移，产业链加速重构，行业加速洗牌。在全球经济衰退等多重背景交织影响下，不稳定性、不确定性因素增加，国际关系、国际秩序重构，就业压力增大，国际人才流动受限，众多数字经济发展要素受到影响。总体来看，世界经济系统性风险上升，贸易保护主义进一步抬头，地缘政治冲突进一步加剧，数字经济发展面临的国际环境更加复杂，挑战更加严峻。

随着新兴市场国家和发展中国家的快速崛起，新一轮科技革命和产业变革带来的新陈代谢和激烈竞争日渐加速，全球治理体系与国际形势变化的不适应、不对称前所未有。霍伊辛顿投资管理公司的副总裁兼投资策略分析师 Lacy Hunt 在《2020 年回顾及展望报告》中提出，全球有 92.9%的经济体出现了衰退、收缩的趋势，全球人均 GDP 也出现了 1945 年以来的最大降幅，世界贸易体量减小了 15.1%，是 1942 年后的最低谷。全球性企业出现破产潮、失业潮，世界贸易出现历史性下滑，北美洲和亚洲出口受到打击最大，复杂价值链的行业尤其是电子产品和汽车贸易可能会下滑更剧烈。但联合国贸易和发展会议 2022 年 1 月发布报告显示，2021 年，全球跨国直接投资总额强劲反弹，比 2020 年增长 77%，从 9290 亿美元增至 1.65 万亿美元，超过新冠疫情前水平。

### （二）全球产业链深度调整，产业分工格局不断重塑

自 20 世纪 50 年代以来，全球生产结构发生了深刻变化，突出表现为发达国家制造业“逆向回流”和发展中国家制造业“高端跃升”并存。与此同时，全球价值链成为构建国际分工体系的新方式。新冠疫情进一步催化产业链的逆全

球化和内向化发展。全球产业链在疫情的冲击下表现出较大脆弱性，其中，对外依存度高的产业链受到较大冲击，诱发全球产业链回缩和布局调整转移，部分国家支持重要、关键产业回流本国。疫情使得国际供应链和市场供需收缩，叠加世界经济宏观调控矛盾和国家间利益博弈影响，全球产业链出现阻隔甚至断裂风险。

从供给角度来看，德国和美国作为欧洲和北美洲两大区域生产网络的中心均受到疫情的严重影响，多条国际物流通道关闭，导致全球供应链、产业链和价值链出现断裂风险。我国在疫情初期也受到较大影响，为恢复发展生产，我国适时提出了"以国内大循环为主体，国内国际双循环相互促进的新发展格局"，一方面扩大内需，以畅通国民经济循环为主构建新发展格局，另一方面加强全球抗疫合作，同时推动我国积极参与到全球产业链重构当中，充分发挥我国在全球产业链供应链中的重要作用。尤其是以物联网、人工智能、云计算、大数据、5G、区块链等为代表的新一代数字技术迅猛发展，使传统产业数字化转型成为创新发展的主要驱动力、实现高质量发展的内燃机。

### （三）全球价值链体系表现出断裂、萎缩乃至价值贬值现象

新冠疫情使得物流的互联互通受阻，部分商品的跨国生产、流通、储备、分配、消费等环节出现障碍，导致全球性价值创造及价值实现能力下降，全球公共福利水平受到损害。随着全球范围内数字技术创新发展与深度融合，数字技术已逐渐成为产业链"标准化"流通媒介，全球价值链中传统产业的简单劳动环节持续萎缩，中间品贸易额持续下降，服务经济获得逆势增长，产业分工格局加速重构。全球产业链危机由供给端扩散至需求端，新冠疫情造成的劳动收入减少引发需求萎缩，可能形成供需两端同时萎缩局面，进而冲击产业链。尤其是对汽车、电子和机械设备等全球价值链融合程度较高的行业，影响更为明显。

### （四）数字平台垄断初现端倪

世界上规模较大的几个数字平台，如微软、亚马逊、苹果、谷歌、脸书、腾讯和阿里巴巴，正在越来越多地投资于全球数据价值链的所有部分：通过面向用户的平台服务收集数据；通过海底电缆和卫星传输数据；数据存储（数据中心）；数据分析、处理和使用。这些公司的平台组件具有竞争性的数据优势，但它们已不仅仅是数字平台，而是已成为具有全球影响力的数字公司。它们具有巨大的金融、市场和技术力量，并控制有关用户的大量数据。在疫情防控期间，随着数字

化的加速，它们的规模、利润、市场价值和主导地位都有所加强。例如，尽管2019年10月至2021年1月期间纽约证券交易所综合指数只上涨了17%，但顶级数字平台公司的股价上涨了55%（脸书）至144%（苹果）。随着数据作为一种经济资源的作用不断提升，其对跨境数据流的影响日益凸显，与“数据价值链”有关的数字鸿沟的新维度出现了，这个概念是估计数据价值的关键。价值出现在原始数据的转换过程中——从数据收集、分析和处理到数字智能，这些数据可以用于商业目的或用于社会目标。单条数据，除非它们被收集和处理，否则就没有任何价值了。反之亦然，如果没有原始数据，就无法拥有数字智能。为了创造价值，需要原始数据和将其处理成数字智能的能力。各大公司持续增加数据的价值更有助于其开发过程中的迅速发展。

## 二、全球数字经济在变局中逆势发展

2020年以来，疫情对各国经济造成不同程度冲击，国际经济环境日益复杂严峻，但在这场百年不遇的公共卫生危机中，数字经济发展依然表现出强大的生机活力与韧性，数字经济各领域稳步推进，新兴产业快速发展，传统产业数字化渗透加深，对经济增长的拉动作用愈加凸显。OECD提出的数字经济框架（图1-1）也充分说明了数字赋能生产创新高效发展的全流程。

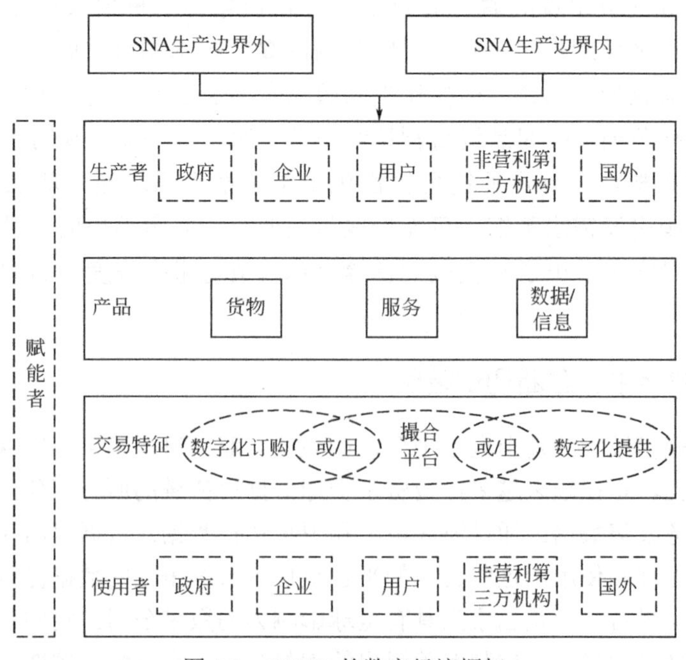


图1-1 OECD的数字经济框架

## (一)全球数字经济规模扩张背景下的经济体发展差异

随着全球经济数字化进程的不断深入，全球数字经济的规模也随之扩大，全球数字经济规模由 2018 年的 30.2 万亿美元增长至 2020 年的 32.6 万亿美元，数字经济俨然成了世界经济发展的新动能。其中，高收入国家和发达国家数字经济规模持续扩大，数字经济发展优势明显，数字经济发展速度在不同国家存在着显著差异。据中国信通院统计，2019 年 34 个高收入国家数字经济增加值规模达到 24.5 万亿美元，占 47 个经济体数字经济总量的 76.9%，10 个中高收入国家数字经济增加值规模为 6.6 万亿美元，占 47 个经济体数字经济总量的 20.8%，3 个中低收入国家数字经济规模仅为 7479 亿美元，仅占 47 个经济体数字经济总量的 2.3%。发达国家数字经济增加值规模为 23.5 万亿美元，占 47 个经济体数字经济总量的 73.9%，发展中国家数字经济增加值规模为 8.3 万亿美元，占 47 个经济体数字经济总量的 26.1%。2020 年，高收入国家数字经济规模为 25.3 万亿美元，占全球数字经济总量的 77.5%，中高收入国家数字经济规模为 6.6 万亿美元，占全球的 20.3%，中低收入国家数字经济规模为 7035 亿美元，占全球的 2.2%。发达国家数字经济规模达到 24.4 万亿美元，占全球数字经济总量的 74.7%，发展中国家数字经济规模仅为 8.2 万亿美元，占全球数字经济总量的 25.3%。这些数据的背后，是各国政府数字经济战略的差异性（表 1-1）。

**表 1-1 各国政府的数字经济战略**

| 地区 | 战略名称 | 战略内容 |
|---|---|---|
| 北美 | 美国“数字经济议程”（US:Digital Economic Agenda） | 自由开放的互联网；互联网信任和安全；创新和新兴技术 |
| 欧洲 | 欧盟数字单一市场战略（EU: Digital Single Market Strategy） | 破除法律与行政壁垒，实现数字商品服务自由流通；加强网络交流平台的管理；推动数字技术发展；增加数字产业投资 |
| | 德国数字经济战略 2025（Germany: Digital Economic Strategy in 2025） | 构建千兆（吉比特）光纤网络；建立投资及创新领域监管框架；在基础设施领域推进智能互联以加速经济发展；加强数据安全，保障数据主权；促进中小企业、手工业和服务业商业模式数字化转型；帮助德国企业推行工业 4.0；注重科研创新，数字技术发展达到顶尖水平 |
| | 英国数字经济法（UK:Digital Economy Act） | 重视通信基础设施特别是宽带的建设，建立了数字版权保护的法律和管制框架，保护在线著作权等 |
| 亚洲 | 中国“互联网＋”战略（China: Internet + Strategy） | 依托互联网信息技术实现互联网与传统产业的深度融合；通过优化生产要素、重构经济结构等途径来完成经济转型和升级；推动移动互联网、云计算、大数据、物联网等与现代制造业结合，促进电子商务、工业互联网和数字金融的创新发展 |
| | 日本 i-Japan 战略 2015（Japan: i-Japan Strategy in 2015） | 电子政府战略；医疗和健康信息化发展战略；教育和人才信息化战略 |

## （二）全球数字经济在国民经济中的地位持续提升

数字经济的持续高速增长，在一定程度上缓解了全球经济下行所带来的压力。数字经济新模式新业态获得较大发展空间，数字经济在不同国家国民经济中的占比也显著提升，数字化已成为一国经济现代化发展的重要标识。中国信通院数据显示，2019 年，中高收入国家数字经济增速为 8.7%，中低收入国家数字经济增速 8.5%，高收入国家的数字经济规模增长较缓慢，为 4.5%，相较于其同期 GDP 增速，高出 3.1 个百分点。2020 年，发展中国家数字经济同比名义增长 3.1%，略高于发达国家数字经济 3.0%的增速，中高收入国家数字经济同比名义增长 4.7%，高收入国家同比名义增长 2.8%，中低收入国家同比下降 5.5%，中国数字经济同比增长 9.6%，位居全球第一。从整体上看，当前发展中国家的数字经济体量仍然有较大上升空间，发展中国家的数字经济还处于普及化的初期阶段，所以数字经济的增长速度较快，而发达国家的数字经济发展比较完善，正朝着高质量发展阶段前进，但数字经济的规模效应尚未显现，增速与发展中国家相比更为缓慢。

近年来，数字经济已成为各国国民经济的重要组成部分，数字经济对全球经济的贡献持续增强，数字经济占 GDP 比重已由 2018 年的 40.3%增长至 2019 年的 41.5%，提升 1.2 个百分点。2020 年全球数字经济占 GDP 比重为 43.7%，较上年同比提升 2.2 个百分点，全球数字经济同比名义增长 3.0%，比同期 GDP 增速高出 5.8 个百分点，数字经济在国民经济中的核心地位不断巩固。其中，发达国家数字经济占 GDP 比重为 54.3%，远超发展中国家数字经济 GDP 占比 27.6%的水平，数字经济的核心主导地位持续巩固。从不同收入水平来看，2020 年，高收入国家数字经济占 GDP 比重首次超过 50%，达到 50.7%，比中高收入国家高出 19 个百分点，比中低收入国家高出 32.9 个百分点。

## （三）数字经济推动三次产业转型升级

产业数字化是数字经济与实体经济相互融合发展的过程，是数字经济的具体体现，发展潜力巨大。2019 年全球数字产业化占数字经济比重为 15.7%，占全球 GDP 比重为 6.5%，产业数字化占数字经济比重达到 84.3%。2020 年，全球产业数字化的比重为 50%，数字产业化在数字经济中占比逐渐下降，产业数字化占比持续提升。其中，德国数字经济与实体经济融合加速推进，产业数字化占数字经济比重达到 91.3%，德国、韩国、美国二产数字经济占比领先全球，分别达到 43.9%、43.6%和 36.0%，德国、英国、美国三产数字经济占比超过 60%，分别达到 67.9%、66.1%和 61.0%，日本、法国、中国等国家三产数字经济占比均超过 40%。从收入水平差异上看，收入水平越高的国家三次产业数字化转型的程度越深，2019 年高收入国家农业、工业、服务业的数字经济渗透率分别为 11.9%、30.5%和 43.7%，分别较上年提升 0.6 个百分点、1.0 个百分点和 1.7 个百分点，中高收入国家农业、工业、服务业数字经济渗透率分别为 7.3%、17.5%和 30.3%。2020 年德国、英国、美国数字经济在三次产业的渗透水平均高于其他国家，其中一产数字化英国达到 29.9%，二产数字化德国达到 43.9%，美国达 36%，三产数字化德国达到 67.9%，美国达 61%。

虽然经济和社会的日益数字化正在改变人们的行为和互动方式，但由于行业属性存在差异，数字化水平有较大差距。其中，固定成本低、交易成本高的行业在数字化转型方面更具优势。全球服务业数字化转型快于工业和农业。2019 年，全球服务业数字化转型率达到 39.4%，较 2018 年上升了 1.5 个百分点，固定成本高、交易成本低的工业在数字化转型方面面临较大阻碍。2019 年，工业的数字化转型率为 23.5%，较 2018 年上升了 0.7 个百分点，而生产经营严重依赖自然条件的农业在数字化转型方面存在着更多因素的掣肘，2019 年，农业的数字化转型率仅为 7.5%，相比于 2018 年上升了 0.5 个百分点。

现代经济发展的一个公认趋势是各种服务在经济生活中占比不断上升，促进了劳动生产率的不断提高，而数字经济正成为服务经济发展的一个新趋势，新冠疫情大流行更加速了数字化进程，使越来越多的人主动或被动地参与到线上工作、研究、交流、销售和购买或娱乐等活动中。孙杰（2020 年）认为这些服务既满足了消费需求，也满足了生产需求，前者提高了社会的福利水平，而后者促进了生产效率的提升。但与此同时，发达地区与发展中地区数字鸿沟已初露端倪，受制于数字经济发展水平的差异，不同地区或国家间数据利用能力存在巨大差异，那些将数据转化为数字情报和商业机会并将其用于经济和社会发展的能力有限的国家正处于明显的劣势。

## 三、全球数字经济发展的区域差异

我们可以通过关注数字经济的规模、发展趋势和政府的应对等方面，来理解数字经济的全球发展大势。从数字经济的规模看，全球数字经济正在快速发展，主要国家在全球的地理分布，形成各大洲数字经济发展差异。在规模方面，美中德日英数字经济规模占全球的 79%。2020 年，美国数字经济蝉联世界第一，规模达到 13.6 万亿美元，占全球的 41.7%，中国数字经济位居世界第二，规模为 5.4 万亿美元，德国、日本、英国位居第三至五位，规模分别为 2.54 万亿美元、2.48 万亿美元和 1.79 万亿美元。总体体现为经济发展水平较好的北半球数字经济发展态势良好。

### （一）美国：数字经济的引领者

在全球科技产业领域，美国一直处于绝对的领导者地位，随着互联网的发展以及美国制造业的衰退，美国的产业霸主地位出现了被动摇的迹象。不过，凭借在IT领域的绝对优势，美国有机会在数字经济时代继续起引领作用，甚至拉大与其他国家差距。近几年，谷歌的人工智能发展吸引了全球的关注，另外，亚马逊云服务（Amazon Web Services，AWS）的公共云表现抢眼。与谷歌的人工智能不同，AWS公共云的服务范围更广，对其他领域和产业的创新带动作用更强。公共云作为基础设施，是所有IT创新和基于IT创新的基础支撑，像公路、电网一样。美国作为数字经济的引领者，除技术领先外，在政策支持方面也走在世界前列，在2012年之后，美国提出了“大数据研究和发展计划”“数据—知识—行动”计划，并提交《大数据：把握机遇，维护价值》政策报告。2015年10月，美国对《国家创新战略》进行了更新，提出部署数字化基础设施建设，以保障数字世界与现实世界对接等内容。2016年12月，美国商务部成立了数字经济咨询委员会（Digital Economy Board of Advisory，DEBA），成员包括科技行业巨头、创新者以及专家，旨在为政府、企业和消费者提供发展数字经济的建议，从而凭借数字技术的应用与发展促进经济繁荣、教育完善、积极参与政治与文化生活。

### （二）德国：政府支持

德国政府对数字经济转型的重视程度也越来越高。为推动数字经济发展，德国政府于2013年提出了“工业4.0”科技战略计划，包括智能工厂、智能生产、智能物流三个方面，被认为是以智能制造为主导的第四次工业革命。2014年，德国政府出台了“数字议程（2014—2017）”，目的是推动网络普及、网络安全以及数字经济发展三个重要议程，使德国成为数字强国。2015年3月，为保障德国和欧盟的数据主权，德国经济与能源部启动智能服务世界（Smart Service Welt）、进入数字化（Go Digital）、专业IT表格（Prof IT Table）项目，并推广数据经济领域的创客竞赛。2016年，在汉诺威消费电子、信息及通信博览会上，德国发布“数字战略2025”，提出德国宏观经济的成功数字化转型是保持并提高竞争力的前提，实施该战略的目标是将德国建设成最具现代化的工业国家。该战略涉及数字基础设施扩建、促进数字化投资与创新、发展智能互联等。这是继“数字议程”之后，德国联邦政府首次就数字化发展作出系统安排，基础设施部分投资预计高达1000亿欧元。可以说是在国家战略层面明确了德国制造业转型和构建未来数字社会的思路，以及未来数字化必备的工具。

2017年4月7日，二十国集团（G20）首次围绕数字经济召开的部长会议在德国杜塞尔多夫落幕。会议达成共识，致力实现到2025年全球所有人都能接入互联网。德国经济和能源部长布丽吉特说，数字化是经济增长的重要驱动力，其创造的机遇应当惠及所有人。数字化革命具有全球化特征，她呼吁人们避免陷入将数字化革命局限在本国的错误思维。更快的网速、更完备的网络基础设施、更好的数字化教育、能应用在“工业4.0”、网络安全和自动驾驶等领域的数字化国际标准也是G20成员未来期望达成的目标。担任2017年G20主席国的德国把发展数字经济列为任内的一个工作重点。

## （三）亚洲：追赶

### 1. 印度

印度作为近年全球增长最快的经济体之一得到各方关注，尤其是涉及“物联网”等技术革命时，表现为技术行业的增长速度远远快于总体经济的增速。印度拥有超过10亿手机用户和4.62亿互联网用户，网络用户数排名世界第二（仅次于中国）。如此庞大的用户群体为移动互联网、数字支付、云计算和物联网等技术的爆炸式增长奠定了基础。印度总理莫迪早在2015年1月就宣布启动了“数字印度计划”，当时的目标是到2019年实现25万个村庄通网络，并提供超过1亿个就业岗位。根据麦肯锡的报告，如果这些技术被采纳，到2025年，采用这些技术的应用程序每年可以产生5000亿到1万亿美元的经济效益，代表着2012年至2025年间经济增量的20%～30%。由于印度的经济规模和发展轨迹，它正在描绘一幅宏大的经济图景。大量中国互联网企业进入印度，抢滩印度的数字经济。

### 2. 马来西亚、印度尼西亚

2016年，马来西亚总理纳吉布在访问中国期间，同阿里巴巴集团董事局主席进行了深度会谈，并当场邀请其担任马来西亚数字经济顾问。纳吉布表示，委任此职，是为了协助提升马来西亚的数字经济，特别是电子商务的发展。阿里巴巴集团董事局主席也担任了印度尼西亚政府的电子商务发展顾问，协助东盟国家发展跨境电商。东南亚市场拥有约6亿消费者，而电商业务仅占东南亚全部商务规模的不到5%，随着中产阶级增加和互联网普及率的提升，电子商务的市场将会十分巨大。谷歌的一份分析报告指出，2025年东盟数字经济规模预计会达到2000亿美元，其中受益最大的无疑是电子商务行业。

### 3. 泰国

2016年9月16日，为了推广“泰国4.0战略”，泰国成立数字经济和社会部，取消了原来的信息与通信技术部。这一新部门的首要目标之一是给泰国卫星工业和数字工业带来创新性变革。“泰国 4.0 战略”是巴育政府近期倡导的新的经济发展模式，主张在经济活动中发挥创新性、创造性和技术应用能力。通过实施该战略，泰国希望将传统的农业种植模式转型为智能化的农业，将传统的中小企业转型为智能型的中小企业，将传统的服务业变成具有高附加值的服务业。2016 年 12 月 9 日，泰国政府和中国互联网企业阿里巴巴针对双方通过合作发展泰国电子商务的一系列措施签署了意向书。

#### 4. 中国

2016 年 9 月，G20 杭州峰会发布了数字经济发展与合作倡议，以促进全球经济增长并惠及各国人民。

数字经济转型（表 1-2）成为疫情之下支撑经济发展的重要力量。各国发展的重心，逐步从关注土地、人力、机器的数量和质量转移至数字技术、数字化发展水平，从物理空间加速向数字空间转移，并将很快呈现出以数字空间为主导的格局，数字经济将成为各国实现经济复苏、推动转型发展的关键抓手。

**表 1-2 数字化转型阶段**

| 数字化内容 | 数字化方向 | 数字经济阶段（增量） |
|---|---|---|
| 关键词 | 信息化、数字化 | 智能化 |
| 时间轴 | 远景 | 近景 |
| 基础设施 | 自建数据中心为主 | 云计算、互联网、智能终端等 |
| 技术群落 | IT 技术 | DT 技术 |
| 投入要素 | 数据开始体现价值 | 数据成为核心要素 |
| 代表产业 | IT 产业，以及被 IT 化的产业 | DT 化产业，数据驱动的产业 |
| 商业模式 | 各行业大规模定制 | C2B 柔性化生产 |
| 组织模式 | 传统金字塔体系受到冲击 | 云端制（大平台+小前端） |

## 第二节 全球数字化发展的技术创新环境演变

数字技术是一种颠覆性力量，具备迭代快、扩散快、渗透性强等特点，正在重新定义未来。作为数字经济发展的技术基础，数字技术具有很多独有的特征，以互联网、大数据、云计算、人工智能等为代表的新一代信息技术创新加速迭代，并诱发传统产业加速数字化、网络化、智能化转型升级，使数字经济成为全球经济发展的活力所在。推动世界经济复苏和突破性发展的力量往往发端于供给侧，通过供给侧技术水平的提升来产生经济发展的动力。数字技术创新日新月异，数字化、网络化、智能化深入发展，在推动经济社会发展、促进国家治理体系和治理能力现代化、满足人民日益增长的美好生活需要方面发挥着日益重要的作用。

## 一、数字技术驱动全球进入数字经济时代

全球数字技术，尤其是物联网、工业互联网、移动互联网、大数据、云计算、人工智能、区块链等新一代信息技术发展推动全球数字经济快速发展。2018 年全球云市场表现显著优于传统服务外包市场。基础设施即服务（Infrastructure as a Service，IaaS）增长 47%，软件即服务（Software as a Service，SaaS）增长 34%。2021 年，全球 47 个国家数字经济增加值为 38.1 万亿美元，同比名义增长 15.6%，占 GDP 比重为 45.0%。Gartner 数据显示，2021 年全球云计算市场保持稳健增长，从 2020 年的 642.9 亿美元增长至 908.9 亿美元。全球数字图书市场规模以 4.1%的复合年均增长率，从 2015 年的 103.1 亿美元增长到 2021 年的 131.4 亿美元。

### （一）数字技术研发工作的“正外部性”

数字技术研发工作具有很强的“正外部性”，能够通过网络平台、数字技术所产生的商流、信息流、数据流，与合作伙伴、供应商、客户进行深入互动，实现价值共创、利益共赢，其所产生的全球经济一体化效应呈指数级增长。

### （二）数字技术的“通用目的技术”属性

作为“通用目的技术”，数字技术功能的发挥需要具体部门的技术和组织进行配套，这使数字经济部门的发展和经济整体的发展可能是同步的，导致数字技术发展对国内生产总值的影响并不显著，即“索洛悖论”。这种现象在很大程度上是由数字技术的“通用目的技术”属性决定的，但正是因为多种通用技术同时在经济体中扩展和发挥作用，数字经济才会在全世界蓬勃发展。

### （三）数字技术的产业赋能作用

数字技术具有通用性，在国民经济的各个领域均能够得到不同程度的应用。随着数字技术的不断进步与完善，数字基础设施的建设也越来越普及，国民经济中各个产业的数字化转型也不断深入，数字技术的产业赋能作用不断加强，促使

企业的生产要素、业务流程、客户关系、组织结构、商业模式、生产方式发生改变，也使得产业发展质量与效率大幅度提升。

## 二、数字技术创新进入重大变革期

### （一）数字技术创新迭代加速跨领域融合发展

数字技术加速集成优化，技术创新活力裂变式释放。计算、网络、感知等核心技术加速融合互动创新，云计算极大拓展了高性能计算的发展模式，大数据深刻改变了高端存储的发展方向，人工智能全面提升了传感感知的技术能力，软件定义理念加快了通信网络的智能化演进进程。技术路线和发展模式的快速深刻调整，推动了计算网络化、网络智能化、传感智能化的深入发展，极大激发了先进计算、高速互联、高端存储、智能感知的技术创新活力和应用潜力，带动技术能力和效率的指数级增长。数字技术与其他领域加速融合创新，新型应用模式快速发展。

### （二）数字技术助力新材料技术创新加速

轻量化、智能化成为新材料技术发展潮流，新材料技术正加速向智能化方向发展。2020 年，自修复材料、自适应材料、新型传感材料、4D 打印材料等智能材料技术大量涌现，为生物医疗、航空航天等领域发展提供支撑。美国、日本、韩国等国家在石墨烯器件、增材制造工艺、纳米粒子处理和生物材料制备等新材料技术方面加速突破，如韩国 2019 年纳米材料领域技术开发的实施计划，旨在系统性支持具有人脑计算能力的未来半导体新器件核心技术开发，研究具有新特性与新功能的未来材料。

### （三）数字技术推动前沿技术加速研发进程，全面提升国家技术创新能力

未来网络、量子通信、新型密码等新技术新理念从畅想与概念阶段走向研发阶段，各国高度重视前沿技术布局，产业格局面临深刻重构调整，数字技术产业创新蓝海正在形成。量子技术研发应用不断取得新的突破。美国、德国、英国、日本等国家纷纷加强量子信息科学与工程前沿研究，如，德国政府拨款 6.5 亿欧元开展大规模量子通信研究项目，以扩大德国和欧洲在量子通信技术领域的自主能力。下一代超级计算机计算能力冲顶百亿亿级。近年来，各国加快超级计算机研发，2021 年已将计算能力达百亿亿次超级计算机投入使用，如，美国阿尔贡国家实验室、英特尔和克莱共同打造了首台达到百亿亿次级别的美国计算机，于

2021 年底全面投入使用。中国、日本、欧盟、印度等国家和组织也在积极开展研发和部署。

## 三、数据资源引领数字技术创新方向

在数字经济时代，代表性的通用技术是大数据、云计算、人工智能、移动互联网、智能终端等。在经济活动中，“数据”成为核心要素。代表性的产业主要是数字技术（Digital Technology，DT）业，以及被 DT 化的各产业，整个经济活动将由数据驱动。英美是数字技术先行者，20 世纪几乎所有重要发明均诞生于两国，例如电子计算机、晶体管、集成电路、阿帕网、微处理器、移动电话、PC 和万维网。根据 UNCTAD（联合国贸易和发展会议）前沿技术准备度指数，美国、瑞士和英国分居前三位，我国仅居第 25 位。根据 ICInsights 数据（2021 年），全球前 15 名的半导体厂商中，美国有 8 家，中国仅有台积电和联发科 2 家，且均在台湾地区。我国是后发国家，数字技术创新已取得难能可贵的成绩，跟跑加快、并跑增多、领跑涌现。

### （一）数据要素特有属性驱动产业数字化转型

越来越多的国家和企业寄希望于通过数字化实现能力提升或“弯道超车”。数据作为数字经济的基本生产禀赋，在性质上与资本、劳动力等传统生产禀赋之间存在较大的区别。首先，数据具有一定的公共品属性。从使用环节看，数据具有很强的非竞争性，一个人使用了某一数据，并不影响其他人对它的使用；从生产环节看，数据具有很强的非排他性，不同的收集者可以对同一数据源进行数据采集、分析、使用，互不干扰，互不影响。其次，数据具有很强的规模效应和范围效应。在现有的技术条件下，规模太小或维度太少的数据对分析来说是没有意义的。随着数据规模的扩大、维度的增加，可能从数据中挖掘出的价值将呈现指数级提高，这是大数据的价值。最后，数据具有较强的可再生性和可替代性。不同于石油等传统的生活要素，数据不会因为使用而消失，反而可能因为使用而不断增加。与此同时，数据也不像石油那样不可或缺。事实上，为了达成相同的分析指标，我们可以采用完全不同的数据集合。

### （二）数据中心集聚的经济溢出效应

首先，在参与和受益于数据驱动的数字经济的能力方面，有两个国家脱颖而出：美国和中国。它们拥有占世界一半的超规模数据中心，94%的人工智能初创企业。在利用数据价值方面处于领先地位，世界上 5G 采用率最高。在过去的 5

年里，70%的世界顶级人工智能研究人员创造了全球近 90%的市值。其次，从技术上讲，数据以光速通过光纤传输，而且对于许多应用程序，数据存储不需要放在特定的位置，可以在应用程序或服务中快速传输查询，核心数据基础设施为全球或广泛地区提供服务，北美和西欧的数据中心占主导地位，这些中心几乎占所有共同定位数据中心的三分之二。虽然数据存储不需要特定位置，但数据和存储基础设施在全球传播方面存在技术参数，大型技术公司的商业模式往往建立在这种存储位置的独立性之上。在成本方面，拥有更多本地的数据来源可能会使当地公司受益。此外，更低的延迟，或对请求的时间响应，有利于定位更接近其来源的数据。其他技术风险，如零星的光纤切割和缺乏冗余，随着数据中心多样性的增加而减少。

这些论点对于低带宽或非实时数据来说不那么重要，但对于新一代实时应用程序来说则是一个挑战。在这些应用程序中，用户需要对延迟或高度交互性的数据流（如云应用程序或行业中的实时监控）高度敏感。数据中心投资的溢出效应也更加重要，突出了由于数据中心的存在，其他类型的数据相关资本和能力随之出现。这些论点在发展中国家的研究较少，但发达国家的证据表明，数据中心可以补充在数据基础设施方面的其他投资，并在经济中产生重要的溢出效应——例如，通过支持能源和交通基础设施的公私联合升级。虽然数据中心本地化带来的直接经济收益有限，但在某些情况下，数据中心的建设体现了各类投资对数据资本的掌控能力。此外，虽然关于国内数据本地化的争论正在增加，但关于这种关系的证据有限。在本地存储数据的一个常见原因涉及管辖权和安全问题，数据不仅仅是一种经济资源，它们还与隐私和人权的其他方面以及国家安全有关，所以对于跨境数据流，出于法律原因访问此类数据仍是一个挑战，目前只有在法律互助条约框架内的国家才允许互相访问司法管辖区以外的数据，但这些条约并不在所有国家之间实施。这表明需要一种与数据有关的综合、全面的决策方法，该方法有助于解决数据安全的社会挑战，包括与可持续发展目标有关的挑战。虽然应该利用数字经济收益，但重要的是要确保它们以公平的方式分配，并创造社会价值。

## 四、数字平台促进数字经济发展

最大的数字（化）平台越来越多地控制着全球数据价值链的各个阶段，在大流行期间，它们的主导地位有所加强，经济活动中唱主角的核心商业主体由平台主导。在数字经济时代，对于信息经济，所呈现出的新经济形态为平台经济+共享经济，商业模式向 C2B（从消费者到企业）、C2M（从消费者到生产）演变。

### （一）数字平台具有企业和市场的双重特征

一方面，所有的平台都有成员、资产、层级结构。对内，用命令来进行资源配置；对外，要参与市场竞争，这些都是和传统的企业类似的。但另一方面，平台并不像传统产业一样直接生产或销售商品，它们要做的更多的是匹配供需。除了本质属性上与传统企业的差别，平台还具有很多传统企业所没有的特点，其中最重要的就是“跨边网络外部性”，即平台一侧的用户会关注平台另一侧的用户数量。有了这种跨边网络外部性，平台就有机会通过首先撬动一侧市场来启动“鸡生蛋、蛋生鸡”的回振，获得迅速的成长。

### （二）数字平台具有连接和孵化的双重职能

科技平台成为中小企业“上云、用数、赋智”的核心支撑。插件化解决方案为破解中小企业产业数字化转型成本高、产业链数据资源获取难度大等问题，提供了有效的解决思路。在科技的支撑下，行业数字化平台将从单个企业的自我建设向行业共同建设转变，成为推动企业数字化合力的重要工具。通过数字技术和产品与服务供给者，促成行业、企业间的交易协作和适度竞争，形成数字化合力并共同创造价值。以科技平台为依托，探索创新，形成基于数据、知识产权等无形资产的虚拟产业园区、虚拟产业集群等新产业载体，切实发挥这些产业载体集聚、融合产业链上下游资源要素的优势作用。需要指出的是，在平台竞争的条件下，先发的平台通常具有更强的网络外部性，从而对客户产生更大的吸引力，后来进入的平台则很难吸引客户，这样就很可能产生客户向先发平台集中的竞争结果。

### （三）数字平台建设稳步推进，加速与工业软件融合

首先，工业软件向平台迁移已是大势所趋，工业互联网平台正成为未来制造业数字化转型的核心能力底座。如，西门子、达索持续发布平台新版本，加快推动已有软件的云端代码重构，美国参数技术公司 PTC 并购云原生 CAD 和 PLM，实现软件到平台的快速、轻量化迁移。此外，GE、施耐德、艾默生等具有垂直行业属性的平台企业积极打造设备管理和生产管控解决方案。其次，平台正通过边缘计算加速与工业自动化体系的对接和融合，以更好地服务生产现场。以施耐德、菲尼克斯为代表的工控企业加快构建开放的自动化工控系统，推动工控软件与不同设备间的可移植、可组态和可互操作，提升工控开发和应用效率。以微软、华为为代表的信息与通信技术（Information and Communications Technology，ICT）企业，借助开源技术向边缘侧下沉提升边缘数据流转效率，释放边缘数据应用价值；在业务流程方面，SAP、达索、西门子等领军企业不断叠加创新技术，推动

平台经营管理业务乃至研发设计和生产管控业务的流程智能。最后，平台成为数字孪生应用基础底座，推动数据科学与仿真模型深度融合。在实时物联网（Internet of Things，IoT）数据和仿真模型结合方面，ANSYS 公司与阿里合作构建变压器数字孪生体，ANSYS 公司负责构建仿真降阶模型，阿里负责采集 IoT 数据，最终通过实时仿真技术模拟出传感器无法直接测量的核心部件温度，大大降低了核心部件超温造成事故的可能性。在 AI 数据模型和仿真模型集成融合方面，海克斯康宣布收购 CADLM SAS，后者是计算机辅助工程与人工智能和机器学习的先驱，基于此海克斯康能够通过人工智能技术优化研发阶段的数字孪生精度，进而提升产品数字孪生性能。

## 五、新型网络技术应用持续深化

### （一）人工智能基础技术不断创新

2011—2021 年上半年，全球人工智能领域发表的论文总量 75 万余篇，中国发文量占比 27%，位居首位，美国占比 21%。2010—2021 年 2 月全球累计人工智能专利申请量达 58.2 万件，累计专利授权量达 17.8 万件，我国累计授权量占比 43%，位居首位，美国占比 33%。同时，人工智能在生物学、物理学等自然科学领域不断取得突破，类脑智能、脑机接口、量子智能、光子智能等新一代智能体系逐步形成，超大规模深度学习与训练模型加速构建。

### （二）5G 网络建设全面推进

全球 5G 建设呈现平稳发展态势。尽管新冠疫情延缓了全球 5G 发展速度，但经过努力，全球 5G 发展仍呈现良好态势。根据 GSA 和 GSMA 统计的数据，截至 2021 年第二季度，全球共有 71 个国家部署了 174 张 5G 商用网络，全球 5G 终端连接数达到 4.53 亿，比 2020 年同比增长 390%，比上季度环比增长约 9%。其中我国 5G 终端连接数占比超过 8 成，达到 3.65 亿，美国、韩国分别占据 6% 和 4%。全球已商用的 5G 终端款型数量达到 557 款，其中包括 381 款手机。中国是第一批实现 5G 商用的国家之一，目前在多个方面领先发展。网络建设方面，中国建设起全球规模最大的 5G 网络。截至目前，中国已开通 5G 基站 96.1 万个，占全球 70%以上，覆盖全国所有地级以上城市和部分重点城镇。5G 独立组网（SA）网络实现广域连续覆盖，工业、港口和医院等重点区域 5G 行业虚拟专网加快建设，形成适应行业需求的 5G 网络体系。用户发展方面，中国充分发挥超大规模市场的比较优势，深度激发内需潜力，推动中国 5G 在消费端和产业端双向发力。截至 2021 年 6 月底，5G 用户渗透率达到 17.8%，居全球前列。终端模组方面，5G 手机价格已经下探至 1000 元以下，带动了 5G 用户的普及。5G 通用模组、工业网关、车载终端、智能穿戴等新型终端不断涌现，终端类型已达 30 多种，模组价格下探至 500 元，搭建起连接 5G 网络基础设施与行业应用的桥梁。

### （三）5G+工业互联网持续落地

根据中国信通院统计的近两年国内外 5G+工业互联网案例，5G 正成为传统工业网络的有益补充，网络改造与互联网占比由 2019 年的 4%提升至 2020 年的 12.3%。同时，5G 深入质量、控制等生产核心业务环节，应用占比由 2019 年的 19%提升至 2020 年的 24%。时间敏感网络（Time-Sensitive Networking，TSN）产业初步建立。英特尔、博通、Vitesse 等企业已开始提供支持 TSN 功能的芯片，MOXA、霍斯曼、华为、新华三、东土等企业发布了 TSN 交换机产品，以 5G、电力、钢铁为代表的诸多行业对于 TSN 技术应用已经逐步显现。边缘计算产业生态日益完善。ICT 头部企业均积极开展时序数据库、容器、边缘智能等关键技术研究，发布了一系列边缘计算软件服务。华为、新华三、联想等企业从叠加设备管理与智能计算功能入手，发布了边缘计算服务器、边缘计算网关等硬件产品。

## 第三节　数字经济发展的战略框架

“数字经济”一词首次出现在美国学者唐·泰普斯科特于 1996 年所写的《数字经济：网络智能时代的前景与风险》一书中。不过，该书中的“数字经济”泛指互联网时代中的生产关系，对具体概念尚无界定。此后，许多论文和研究报告中都陆续出现了“数字经济”，尽管这些“数字经济”具体所指不相同，但大致上讲，它们都涉及了互联网技术，以及在互联网技术基础上出现的电子商务和电子业务。1998—1999 年，美国商务部发布了两份关于数字经济的研究，使数字经济的概念更加广为人知，“数字经济”很快在当时的学者当中流行开来。这当中，不可不提的便是“计算机”和“互联网”，正是由于互联网普及，才使数字经济进入初级裂变阶段。我国的数字经济建设也在这时期得到快速发展。从早期的网易、新浪和搜狐三大门户网站到阿里巴巴、京东等电子商务网络的搭建，以及后来百度、腾讯搜索引擎与社交媒体的创建，我国的数字经济建设迎来了一波发展小浪潮，数字经济也随之繁荣发展并产生裂变。

## 一、数字经济发展的浪潮和质变

21 世纪初期，全球掀起了“数字经济”的浪潮。在互联网基础设施搭建时代，人们对数字经济的理解仍然局限于“电子商务”，认为其仅仅是“消费互联网”。事实上，数字经济的内涵和价值并不局限于此。2008 年，学者希克斯提出数字经济包括三个层面：第一层面包括货物、软件和基础设施；第二层面包括服务和零售；第三层面包括内容的生产和销售。埃尔马斯里等人（2016 年）认为数字经济不是一个概念，而是一种行为方式，它主要有三个贡献：一是在经济世界的前沿创造价值；二是从客户体验的角度优化流程；三是构建支持整个体系的基本动能。同年，罗斯指出数字经济是以通信技术为基础的世界范围的经济活动网络。在 G20 杭州峰会上发布的《二十国集团数字经济发展与合作倡议》中，数字经济被定义为：“以使用数字化的知识和信息作为关键生产要素，以现代信息网络作为重要载体，以信息通信技术的有效使用作为效率提升和经济结构优化的重要推动力的一系列经济活动。”这个定义中，数字经济已经囊括了一切数字技术及建立在它们之上的经济活动。伯克特希克斯（2017 年）指出数字经济是经济产出中完全或主要由数字技术带来的，由基于数字货物和数字服务的经济模式所创造的那部分。纵观数字经济定义的演变，反映出三个重要信息。

### （一）数字经济概念的时效性

数字经济主要用来描述信息技术革命以来一段时间内对经济带来的巨大变革。随着数字技术的进步，数字经济的内涵也不断更新，我们应该用发展而非静止的目光来看待它。未来，数字经济的概念将可能被新的概念取代。这并不是说数字技术在那时对经济已不重要，只是表明那时以数字技术方式进行生产将不再是经济形态的突出和关键特征。

### （二）数字经济是技术与经济的结合

数字经济是主要以数字技术方法进行生产的经济形态，制定相关的发展政策时，要两头并举，既要重视技术层面，也要重视经济层面。

### （三）数字经济既有本质特征又有非本质特征

本质特征是数字经济特有的，而非本质特征通常与其他概念共享，或者只是数字经济的组成部分或某一发展阶段的特征。

## 二、各国持续完善数据战略布局

数据已成为重要的战略性资源，各国纷纷加快数据领域战略布局，为挖掘数据要素价值、建设数据要素市场提供政策支撑。

### （一）美国数据战略演变

白宫 2019 年 12 月发布《联邦数据战略与 2020 年行动计划》，“将数据作为战略资源开发”成为美国新的数据战略核心目标，并确立了“促进数据共享、保护数据资源和有效使用数据资源”三个层面共计 40 项数据管理具体实践目标。2020 年 10 月，美国国防部发布《国防部数据战略》，加快向“以数据为中心”转型，力图在作战速度和规模上利用数据提高作战优势和效率。

### （二）欧盟数据战略演变

欧盟针对政府数据开放、数据流通、发展数据经济，发布《迈向繁荣的数据驱动型经济》《建立欧洲数据经济》《迈向共同的欧洲数据空间》等多份战略文件。2020 年 2 月，欧盟委员会发布《欧洲数据战略》，强调提升对非个人数据的分析利用能力。该战略通过建立跨部门治理框架、加强数据基础设施投资建设、提升个体数据权利和技能、打造公共数据空间等措施，力求把欧洲打造成全球最具吸引力、最安全和最具活力的数据敏捷经济体。

### （三）英国数据战略演变

2020 年 9 月，英国发布《国家数据战略》，提出释放数据的价值是推动数字部门和国家经济增长的关键，设定五项“优先任务”，研究英国如何利用现有优势来促进企业、政府和公民、社会对数据的使用。英国旨在通过数据的使用推动创新，创造新的创业和就业机会，促进其经济尽快从疫情中复苏。

### （四）中国数据战略演变

中国 2015 年首次提出“国家大数据战略”，并在十九届四中全会上将数据明确为生产要素参与分配，发布《关于构建更加完善的要素市场化配置体制机制的意见》。此后在十九届五中全会等国家重要会议、文件中，将数据作为关键生产要素，通过政府数据开放共享、加快数据资源整合等举措不断发挥数据对于数字经济的重要驱动力作用。

目前看，要求数据必须在国内存储的战略可能只会在大国中获得回报，因为这些大国能够达到必要的临界规模和整体规模，从而能够从数据中创造价值。此外，只有在国家拥有将数据转化为数字情报并将其货币化的能力时，将数据保持在境内才能导致经济发展。同时，数据使用技能更为重要，而且可以在本地发展，即使数据中心在其他地方，连接基础设施也比数据中心本身更相关。对于较小的国家来说，由于数据的价值来自数据的聚合，因此如果数据不允许跨越国界，就无法产生任何价值。

## 三、全球数字化的战略部署和特征

新冠疫情导致全球经济、贸易和投资增速下滑，中美经贸摩擦的长期性和复杂性，发展中国家的市场竞争加剧等外部因素的影响可能导致新的保护主义加剧。但基于数据产生、流动的必然性，出于国家信息安全治理等内部原因，世界各国也深切意识到全球数字化发展趋势不可阻挡，研究和制定数字经济发展战略是必由之路。

### （一）全球数字化的战略部署

数字经济基于新一代信息技术，孕育全新的商业模式和经济活动，并对传统经济进行渗透补充和转型升级。《OECD 数字经济展望 2017》显示，32 个 OECD 成员国和 6 个伙伴经济体都有数字经济相关的战略、议程或项目出台，其中 1/3 是单独的数字战略，剩下的 2/3 作为国家整体战略的组成部分出现。从数字经济体量分别排名第一和第二的美国和中国看，美国早在 1999 年就成立了网络与信息技术研究与发展计划，布局了计算机、网络和软件项目与科研计划，制定了网络与信息技术研究与发展计划。至 2017 年美国数字经济规模占美国 GDP 的 57%，驱动能力强，位列全球第一；中国也于 2006 年发布了《国家信息化发展战略》，把推动数字经济发展作为国家战略，通过各类项目与计划不断推动数字经济发展。2017 年，中国数字经济规模占中国 GDP 的 32.9%。全球数字经济发展指数排名（表 1-3）显示，除美国、中国外，欧盟及亚洲各国的指数均高于 0.6，说明其数字经济发展国家战略的部署与实施也较好。

表 1-3　全球数字经济发展指数排名

| 排名 | 国家/地区 | 总指数 | 排名 | 国家/地区 | 总指数 |
|---|---|---|---|---|---|
| 1 | 美国 | 0.837 | 6 | 挪威 | 0.617 |
| 2 | 中国 | 0.718 | 7 | 日本 | 0.615 |
| 3 | 英国 | 0.694 | 8 | 丹麦 | 0.612 |
| 4 | 韩国 | 0.621 | 9 | 新加坡 | 0.609 |
| 5 | 瑞典 | 0.618 | 10 | 荷兰 | 0.606 |

### （二）全球科技产业竞争白热化

近年来，部分实力强大的国家在数字技术创新、数字技术标准、数字规则制定等方面进行布局，以图在数字经济的竞争中谋得先机。这一方面是因为数字经济的增长速度超乎人们的预期，具有可观的发展潜力。另一方面，新一轮的数字化浪潮势必将社会推向万物互联的方向，数字资源在其中将会充当重要的价值来源，而涉及关键价值的相关技术、设备、平台将会是全球数字竞争的焦点领域。

全球数字经济发展中，数字经济的发展指数与国家或地区的人均 GDP 呈现高度相关性。人均 GDP 超过 1.2 万美元的国家或地区有美国、英国、日本、韩国、西班牙等，其数字经济发展指数均超过 0.4，明显高于人均 GDP 低于 1.2 万美元的国家或地区。

### （三）数字经济治理与理念塑造不断提升

数字技术在促进经济增长与推动社会治理便利化方面具有一定的正向作用，但同时也带来相关的问题，比如个人隐私受到侵害、资本扩张失序、数字平台垄断等。为此，数字经济治理、数据安全、数字技术反垄断以及数字伦理等理念得到了更多重视。

与核心技术相关且类似的是理念塑造，当前，重要的数字理念往往是由美国人或美国企业首先提出，例如人工智能、共享经济、电子政务、电子商务、大数据、物联网、云计算、智慧城市和工业互联网等。这些也应该是我国数字经济发展的重点方向。

# 第二章

# 数字经济内涵与特征

20 世纪 90 年代初，随着 ICP/IP 协议、万维网协议先后完成，互联网开启了快速商业化步伐，各种新型商业模式和互联网服务被开发出来并推向市场，涌现出一大批互联网企业。针对这一现象，1996 年，加拿大新经济学家唐·泰普斯科特首次提出数字经济的概念，并且预测分析了数字化对政府、商业、教育等 12 个领域可能产生的正负面影响。同年，美国计算机科学家尼古拉斯·尼葛洛庞帝在《数字化生存》一书中首次从人类发展的角度界定了数字经济与传统经济的差异：由原来原子加工过程逐步转变为信息加工处理的过程。但作为数字经济研究的先锋，他们仍然未能在其著作中对数字经济的概念做出准确的界定与精准的描述。随着人们对数字经济认识的不断深化，不同时期、不同学者与机构对数字经济的定义也会存在差异。但目前使用最多的便是 2016 年 G20 杭州峰会上达成的《二十国集团数字经济发展与合作倡议》对数字经济的定义。

# 第一节　数字经济的内涵

首先，从数字经济关键生产要素的角度来看，其不同于以往把土地、能源、劳动、资本等作为农业经济与工业经济下的关键生产要素，而是把富含知识和信息的数字化数据作为数字经济下的关键生产要素，从而作为一种新的技术经济范式，数字经济在基础设施、产业结构、就业结构、治理体系上与农业经济和工业经济表现出显著不同的新特点；然后，从数字经济发展的基础与载体来看，数字经济把现代通信网络与数字平台作为载体，而不只是在信息初级阶段简单依托宽带与互联网等载体；最后，从数字经济发展的根本动力来看，云计算、大数据、物联网、人工智能、增材制造、区块链等信息通信与数字技术成为数字经济发展的根本动力。总之，数字经济以数字化的知识和信息作为关键生产要素、以现代信息网络与数字平台为重要载体，通过相关数字技术的有效应用，推动传统领域的数字化转型与升级，进而实现价值增值和效率提升。

## 一、数字经济“四大维度”的内涵

数字经济推动了人类经济形态由工业经济向“信息经济—知识经济—智慧经济”转化，极大地降低了社会交易成本，提高了资源优化配置效率及产品、企业、产业的附加值，推动了社会生产力的快速发展，同时为落后国家实现超越性发展提供了技术基础。对于数字经济的内涵可以从要素、载体、技术、系统这四大维度进行认识和理解，如表 2-1。

**表 2-1　数字经济内涵的四大维度**

| 维度 | 主要表现 |
| --- | --- |
| 要素 | 数据资源和价值链 |
| 载体 | 现代信息网络、数字化基础设施、数字平台 |
| 技术 | 数字技术、信息技术、网络技术、工业技术、创新技术 |
| 系统 | 全要素数字化转型 |

### （一）要素维度

数字化的数据资源成为驱动数字经济发展的关键要素。在数字经济时代，衡量经济产出的生产函数将数据化的知识和信息纳入其中，成为核心生产要素，知识和信息的集聚和流通削弱了传统要素的有限供给对经济增长的制约。同时，数字经济推动了技术、劳动等其他生产要素的数字化发展，为现代化经济体系注入了新动力。

### （二）载体维度

现代信息网络、数字化基础设施和数字平台成为数字经济发展的载体。现代信息网络为数据的存储和传输提供了必要条件。数字化的基础设施加强了人、机、物的互联与融合，并提供了数据源和交互基础。数字平台包括交易平台、创新平台等，支持参与方进行信息交换，并为开发者的创新提供生态环境。在此基础上，数字化的数据资源通过存储和分析转化为“数字智能”，进而通过数字平台实现“数据货币化”，并在此基础上循环往复，形成“数据价值链”，由此推动数字经济不断发展。

### （三）技术维度

数字技术的创新和融合为数字经济提供了重要推动力。第五代移动通信网络（5G）、人工智能、量子计算、物联网、区块链、大数据、虚拟现实、超高清视频等信息技术的持续突破，从单点创新不断向交叉创新转变，促进形成多技术群相互支撑、齐头并进的链式创新，不断从实验向大规模应用发展，为数字产业的蓬勃发展和用户扩张提供了有效支撑。

### （四）系统维度

数字经济为整个经济环境和经济活动带来了系统性的变化。数字产业是以数字技术为主要工具进行利润和价值创造的经济动能，重点在于数字技术自身的价值实现。而数字经济相比于数字产业，其概念范畴和影响范围更加广阔，更强调经济的驱动方式，以及数字技术对各经济领域的赋能作用。

## 二、数字经济“四化”的内涵

结合数字经济的发展特点，《中国数字经济发展白皮书（2017 年）》从生产力角度提出了数字经济的“两化”框架，即数字产业化和产业数字化。随着数字经济的发展，其已经超越了信息通信产业部门的范畴。数字技术作为一种通用技术，广泛应用到经济社会的各领域、各行业，不断促进经济增长和全要素生产率提升，开辟了经济增长新空间。考虑到组织和社会形态的显著变迁，《中国数字经济发展与就业（2019 年）》从生产力和生产关系的角度提出了数字经济的“三化”框架，即数字产业化、产业数字化和治理数字化。数字经济的蓬勃发展，不仅推动了经济发展的质量变革、效率变革、动力变革，更带来了政府、组织、企业等治理模式的深刻变化，体现了生产力和生产关系的辩证统一。以数据驱动力为特征的数字化、网络化、智能化的深入推进，使数据化知识和信息作为关键生产要素，在推动生产力发展和生产关系变革中的作用愈加凸显。从而，经济社会实现了从生产要素到生产力再到生产关系的全面系统变革。《中国数字经济发展白皮书（2020 年）》中，中国信息通信研究院将数字经济修正为“四化”框架，即数字产业化、产业数字化、治理数字化和数据价值化。数字经济发展是生产力和生产关系辩证统一的内在逻辑，“四化”紧密联系、相辅相成、相互促进、相互影响。处理好生产力与生产关系、经济基础与上层建筑之间的关系，是推动数字经济发展的本质要求。当前，数字技术红利大规模式的运行特性和新时代经济发展理念的重大战略转变形成了历史交汇。发展数字经济，构筑数字经济发展优势，推动经济发展质量变革、效率变革、动力变革，正当其时，意义重大。

### （一）数字产业化

数字产业即信息通信产业，是数字经济发展的先导产业和基础部分，即围绕数据归集、传输、存储、处理、应用、展现等数据链各环节，形成的技术、产品和服务等相关产业，为数字经济发展提供技术、产品、服务和解决方案等。其具体又分为两种类型：一是资源型数字经济，大致对应大数据、云计算等数字技术的核心业态与应用领域，主要包括数据采集、存储、分析挖掘、可视化、交换、交易等；二是技术型数字经济，大致对应数字技术本身及其关联业态部分，主要包括智能终端产品等数字技术软硬件产品开发、系统集成、数字安全以及虚拟现实、可穿戴设备、3D 打印、人工智能等产业领域。总体上，数字产业包括但不限于 5G、集成电路、软件、人工智能、大数据、云计算、区块链等技术、产品及服务。

## （二）产业数字化

产业数字化是数字经济的融合部分，即信息通信技术与传统产业广泛渗透融合，催生新产业、新业态、新模式，主要包括以智能网联汽车、智能无人机、智能机器人等为代表的制造业融合新业态，以移动支付、电子商务、共享经济、平台经济、流量经济为代表的服务业融合新业态，融合的新增产出构成数字经济的重要组成部分，体现了实体经济的落脚点，高质量发展的总需求。具体分为两类：一是融合型数字经济，这部分在生产过程中的融合特征较明显，主要指通过数字技术与一产、二产等实体经济的融合创新应用，直接推动传统产业数字化转型升级，如智慧农业、智能制造等新型业态；二是服务型数字经济，主要是指服务业与数字技术的融合、应用与创新，涌现出的新模式与新业态，即指通过数字技术提升服务质量、培育服务新业态，如旅游餐饮、游戏娱乐、健康医疗等领域的线上线下整合协同，或者是通过数字技术的使用导致服务模式与服务形态的创新，甚至直接提供一种新服务，如智慧物流、互联网金融、数字化会展服务等。

## （三）治理数字化

治理数字化即运用数字技术建立健全行政管理的制度体系，创新服务监管方式。由于数字经济是一个去中心化，平台、企业、消费者等参与主体更加多元的复杂生态系统，线上线下、物理世界与虚拟世界、跨行业跨地域出现的新老问题不断汇聚，故要求过去仅依靠传统的集中单向、侧重控制的政府封闭式监管的社会治理模式逐渐向平台、企业、用户和消费者等数字经济生态的重要参与者多元参与、侧重协调、开放协同的数据治理方式转变。首先，犹如传统工业经济模式中，大型跨国公司是配置和协调资源的基本单元，数字平台是数字经济下的重要组织形式，平台有治理优势也有治理责任和义务，所以数字经济的治理也要发挥平台的枢纽作用，将平台纳入治理体系，借助平台原则，在合理界定政府、平台、第三方的责任的基础上赋予其一定的治理职责边界，有助于平台上的各类经济问题的治理（孙惠，2017 年）；其次，数字经济时代，参与数字经济活动的各类主体均应积极参与对与平台相关的问题的治理，特别是要激发大量依托平台的企业和与平台相关的消费者参与治理的积极性和能动性，只有让他们积极加入数字治理的行列中来，才便于形成遍布全数字平台与全网的全民治理体系，进而便于对数字经济发展进程中出现的较为复杂的海量分散的治理问题进行有效治理，如淘宝大众评审机制，就是典型的平台治理案例；最后，在数字经济背景下，面对各经济主体纷繁复杂的消费与投资等经济行为数据，传统的商业监管方式也显得力不从心，而利用大数据、云计算、人工智能等先进数字技术，实现治理手段的精准化、实时化、智能化，才能更好地解决数字经济下出现的问题。总体上数字治理模式创新、利用数字技术完善治理体系、提升综合治理能力等数字化治理方案，均表现为以多主体为典型特征的多元治理、以“数字技术+治理”为典型特征的技术管理的结合，以及数字化公共服务监管等。

### （四）数据价值化

数据价值化即让数据产生真正的价值。价值化的数据是数字经济发展的关键生产要素，加快推进数据价值化进程是发展数字经济的本质要求。习近平总书记多次强调，要“构建以数据为关键要素的数字经济”。党的十九届四中全会首次明确数据可作为生产要素按贡献参与分配。2020 年 4 月 9 日，中共中央、国务院印发了《关于构建更加完善的要素市场化配置体制机制的意见》，明确提出要“加快培育数据要素市场”。数据可存储、可用，呈现出爆发式增长、海量集聚的特点，是实体经济数字化、网络化、智能化发展的基础性战略资源。数据价值化包括但不限于数据采集、数据核准、数据确权、数据标注、数据定价、数据交易、数据流转、数据保护。

## 三、生产要素数据化内涵

“数字经济”中“数字”至少有两方面的含义。一是作为数字技术，包括仍在不断发展的信息网络、信息技术，比如大数据、云计算、人工智能、区块链、物联网、增强现实（AR）/虚拟现实（VR）、无人机、自动驾驶等，将极大地提高生产力、扩大经济发展空间、产生新的经济形态、创造新的增量财富，同时也将推动传统产业转型升级，优化产业结构，从传统实体经济向新实体经济转型。二是数字即数据，特别是大数据，既是新生产要素，也是新的消费品。大数据作为新的生产要素，不仅能够提高资本、劳动等其他生产要素的使用效率和质量，更重要的是，将改变整个生产函数，即经济活动的组织方式，通过平台化的方式加速资源重组，提升全要素生产率，推动经济增长。而作为消费品，数字所包含的信息、知识、数字内容、数字产品已经形成了非常大的市场，同时也成为新的财富载体，直播、短视频、数字音乐、新闻推送等产业极富创造力，增长速度飞快。美国经济分析局（BEA）关于数字经济分类的方法（表 2-2）涵盖了与数字技术存在关联的各种生产要素。

### （一）数据要素的核心性

经济和社会的日益数字化正在改变人们的行为和互动方式。各种数字转换的

表 2-2　BEA 数字经济分类方案

| 一级分类 | 数字赋能基础设施 | 电子商务 | 数字媒体 |
|---|---|---|---|
| 二级分类 | 硬件<br>软件<br>通信设备及服务<br>支持服务<br>建筑<br>物联网 | B2B<br>B2C<br>P2P | 直接销售<br>免费数字媒体<br>大数据 |

一个显著特征是在互联网上的机器可读信息或数字数据呈指数级增长。这些数据是所有快速出现的数字技术的核心，如数据分析、人工智能、区块链、物联网、云计算和所有基于互联网的服务——它们已经成为一种基本的经济投资。

新冠疫情大流行加速了数字化进程，因为越来越多的人尽可能地继续开展线上活动，例如工作、研究、交流、销售和购买或娱乐。我们已经进入一个数字相互依赖的时代（联合国数字合作高级级别小组的报告，2019 年）。2020 年在联合国秘书长的数字合作路线图中强调了利用数据进行发展的必要性，提出 2020—2022 年的数据驱动转型战略。

### （二）"数据"含义的变迁

数据是一种特殊的资源，不同于商品和服务，具有特定的属性。经合组织将数据定义为未处理点的集合，通过处理和分析，成为信息（Casarini 和 Lopez Gonzale，2019 年；Nguyen 和 Paczos，2020 年；Tomiura 等人，2019 年）。全球主要平台收集的数据不轻易供其他人使用，这使得平台所有者可以从数据中获得垄断收益。此外，聚合值往往可能大于单个值的和，特别是当与其他互补数据结合时。收集到的原始数据也可能有相当大的"选项"价值，因为如果能够根据这些数据解决不存在的新问题，它们可能会变得有价值。数据越详细，过滤、聚合和处理时的用处就越大。数据是具有多维性质的。从经济的角度来看，它们不仅可以为那些收集和控制数据的人提供私人价值，而且还可以为整个经济提供社会价值，而后者则不能仅靠市场来保证。此外，私人收入从数据中获得的收益的分布是非常不平等的，因此，有必要制定政策来推进实现效率和公平协调发展的目标。

### （三）数据的流动价值

理解数据及其流动需要从不同的角度来看待它们。首先，总是有与商业交易相关的数据和信息，如账单数据、银行数据、名称和交付地址。这些主要是自愿的，很少产生政策相关的问题，只要新的数字经济参与者的工作遵循与传统经济相同的规则即可。其次，从个人活动、产品、事件和行为中收集的原始数据本身没有价值，但一旦聚合、处理、货币化或用于社会，就可以产生价值。最后，以见解、信息、统计、数据库的形式将原始数据处理成数字智能会产生“数据产品”，当跨境销售时，可以被视为贸易统计服务。在协调传统上与国家领土有关的国家主权概念以及数据流动的数字空间的无国界性质、全球化和开放方面存在较多问题。数字主权往往与在国界存储数据的需要有关，但数据的地理存储和发展之间的联系并不明显。跨境数据流的分配与领土的划分不同，数据应该更好地理解为共享，而不是交易或交换。数据驱动的数字化创造了全球机遇和全球挑战，需要全球解决方案来利用积极影响和减轻负面影响，因此数据流动价值的体现受制于全球数据治理的发展水平，最终应服务于《2030 年可持续发展议程》的经济、社会和环境目标，并以全球人民为中心。

### （四）数据的使用规范价值

数据不同于商品和服务，它们的流量也不同于贸易，重要的是访问、控制和使用数据的权利，而不是数据所有权，数据访问和使用是开发的关键，各国在利用数据进行发展的能力方面处于不同的准备程度。数据和发展之间的关系可以用两种不同但相互关联和同样重要的方式来理解。首先，数据可用于为实现经济、社会和环境目标的决策和过程提供信息。从这个角度来看，数据的使用和开发之间的关系是相当简单的。数字技术的进步所提供的数据可用性的增加，可以提供强有力的决策证据，大大帮助推进实现可持续发展的目标。这在与减贫、健康、环境和气候变化问题、交通、能源或农业有关的不同案例中得到了说明（世界银行，2021 年）。其次，数据本身可以成为经济发展过程的一部分，作为数据价值链的一部分，因为它们已经成为一个关键的经济资源。从这个意义上说，开发是通过处理原始数据并将其转换为数据产品而对数据进行增值的结果。这里的发展数据是关于数据作为发展引擎的作用，在发展中国家的国内经济价值增加方面，数据开发与利用的经济价值更加明显，因此，确保从数据中获得开发收益将成为一项更加复杂的任务。

## 四、数字经济“社会性”的内涵

数字经济是世界经济创新发展的主流模式，正在开启重大的时代转型，带动人类社会生产方式的变革、生产关系的再造、经济结构的重组、生活方式的改变，是新时期经济发展的新引擎。

## （一）数据对不同经济体利益的体现

数据共享会给公共利益、社会组织带来许多积极影响，同时也蕴含着潜在风险，以增加大多数公民访问权限的形式共享数据，以尽可能最大限度地获得潜在收益，这意味着数据不仅需要在国内流动，而且需要在国际上流动。在这方面，必须查看各种类型的数据，这些数据可能在访问方面有不同的影响，包括跨越边界的数据。在经济发展方面，必须确保发展中国家能够适当地获取从其公民和组织中提取的数据的价值。数据和跨国界数据流的经济效益不是自动的，也不是在国家之间和国家内部均匀分布的；市场力量的自由发挥不会带来有效和公平的结果，因此，公共政策也应发挥重要的作用。在缺乏对跨境数据流适当的国际监管体系的情况下，全球数字平台和全球价值链的主要公司拥有访问和控制大量数据的特权，并处于特别有利的地位，以获得适当的潜在收益；他们还可以通过限制数据访问来取消潜在的社会收益。这对不平等有重大影响，并影响到发展前景。因此，从经济的角度来看，必须从数据中区分私人和社会价值，但也要发现数据中创造的国家内部和国家间价值的分布，以使其是公平的。数据不仅在经济价值方面有重大影响，还有必要研究与数据有关的非经济方面，这些方面对个人和社会产生重要影响，但由于数据的特殊性质而不能从经济中剔除。

## （二）数据流动对社会复杂领域的影响

除了确保国内经济能够从资金流动中适当受益，包括保护隐私和其他人权以及安全问题外，数据可能有正当的理由留在国内，但也面临着数据滥用带来的问题与挑战。需要将那些在很大程度上影响用户信任的风险和挑战最小化，这指向了通过不同的保障措施和政策来控制跨境数据流来保护数据的方向。因此，国内和国际的数据和数据流可以带来许多好处，这些好处应以公平的方式加以促进和分配，而不是由少数公司和国家加以捕获。与此同时，还有许多风险和挑战需要仔细解决，所有这些问题都受到越来越多来自个人、企业以及政府和民间社会的数据的影响。因此，所有人都必须从发展的角度深入思考数据和跨境数据流的主要问题以及对决策的影响。探索数据与发展之间的多重相互联系和潜在联系对于加强对跨境数据流的相关政策的理解至关重要。

严格的本地化和完全自由的数据流都不可能满足各国各种发展目标的需要。需要重新考虑这一领域的监管，以找到中间地带解决方案的基础。新的法规需要考虑数据的所有维度，包括经济数据和非经济数据。它们需要超越贸易，并以整体的方式处理数据流。考虑到对人权、国家安全、贸易、竞争、税收和整体互联网治理的可能影响，这就提出了一个问题：什么是适当地处理与发展数据有关的政策的国际论坛？所谓的数字殖民主义涉及主要科技公司通过向发展中国家游说、投资以及捐赠软件与硬件，以形成有利于它们的政策辩论（Avila，2020 年）一些数据治理方法见表 2-3。

**表 2-3　数据治理方法**

| 国家或地区 | 美国 | 欧盟 | 中国 |
| --- | --- | --- | --- |
| 数据的控制权所属 | 私营部门 | 基于价值观的个人 | 政府 |
| 增加数据控制的扩展策略 | 通过私人数字公司 | 监管的领导和合作伙伴 | 数字丝绸之路 |

正如联合国贸易和发展会议所讨论的，数据驱动的数字经济中的市场动态导致了信息不对称、市场集中和权力失衡，从而增加了国家之间和国家内部的不平等。

# 第二节　数字经济的特征

数字经济是人类通过对数字化知识和信息的认识、分析和应用，引导并实现资源的有效优化配置和再生，实现社会全方位进步的经济形态。随着信息技术的发展和网络新技术革命的推进等，以及在自身内在发展规律和各国政策的推动下，数字经济发展呈现出以下特征和趋势。

## 一、数字经济的数据特征

数据是无形的，且非独有的，这意味着许多人可以同时使用相同的数据，或长期使用这些数据，而不会被耗尽。同时，对数据的访问可能受到技术或法律手段的限制，导致不同程度的排他性。从技术术语上来说，数据可以是公共产品，可以是私人产品，也可以是俱乐部产品（只有一群人可以使用数据）。《2021 全球数字经济报告》采用加拿大统计局于 2019 年对数据的定义："已转换成可存储、传输或处理的数字形式，并可从中提取知识的观察结果。"

### （一）经济活动高度数据化

埃森哲首席科学家齐韶认为："云计算模糊了企业内部 IT 与外部 IT 的界线，公司间传统的数据与程序相隔离的状态将有望被打破，随之将出现新的商业生态和价值网，公司 IT 系统一旦穿过防火墙，就非常容易与其他公司的 IT 系统实现信息交流与交换，从而越过公司界线执行业务流程。"数字经济的特征在于数据将会越来越多地参与财富创造的过程，而且数据参与越多，其所创造财富的能力就越强，呈现出一种非线性的特征。

在数字参与财富创造的过程中，数据需要结合数字技术，主要是算法，另外，数字总是和产品结合在一起。因此，数字经济的运行过程中，“数据+算法+产品”的运作方式日益主流，并最终趋向一个“智能化”的形态。阿里巴巴集团首席战略官曾鸣先生在《智能商业：数据时代的新商业范式》一文中对此进行了精彩分析：“用户行为通过产品的‘端’，实时反馈到数据智能的‘云’，‘云’上的优化结果又通过‘端’实时提升用户体验。在这样的反馈闭环中，数据既是高速流动的介质，又持续增值；算法既是推动反馈闭环运转的引擎，又持续优化；产品既是反馈闭环的载体，又持续改进功能，为用户提供更佳的产品体验的同时，也促使数据反馈更低成本、更高效率地发生。一言以蔽之，数据、算法和产品就是在反馈闭环中完成智能商业的三位一体的。”

### （二）数据要素具有特殊性

为了开发目的，区分原始数据和数据产品（数字智能）之间的差别至关重要。从本质上说，在数字经济中，一切都是数据。任何产品或活动（通常可以称为“事件”）的数字化都意味着将其转换或编码为“0”和“1”的二进制语言。数据流是指这些数字编码事件（0 和 1）在数字设备之间的传输。数据的种类不同，可以根据不同的分类法进行分类，一个重要的区别是自愿数据和观测数据。自愿数据是指用户故意提供的信息，如在社交媒体平台上共享的个人信息或在线购买的信用卡信息。观测数据是由应用程序或第三方软件收集的信息，无论用户是否知情或同意，如位置数据和网络使用行为，这些都是从网络活动中提取的。例如，通过数字平台、应用程序、连接的机器和传感器获取的数据，涉及用户个人的不同方面，如位置、偏好、人际关系和个人行为。通过数字技术，特别是数据分析的进步，数据的指数级增长主要与第二类数据有关。因此，现在的大部分数据都是观测数据。

### （三）区分不同数据的重要性

数据可能与不同的项目共享一些特征，但它们的多维特性使它们非常具体，与其他项目无法比拟。从经济的角度来看，数据如同资本、财产、劳动力和基础设施一样，成为新兴的生产要素和重要的经济资源。但也有非经济方面需要考虑，因为数据与隐私和其他人权以及国家安全问题密切相关。首先，在跨境服务贸易中产生的各类交易信息数据。其次，在交易过程中隐含的各类原始进程信息、个人信息等。最后，利用原始数据制作的各类数据统计报告、数据库等数据产品。

这些数据产品对应于我们所说的信息、知识和智慧。它们可以被视为服务，因此它们的跨境流动（当支付时）被记录在贸易统计数据和贸易条例中。然而，随着数据相关技术的发展，以及伴随而来的新数据产品/服务贸易的扩大，主要是基于对原始数据的处理。因此，跨境数据流的扩大很可能需要调整现有的服务贸易规则。

## 二、数字技术推动产业融合

### （一）数字技术差异对产业融合效率的影响

为了参与并受益于数字经济，各国需要获得相关的通信技术，这是数据传输的基础。它们还需要有有效地利用这种访问的能力。在连接和使用互联网的能力方面，国家内部和国家之间仍然存在重大分歧。解决数字经济中的这些不平等问题是发展的关键。在数字经济的主要经济和地缘政治参与者中，管理数据流以及更广泛的数字经济的方法差异很大，除了少数例外，在区域和国际层面几乎没有达成共识。在世界范围内，有三种主要的治理方法具有特别的影响。美国的方法侧重于私营部门对数据的控制，中国的模式强调政府对数据的控制，而欧盟则倾向于个人基于基本权利和价值观对数据的控制，目前这些治理方法的协调性和一致有效性仍存在较大分歧，特别是在美国和中国之间。此外，全球数字公司正在扩大他们自己的数据生态系统，如何更好地打造一个自由、去中心化和开放的互联网生态系统仍需要全球共同努力。从经济角度来说，数据驱动的数字经济的分裂将阻碍技术逻辑的进步，减少竞争，使寡头垄断的市场结构在某些领域出现，并导致在其他领域产生更大的政府影响力，这种互操作性可能会使垄断获得更多的收益，这可能会对大多数发展中国家产生重大的负面影响。随着用户和企业进入供应链，细分业务将变得更加复杂，而跨境的数据流将受到限制，跨司法管辖区的合作也将面临更多障碍。然而，这些数字鸿沟反映了国家内部和国家之间更广泛的潜在收入不平等。因此，仅就信息和通信技术基础设施政策方面采取行动是不够的；通过经济政策来解决全球不平等所面临的挑战也很重要。

### （二）数字技术对产业融合质量的影响

数据流本身并不是商业交易，它们只是机器可读的信息通过网络传输的一种方式。数据是一些小的、不相关的“人类可读”信息（数据点），它们可能是数字，也可能是定性的语言。将数据放在一起并处理会产生信息、知识和智慧，可以用来做出更明智的决定。数据可以是关于人（如人口统计、行为和关系）、组织（如他们的类型、活动和业务关系）、自然环境、建筑环境或制造对象的信息，因此，数据可用于做出具有经济影响、环境影响或对健康、教育或一般社会有影响的决策（Coyle 等人，2020 年）。通常在与数据相关的分析和数字经济中的政策辩论中，这些不同层次的处理都是混合的，尽管它们的含义差别很大。考虑到技术不是确定性的，即技术本身不是坏或好，但根据技术的使用，处理数据也可能导致负面结果，例如通过监测，影响民主进程。因此，需要采取适当的政策，以确保利用数据来造福人类和地球。在不同类型和数据使用之间的争论中，往往差别不大。而且，互联网和数字经济的运作从根本上是基于这些数据如何在国家内部和国家之间流动，其全球化特性使其中很大一部分是跨境数据流。

### （三）数字技术对产业融合方向的影响

数据成为数字经济核心的生产要素，但生产要素需要从数量和质量两个维度进行考查。数据的量是一个重要方面，即通常的大数据，数据的质也很重要，甚至更为关键。因为如果数据质量出现问题，就会发生人们常说的“垃圾进、垃圾出”（Garbage in，Garbage out）问题。

沈艳教授分析了大数据存在的三个陷阱。

陷阱一：“大数据自大”即认为自己拥有的数据是总体，因此在分析定位中，大数据将代替科学抽样基础上形成的传统数据（小数据），而不是作为小数据的补充。

陷阱二：相比于“大数据自大”问题，算法演化问题就更为复杂，对大数据在实证运用中产生的影响也更为深远。算法演化会产生两个问题：第一，由于算法规则在不断变化，而研究人员对此不知情，今天的数据和明天的数据容易不具备可比性。第二，数据收集过程的性质发生了变化。大数据不再是被动记录使用者的决策，而是通过算法演化，积极参与到使用者行为决策中。

陷阱三：看不见的动机。算法演化问题中，数据生成者的行为变化是无意识的，他们只是被页面引导，点击一个个链接。如果在数据分析中不关心因果关系，那么也就无法处理人们有意识的行为变化影响数据根本特征的问题。这一点，对于数据使用者和对数据收集机构，都一样不可忽略。

## 三、数字平台的价值特征

数字经济的发展，也必然带来经济组织的变革。在数字经济下，最有活力的新组织系统就是平台化公司。

### （一）数字平台的核心价值

平台的核心价值在于汇集信息、精确匹配供给和需求。经济活动基本特征之一是信息的严重不对称。从供给和需求的角度看，可能存在的信息不对称的情况包括：有需求，无供给；有供给，无需求；供给和需求都有，但相互找不到对方。平台化的功能正是将无数的供给者和需求者连接在一起，使得双方能够实现低成本的沟通，实现信息的高效流动。

除了精确匹配供给和需求外，平台还将使市场这一资源配置的机制更好地发挥作用。市场机制发挥作用，需要不断地重新配置生产要素。经济平台化之后，供给方之间的竞争会变得更加激烈，能够更满足需求的一方将获得更大的市场份额，而效率低、缺乏比较优势的供给方要么提升自己的效率，要么将资源转移到其他领域。平台化，将大大提高市场配置资源的效率。而资源配置效率的提升则是经济增长的重要动力。

平台在经济活动中发挥的作用使其成为数字经济的基础。信息流不再被工业经济供应链体系中巨头所阻隔，沟通成本大大降低，直接支撑了大规模协作的形成。信息的透明使得企业信用不需要和规模挂钩，各种类型、各种行业的中小企业通过接入平台获得了直接服务消费者的机会。随着数字经济的加速发展，平台化的公司也成为经济活动中关键的组织形态。

### （二）数字生态体系构建

随着规模的扩大，将推动分工的深化。自亚当·斯密的《国富论》开始，分工与专业化就被认为是推动经济增长的重要动力。而平台的发展，使得分工和专业化大大加速和深化。分工的深化，使得经济活动的参与者能够不断地发现自身的比较优势，从而在一个很小的领域实现专业化，成为经济活动中重要的参与者。这些新兴的参与者，构成了平台上的整个生态系统。在物种上，成熟的数字经济平台上的物种极为丰富。以阿里巴巴为例，平台为买卖双方提供了基础、标准的服务，大量个性化的商业服务，则由生态系统内各种各样的服务商所提供，借助数字经济平台能够实现生态系统成员之间超大规模的协作。

## 第三节　数字经济与传统经济的比较

随着互联网在过去 20 年里的技术和使用的快速发展，互联网连接的速度是生成和使用数据流量能力的关键决定因素。不同的平均连接速度可能足以满足基本活动，比如浏览网页或电子邮件，但不是其他活动，比如视频通话活动，并在数字连接方式、数字连接技术、移动互联网技术等方面体现出数字连接质量的重要性。随着越来越多的数据可用，5G 连接预计将成为数据驱动的数字经济领域的关键。2020 年，发达国家约至少 98%的人口被 3G 网络所覆盖，而发展中国家和最不发达国家的这一比例分别为 92%和 77%。因此，就最不发达国家而言，到 2020 年，有 23%的人口无法使用移动宽带网络。这远未达到联合国可持续发展目标中提出的移动网络和技术覆盖的人口比例指标，即增加获得通信技术的机会，并努力到 2020 年在最不发达国家提供普遍和负担得起的互联网接入。数据显示，许多欠发达国家拥有移动宽带订阅的人口比例更低，最不发达国家的城乡接入差距最为明显，其中 16%的农村人口无法接入任何移动网络，35%无法通过移动设备上网，特别是在大多数最不发达国家所在的非洲。在同一国家群体中，城市和农村人口之间也存在技术差异，不过，这种现象自 2015 年以来已有显著改善，当时最不发达国家多达 63%的农村人口缺乏移动上网。

## 一、传统经济向数字经济转型过渡

固定连接和移动连接的部署、数据计划成本的降低、移动设备（功能手机、智能手机和平板电脑）的更广泛使用以及更快的互联网连接，都导致了互联网使用的上升趋势。2019 年，世界上超过一半的人口使用互联网，比 21 世纪初的十分之一有了相当大的增长。然而，发展中国家和最不发达国家的互联网用户的比例（44%和 20%）仍然远远落后于发达国家。这种分歧仍然是国际社会关注的一个关键问题。据联合国宽带可持续发展委员会预测，到 2025 年，全球宽带互联网用户普及率将达到 75%，发展中国家将达到 65%，最不发达国家将达到 35%。“基于当前增长预测的结果显示，到 2025 年，全球互联网采用率可能仅达到 70%，对于最不发达国家，到 2025 年的预测水平为 31%”（国际电信联盟和联合国教科文组织，2020 年）。从区域的角度来看，欧洲和美洲（包括美国、加拿大、拉丁美洲和加勒比地区）在过去 15 年里一直处于领先地位。相比之下，即使其他地区（特别是非洲和阿拉伯国家）经历了显著的增长，互联网的使用量仍然显著下降。非洲尤其落后，2019 年只有不到 30%的人使用互联网。拉丁美洲的互联网使用率为 67%（ECLAC，2021 年）。

国际带宽数据由国际电信联盟和电信地理公司提供。国际电信联盟按国家提供有关国际带宽容量和使用情况的统计数据。2020 年，全球国际带宽使用加快。大多数国际带宽集中在亚洲和太平洋、欧洲和美洲地区，而非洲的份额仍然很小。而来自远程地理学的公开数据对国际带宽的增长和对 2024 年的预测显示，大部分区域间带宽在北美和欧洲之间，以及北美和亚洲之间。在发展中国家中，北美和拉丁美洲之间的南北连接是最高的区域间带宽。但是，这些信息仅指以字节表示的数据量，而没有指明它们流动的方向。它没有区分来自任何特定地区/国家的数据流入和数据流出情况。此外，这些字节同时指原始数据和数据产品。

## 二、数字基础设施对数字经济的保障作用

数字基础设施是指为社会生产、居民生活提供公共服务的物质工程设施，在已经或正在兴起的技术中，能够在数字经济时代发挥基础设施作用的技术即通信技术。在数字经济时代，重要的适用技术至少还包括大数据、云计算、人工智能、物联网、5G 通信等，不同的基础设施都发挥着重要的作用。

### （一）大数据成为数字经济发展新动能

数据是现实世界在虚拟空间中的折射，伴随着互联网、物联网的发展，人、事、物都在实时被数据化，人与人、物与物、人与物之间瞬间就会产生大量的数据。伴随着云网端等新技术的发展，尤其是物联网设备的无处不在，数据量、数据种类更是呈现出快速增长的态势，新能源与新技术相辅相成，共同发展，也支撑着新零售、新制造和新金融等多个新产业的到来。作为人类自己创造的数字经济新能源——数据，目前主要体现以下特征：

#### 1. 共享性和可复制化

真正的大数据由于产生于互联网之上，因此数据与其他能源的差异在于，数据具有天然的共享性，可以比较容易低成本地复制，而数据资源的出让者并未在出让时丧失出让数据的使用价值。

#### 2. 外部性与递增性

数据的外部性体现在不只某个机构或组织内部发挥作用，而通过数据流动和融合往往能够激发新的生产，带来新的商业价值，而且数据在使用的过程中非但没有被消耗，反而因使用而产生新的数据，呈现出边际生产力递增的趋势。

#### 3. 混杂性和实时性

互联网数据随时随地都在产生，数据体量大、形态多样，与以往的数据相比，呈现出结构化、半结构化、多结构化等多种形态混杂的特点。

#### 4. 全要素性

数据成为一种新的生产要素，通过数据要素可以激活和提高其他要素的生产

率，加速劳动力、资金、机器等原有要素流动。共享、丰富、鲜活、真实的全量数据是未来经济生活的完整映射，因此在处理和分析数据的过程中，数据质量的保证变得异常重要，同时在数据的全生命周期中，数据拥有者有责任采取必要的技术、规章制度和组织保障数据安全和个人隐私，以保证合理利用数据，提高全要素生产率。

## （二）云计算成为核心的数字基础设施

云计算允许通过互联网提供计算服务。通过这种方式，公司可以获得更快的创新流程和灵活的资源，并受益于规模经济，同时他们可以以更低的成本存储数据。Gartner（2019 年）预测，到 2025 年，80%的企业将关闭其传统数据中心（2019 年已有 10%的企业这样做了），转移到共同定位的数据中心和超大规模数据中心。阿里云总裁胡晓明认为，“云计算成为普惠科技，数据驱动的创业变革已经发生”。2020 年，云计算将会推动视觉革命、生命科学、数据创新、共享经济、智能物联、智慧城市六大热点领域的技术创新、商业变革，出现下一代创新型“独角兽”。千亿美元的视觉革命呼之欲出。数字经济时代，计算驱动的数据能力是国家生产力，数据资产成为企业弯道超车、跨界竞争的有力手段，数字技术经济正在为各行各业带来巨大的创新空间。

## （三）人工智能作为基础设施迅速发展

人工智能是研究、开发用于模拟、延伸和扩展人的智能的理论、方法、技术及应用系统的一门新的技术科学。根据人工智能的应用，人工智能可以分为专有人工智能、通用人工智能、超级人工智能。根据人工智能的内涵，人工智能可以分为人行为（模拟行为结果）、类人思维（模拟大脑运作）、泛智能（不局限于模拟人）。人工智能的驱动因素包括算法/技术驱动、数据/计算、场景和颠覆性商业模式驱动。其承载方式包括技术承载方式，如单机智能、平运算/多核智能、高度分散/群体智能。人工智能表现方式分为云智能、端智能、云端融合三种。其与人的关系分为机器主导、人主导、人机融合三类。人工智能研究目前主要发生在大学、研究机构和私营公司，而且私营科技公司正不断增加他们对大型人工智能会议的参与度。

人工智能和数据之间存在着双向关系，如果没有数据，人工智能领域的贡献将仅限于由“规则”管理的基于知识的系统；人工智能和数据控制可以获得巨大的好处，这不仅带来经济收益，还带来控制和塑造技术、经济和社会未来的巨大力量和能力。这导致了全球各国对人工智能领导地位的激烈竞争，私营部门的大型数字平台之间也存在着激烈的竞争，这些平台在人工智能相关投资方面都非常活跃。

据估计，对人工智能公司的全球投资在过去五年中大幅增加。仅2019年，私人控股的人工智能公司就在3100多笔独立交易中吸引了近400亿美元的已披露股权投资。由于有些交易没有公开披露的价值，总交易价值可能会高得多——高达740亿美元。美国拥有世界上最大的私人人工智能公司投资市场（Arnoldetal，2020年）。由于全球数字平台在访问大量数据方面的优势，全球数字平台正在发挥关键作用。近年来对人工智能公司的投资演变显示，除中国外，发展中国家的作用有限。就政府在人工智能方面的支出而言，中国排名第一（约220亿美元），其次是沙特阿拉伯、德国、日本（均低于40亿美元）和美国（约20亿美元）。

## 三、传统经济与数字经济的供给与需求比较

虽然国际电信联盟和远程地理学的统计数据提供了关于跨境数据流演变的有趣信息和指示，但数量并不是最重要的方面，还有必要查看数据的性质和质量。收集到的数据中有很大一部分可能没有用于经济目的，即使它们为少数公司带来了收入。事实上，IBM估计，传感器和模数转换产生的数据没有被使用。此外，桑德藤（2020年）的数据显示，有80%的数据流量是与社交网络、视频以及游戏相关的。在跨境数据流的情况下，在从原始数据收集到数字数据（数据产品）生产的数据价值链中，意味着增值，必须研究数据流出是原始数据产品还是数据产品。目前，有迹象表明，大多数发展中国家的数据外流是以原始数据的形式出现的，而它们的数据流入更多包括那些具有主要数据优势和处理原始数据能力更好的国家产生的数字情报。因此，必须找到能够区分数据流入以及原始数据和数据产品的措施。

### （一）传统社交网络的生产力低于线上商品需求量

有数据显示，发达经济体对互联网银行的使用远高于转型期和发展中经济体，在这些国家中，亚洲遥遥领先。购买或订购商品或服务也是如此，在所有数字基础设施发达的地区，社交媒体的参与率都很高，且发展中地区的参与度显著高于发达地区。在互联网用户中，人们所从事的活动种类差别很大。虽然在一些欧洲国家，超过80%的互联网用户在网上购物，但在许多最不发达国家，相应的比例曾低于10%。新冠疫情大流行使人们更关注互联网所有连接和使用分歧。随着人们对与大流行有关的封锁措施作出反应，互联网连接率越来越高，连接范围也日益扩大，以便能够继续开展活动，那些在连接方面落后的国家和部门在应对大流行方面也发现了更大的困难。尽管2020年全球电子商务数量激增，但发展中国

家的许多小型企业仍在努力实现数字化，以满足日益增长的在线销售需求。在不知道数据如何使用的情况下，无法估计原始数据的值。但原始数据可以被理解为具有潜在的价值。此外，与商品相反，数据不是竞争的，它们可以多次使用而不耗尽。因此，需要适当开发正式化的原始数据市场，数据不能从所有权方面考虑，而主要是在权利和访问方面。传统经济没有对原始数据的供求市场，它们目前基本上是从用户中提取的，而真正的数据市场中，必然涉及数字智能（或数据产品）的市场。

### （二）传统经济数字化涉及的数据问题

在各国内部和国家之间，信息通信技术的连通性、获取性、可负担性和可用性方面存在的巨大分歧一直是分析和政策的传统重点。今后，对发展中国家，特别是最不发达国家来说，能够推进数字经济的发展将变得越来越重要。随着生活和生产等越来越多方面的数字化，数据越来越成为发展的关键资源，与获取和传输数据的能力有关的其他方面代表了数字鸿沟的额外维度。数据驱动的数字化创造了全球机遇和全球挑战，需要全球解决方案来利用积极的影响并减轻负面影响。在全球数据治理和跨境数据流动管理中，应优先解决一些关键政策领域的相关事项，主要包括以下事项：发展对关键数据相关概念的定义的共同理解；建立获取数据的条款；加强数据价值和跨境数据流的计量；将数据作为一种（全球）公共利益进行处理；探索新兴的数据治理形式；同意与数字和数据相关的权利和原则；制定与数据相关的标准；加强与平台治理相关的国际合作，包括在数字经济中的竞争政策和税收方面。一个组织良好和全球化的互联网社区正在深入投资协调互联网资源和使网络有效运作的方法。这些过程通常在点对点平等参与的情况下进行。随着跨境数据流动的扩大，各国政府已寻求将其治理方式纳入国际贸易的规则。

## 四、传统经济与数字经济融合发展趋势

通过对产业链“四流合一”的持续驱动，数字贸易平台正加速重构传统贸易产业链，解决供需错配、产业链协同能力不足等关键问题，这将为农业、钢铁、化塑、批发及跨境等产业拓展更加宽广的数字贸易市场空间。传统产业链结构特点体现在：能源基础设施和消费是数据驱动的数字经济运行的关键因素。根据Shift 项目数据显示，数字经济的能源消耗占全球能源消耗的比例从 2013 年的1.9%上升到 2017 年的 2.7%，到 2020 年已达到 3.3%。在数字经济的不同部门中，数据中心和数据传输网络合计占 2017 年总能源消耗的 35%（分别为 19%和 16%）。

### （一）以数字贸易整合产业链与供应链有机互动

生产端：通过终端需求大数据对产品研发的引领、生产智慧化改造的加快以及产品价格信息的监测，帮助上游生产企业实现精准研发、精准生产及精准定价。

交易端：通过对全产业链的整合渗透，推动上下游供需的高效对接，同时通过推进交易的数字化、智能化建设，解决交易环节的信任、品控、价格评估等交易问题，进而实现交易过程的降本增效。

供应链端（仓储物流）：加快产品标准化建设以降低仓储成本，强化物流配送全流程的信息监控力，以增强物流主体的协同能力，进而为实体经济的供给侧升级提供“供应链数字力量”的强大动力。

供应链端（金融服务）：通过为金融机构补足真实的贸易场景，提供买卖双方真实的资金压力与信用质量的数据支撑，助力金融机构研发符合市场需求的供应链金融产品，进而实现供应链金融的多赢局面。

### （二）全球数据治理背景下的数据监管

全球数字平台正越来越多地投资于全球数据价值链的所有部分：通过面向消费者的服务平台收集数据，通过海底电缆和卫星进行数据传输、数据存储（云和超大规模数据中心）以及数据分析。2020 年之前数字化的快速步伐已经发出警报，表明有必要监管数字经济，以最大限度地使其利益最大化，风险和挑战最小化，从而促进发展（联合国贸易和发展会议，2019 年 a）。新冠疫情大流行导致的数字化加速使数字鸿沟更加明显，在国家、区域和国际层面进行监管的必要性也更加紧迫。在这方面，数据治理至关重要，包括跨境数据流的治理。

目前，那些能够提取或收集数据并有能力进一步处理数据的公司，主要是来自美国和中国的全球数字公司——它们处于能够利用大部分数据价值的特权地位。相比之下，那些可以被视为原始数据的生产者或来源的人——平台的用户，大量在发展中国家，他们也为这一价值做出了贡献，而没有得到发展收益。需要建立一个新的国际系统来管理这些数据流动，以便使跨境数据流动的好处得到公平分配。

## 五、我国数字经济面临的新问题

### （一）全产业链的数字化尚未打通

当前，企业数字化改造整体呈现“偏消费端”的特点，即“偏产业后端”，企业自发行动，各自为战，没有形成生态思维、协同思维、平台思维，低层次重复建设，传统行业转型遭遇瓶颈，数字产业链不完整，无法形成数字闭环，数据的融合、流动、共享尚未打通。这些问题严重偏离了数字经济跨界融合的特征，会影响整个产业链和供应链的数字化进程，畅通经济循环还存在诸多难点和痛点。

### （二）数据权属问题应进一步规范

数字既是经济发展的手段，也是经济发展的生产资料。加快研究数字资产，充分挖掘数字资产的禀性，大力激活数字资产的多种功能，对运用数字资产、为数字经济的发展服务来说至关重要。数据是数字经济的生产要素，但是个人、企业、政府等各方面的数据呈现多样化特点，如何分配、使用和保护数据价值显得尤为重要。在保证数据安全和隐私前提下，只有充分利用数据，培育数字经济新产业、新业态、新模式，才能发挥其价值，才能为个人、企业、社会带来福利。数据的产生、收集、存储、加工，使用于不同的主体（既有个人、企业，也有政府），若数据归属不明确，会导致数据流转困难。目前，各国的法律政策在这方面都不够完善。2018 年 5 月生效的欧盟《一般数据保护条例》是目前最全面的数据保护方针，具有全球影响力；《中华人民共和国数据安全法（草案）》明确了我国数据安全与发展、安全与开放等法律责任，是我国保障数据安全、促进数据开发利用的重要法则。

### （三）信用体系建设和治理不完善

信用是数字经济的灵魂，信用等于财富。如果没有安全信任作为底座，就无法实现数字化，数字经济就无法发展起来，就无法建立数字生态体系。用更多元化的数据覆盖更加海量的各类主体、提供与每个主体相匹配的精准服务，正在成为大数据时代信用发展的现实。近年来，我国信用体系建设完成了从无到有、从零散到系统的里程碑式跨越，整体架构逐步完善。但从当前经济运行的实际情况看，我国信用体系的建设和治理与经济发展水平不匹配、与经济高质量发展要求不适应的矛盾依然突出。社会整体信用水平偏低、信用服务市场不发达、信用法律制度不健全、信用体系的总体运行成本偏高、信用信息没有实现互联互通、层次重复性建设等问题依然比较普遍。这就需要继续完善信用体系的建设和治理，在此进程中应特别注意两大问题：一是严格区分作为软约束的信用惩戒和作为硬约束的行政处罚的边界，避免以失信惩戒之名，行行政处罚之实；二是多方协同共治，严厉打击炒信等灰黑产业链，促进产业健康发展。

### （四）跨界融合型人才结构性短缺

在数据经济体系下，岗位类别呈现多样化，企业传统人才与组织结构都将面临变革压力，员工的观念、技术水平、思维方式等方面都迎来巨大挑战。全能型人才缺口较大，人工智能人才不足，机器人工程师缺口较大，亟待增加数字化人才的供给。高端人才和复合型人才的结构性短缺成为制约数字经济创新发展的重要瓶颈，应尽快扩大国民数字教育，防范数字化转型引发的结构性转岗潮和失业潮。

### （五）网络安全有待高度重视和加强

2015 年伊始，数据变现及数据交易逐渐进入人们视野，武汉、哈尔滨、贵州等省市纷纷成立大数据交易中心。数据作为一种无形资产，能否在市场上交易还需要大量的伦理论证以及现实经验的辅佐。同时，数据自身所具备的外部性使其在不同场景下存在较大的价值差异，这将会导致数据的价值衡量难度加大。

数字经济下的经济活动和产业活动均离不开信息资源的支持。信息业在整个社会生产、生活中有主导作用，但它对未来经济安全和国家安全的影响，还远远没有得到人们的充分认识。《2020 年全球风险报告》指出：网络犯罪将成为未来十年全球商业中第二大受关注的风险。2020 年，新冠疫情的影响，各行各业加快了数字化转型的速度，大量线下业务转移到线上，为人们带来了更加便利的服务。但是，黑客组织也会乘虚而入，侵害企业和个人的信息安全与利益，数字资产侵权行为时有发生，数字资产成为不法经营者牟利的工具和手段。特别是金融行业容易获利，因此易被黑灰产业团队侵扰。此外，电商、教育等行业也都面临互联网黑灰产业攻击的安全威胁。因此，在数字经济时代，有远见的政治家和专家学者必须把信息产业作为重要的战略产业加以高度重视和实际推动，重视构筑安全链条，加大安全投入，提升安全防御能力，维护网络和数据安全。

总体看来，美国对数字经济普遍采用了自由市场的方法，其中包括跨境数据流动的类似自由监管框架。因此，美国倾向于以私人市场为导向的方式，旨在通过网络效应和收购，支持其数字公司的先发优势和随后的主导地位。在这方面，该国利用贸易协定来确保其公司不受限制地进入国外市场，例如，支持自由数据流和禁止数据和服务器本地化等做法。正如国会研究服务报告所述，“一般来说，美国采用市场驱动的方法，支持开放、共同参与、安全和可靠的互联网，促进在线信息的自由流动”（CRS，2020 年 a，2020 年 b）。当世界各地的用户与总部设在美国的公司接触时，这种方法使数据能够流回美国。美国对跨境数据流采取监管措施背后的一个关键动机是保持其在全球数字市场的领导地位，并进一步向新兴市场扩张。迄今为止，它的技术部门在开发数据驱动的、已渗透到世界上大多数市场的产品和服务方面一直极为成功。这创造了一个“正反馈循环”，意味着美国公司收集的数据越多，数据产品越好，因此，他们在全球市场成功的能力就越大（Weber，2017 年）。因此，美国反对数字和数据保护主义，例如，通过支持亚太经济合作组织（APEC）隐私框架和跨境隐私规则体系，政府批准的可信代理可以证明公司正在进行国际数据传输。由于全球的、市场驱动的云计算模式，美国联邦当局偶尔会在获取存储在海外服务器上的数据方面遇到困难。2013 年，在联邦调查局和微软就获取存储在爱尔兰服务器上的用户数据发生复杂纠纷之后，美国通过了《澄清海外数据使用（云）法案》。

与美国的自由市场方式相反，中国的经济和政治制度意味着国家对经济和社会的特色治理，在中国，决策者控制数据和信息，不仅跨国界，而且控制国内，以保持社会稳定和培育知识型部门。中国在建设国内数字行业方面取得异常成功。这是由许多因素决定的，如有限的外国竞争（支持“防火墙”），巨大的国内市场，足够的技术能力和资源，强大的监管能力，以及政府和个人的投资等（福斯特和 Azmeh，2020 年）。数字发展是“中国制造 2025”倡议的关键组成部分，包括：补贴中国新兴平台；政府对人工智能和物联网等新兴和下一代数字技术的巨额投资；促进中国企业在地区市场的增长，加强对跨境数据流动的监管等。

# 第三章

# 数字经济与产业演进

数字化转型是实体经济迈向数字经济的必经阶段，是以数据为核心驱动要素，通过新一代信息技术的应用，推动国家治理、政府服务、经济发展、社会运行的深刻变革。数字化转型无疑是建立在数字技术基础之上的，只有采取正确的方法，才能成功实现数字化转型。高度互联的数字化世界，为人类创造了价值与连接性。要成功实现数字化转型，以人为本的创新是根本，把人的创造力、由信息衍生的智慧及结合万物和流程的连接性这三大关键价值驱动因素汇集起来。将人置于千万事物的中心，通过采用数字技术，满足市场和消费需求，使人们能够过上丰富多彩的生活，从而创造商业和社会价值。

## 第一节　产业数字化转型

数字化转型通常需要多方共同参与，涉及核心架构重塑、业务流程的改造及交流方式的变革。数字化转型建立在数字化转换、数字升级基础之上，以构建一种新形式、新业态、新模式为目标的高层次转型。

### 一、产业数字化转型的新机遇

新冠疫情的暴发对我国经济社会的各个层面都带来了巨大的冲击和影响，但同时也为数字经济领域众多新兴产业的发展带来了新的机遇。由于新冠病毒极高的传染风险，迫使民众大幅减少线下社交，甚至居家隔离，这使网上零售、生鲜电商等数字经济产业进一步壮大，同时也使远程办公、在线教育、在线医疗等数字经济新兴行业加速发展。后疫情时期，数字经济发展的新机遇可以从生产端倒逼企业数字转型、消费端加速民众接受新模式、流通端稳定宏观经济运行三个层面进行分析。2014—2020 年中国数字经济规模及占 GDP 比重见图 3-1。

#### （一）生产端的新机遇

新冠疫情促进了数字经济的快速发展，企业行为活跃在网络空间，企业间的协作方式和企业内部的生产方式逐步迁移到线上，进而衍生出新机遇、新场景和新模式。企业更加关注产品物理属性之外的服务属性，产品设计与生产制造向定制化、网络化、柔性化发展。企业之间通过互联网、云计算、大数据、人工智能等新一代信息技术实现高效协同生产，在生产要素、生产技术和生产协作三个层面表现出明显变化。

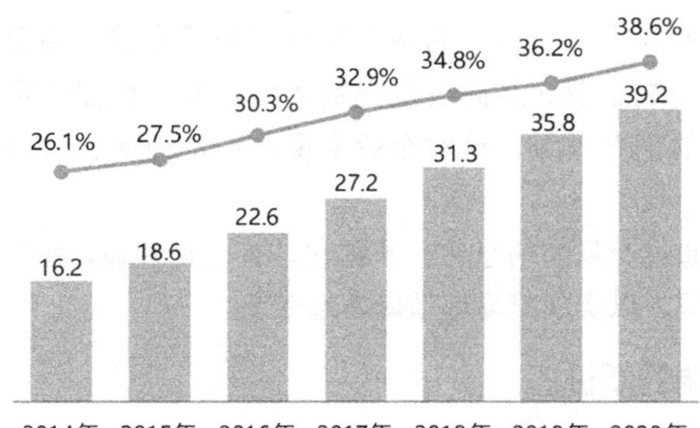


图 3-1　2014—2020 年中国数字经济规模及占 GDP 比重

生产要素层面。在所有要素中，数据最具流动性，而且数据复制使用的边际成本几乎为零。另外，数据作为基础性和战略性资源，能够大幅提升生产要素效率。

生产技术层面。数字技术推动数字经济迅猛发展。数字经济下的企业具有显著的规模经济递增特征，并且能够通过互联网平台与消费者进行深度互动，降低了生产端与消费端的沟通成本，减少了信息不对称，效率大幅提升，同时成本大幅降低。

生产协作层面。在数字经济供应链中，上下游企业可以通过建立基于互联网的虚拟企业，实现数字化管理、数字化制造、数字化交易和数字化营销。生产端改造成功与否是衡量数字技术融合效果的核心指标。只有优化生产端流程，以技术为引擎，打造出一支过硬的新型数字化生产端，才能源源不断地为用户提供优质的产品和服务，从根本上使经济发展再上新台阶。

### （二）消费端的新机遇

新冠疫情的冲击促使人们接受新的消费模式，为电子商务、平台经济、共享经济等较为成熟的行业提供了再一次扩张的机会和空间，同时也促进了在线文娱、在线医疗、在线教育等新兴线上消费模式的加速发展。这些数字经济新兴行业的爆发式增长很大程度上得益于新冠肺炎疫情冲击下人们大幅缩减了原有的线下消费方式，转而接受线上模式。中国目前拥有全球最多的网络，同时也是全球拥有最多的年轻移动消费人口的国家。当前，中国网上购物者接近 5 亿人，70% 是“80 后”“90 后”，意味着中国年轻的网上消费人口已经超过了美国的总人口，我国已经成为全球第一电子商务大国、移动支付大国、智能物流大国和互联网大国，如此庞大的线上消费群体为网络平台带来了流量，为消费端带来了新的机遇。因此，消费端企业必须高度重视数字化转型，抓住消费行为方式变化的趋势，承接我国的消费升级，这对企业来说，不是稳增长的问题，而是是否被淘汰的问题。

在消费端，通过交易的信息化、数据化、智能化建设，解决信任、品控、价格评估等关键问题，以实现交易环节降本增效。

### （三）流通端的新机遇

当新冠疫情对我国国民经济各个层面造成严重的负面冲击时，平台企业成为经济运行新的“稳定器”。近年来，快速发展的互联网平台企业作为连接供求两侧的桥梁，确保了商品流、信息流、资金流的畅通，起到了非常明显的“稳定器”的作用。

在供给侧的作用。由于新冠疫情的暴发时间刚好与我国农历新年重叠，导致当封闭、隔离、限流等防疫措施实际起作用时，大量员工被困家乡，无法返程，即使允许返程也需进行隔离观察。另外，由于市场需求严重萎缩，大量中小企业陷入了可能因现金流枯竭而被迫倒闭的困境。在这种情况下，阿里巴巴、京东等互联网平台企业为众多商户提供有力的资金支持，以保护它们在危机时期能够持续经营。

在需求侧的作用。由于新冠病毒的强传染性，全国的线下零售与服务行业普遍采取了有力的管控措施，普通民众也被要求尽量待在家中，减少外出。在这种情况下，以淘宝网和京东为代表的实物零售平台企业，以及以美团和饿了么为代表的生活服务平台企业，在解决因新冠疫情所导致的民生问题上起到了至关重要的作用。例如，在新冠疫情最严重的 2020 年 2 月，京东累计向全国供应了 2.2 亿件，超 29 万吨的米面粮油、肉蛋奶等生活用品；在武汉封城期间，美团的配送骑手承担了大量的生活物资配送工作，为保障抗疫一线的医护人员及隔离在家的市民的日常生活发挥了重要作用。

另外，值得注意的是，新冠疫情冲击对不同组织形态的平台企业所造成的影响及平台企业的应对策略有明显的区别，一部分企业利用数字化的管理经验与架构，让自己的损失最小化。例如，京东因为自身整合度较高且拥有自建物流体系，所受影响相对较小，并且能够较为迅速地协调和整合内部资源应对冲击。再如同属网上实物零售行业的淘宝，其营销与物流体系则采用了“化整为零”的方式，因此在新冠疫情之下，能够更好地发挥分散在各地的小微企业灵活自主的优势。新冠疫情的暴发使人们越发担心未来世界经济中可能发生的各类“黑天鹅”事件，因此作为经济运行新的“稳定器”的互联网平台企业必然有更加广阔的发展空间。可以预见，在后疫情时代，数字化转型是企业重新找到增长动力的决胜武器。

### （四）供应链端提质升级

聚焦三大核心痛点，加快释放整个供应链数字化升级价值潜力，产业主体普遍面临仓储成本高、物流配送协同水平低以及供应链金融服务发展滞后难以缓解买卖双方的资金压力等痛点，数字贸易平台能够促进产品标准化，降低仓储成本，强化全流程信息监控能力，提高物流主体协同能力，以及深化大数据风控应用能力以提供有效的供应链金融产品。对挖掘整个产业供应链的数字化升级价值以及中国经济的供给侧高水平转型升级提供“供应链数字力量”的强动力（如图 3-2）。

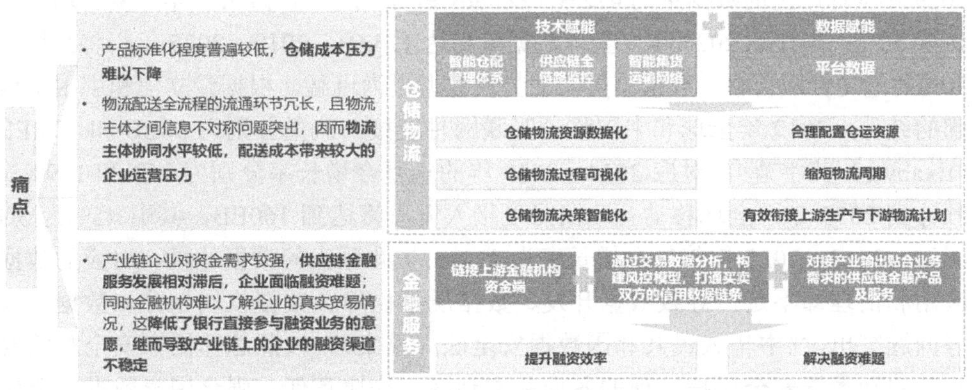


图 3-2　数字贸易平台推动供应链数字化升级价值释放的路径

## 二、数字化转型的难点

### （一）体制机制壁垒多

新技术的创新、新产品的培育、新业态的扩散和新模式的应用，形成了对传统发展理念、政策体系、监管模式、利益格局的冲击和挑战。数字化转型将重构生态模式、组织模式、单元模式，基于小型化、自主化、灵活化的决策单元，构建扁平化、平台化的新型架构，这都需要冲破现有体制机制的壁垒。

### （二）转型理解不到位

数字化不只是技术的革新，而且是经营理念、战略、组织、运营等全方位的变革，不能一蹴而就，需要做好顶层设计，明确发展目标、推进步骤和工作举措，实现战略性、整体性、规范性、协同性、安全性和可操作性，当然在转型过程中也会遇到各种各样的问题。尤其是作为核心战略资产的“数据”，随着数字化转型的不断深入，会面临数据分散于不同主体、不同单元、不同业务系统而难以有效整合，数据量飙升难以高效存储，多云系统数据难以有效协同管理等诸多难点问题，这都需要直面并解决。

### （三）数据治理手段匮乏

互联网和物联网的蓬勃发展，带来了数据量的大爆发，包括行为数据、轨迹数据、交易数据、交流数据、交往数据，以及企业内部的运营数据、业务数据、财务数据、税务数据等。据互联网数据中心（Internet Date Center，IDC）统计，2019 年全球产生的数据量为 41ZB（Zettabyte，泽字节），过去十年年复合增长率接近 50%；预计到 2025 年，全球数据量高达 175ZB，2019—2025 年仍将维持近 30%的年复合增长率，数据流量的涨势较数据更为迅猛。根据爱立信和中国工信部的统计，2019 年全球和中国移动互联网月度接入流量分别为 38EB 和 10.8EB（Exabyte，艾字节），对应 2014—2019 年的年复合增长率分别为 75%和 139%；预计到 2025 年，全球移动互联网月度接入流量将达到 160EB，其中 45%为 5G 流量，2019—2025 年年复合增长率为 27%。如此巨大的数据体量，对应的数据应用和治理却不足，导致数据开发、数据质量保障、数据权属划分、数据治理等问题突出。《中华人民共和国数据安全法（草案）》按照总体国家安全观的要求，勾勒数据安全保护管理的各项基本制度、法律责任，强化国家数据安全保障能力，应对数据这一非传统领域的国家安全风险与挑战，旨在切实维护国家主权安全和发展利益，为数字经济时代的数据安全、开发、应用保驾护航，为我国数据治理提供重要的指引。

衡量数据的价值仍然是一个主要的挑战。“数据价值链”的概念是估计数据价值的关键。价值出现在从数据收集到处理和分析再到数字智能的转型过程中，这些数据可以用于商业目的或用于社会目标（联合国贸易和发展会议，2019 年 a）。在这个过程中，单个数据，除非它们被聚合和处理，否则没有价值。如果没有原始数据，就不可能有数字智能。为了创造价值和捕获价值，我们需要提供原始数据和将其处理成数字智能的能力。

一些实证分析似乎从一开始就假设，数据法规对贸易和 GDP 有不利影响，而限制数据流动的措施对互联网的基本思想构成了威胁。一些研究也驳斥了限制国际数据流是支持本地数据产业发展的一种方式的观点；相反，它往往会提高当地公司的成本，特别是较小公司的成本，限制消费者的选择，并威胁数据安全。

从数据驱动的产业政策角度来看，国内企业可以利用制造业的消费者偏好数据来开发服务于新的内部细分市场的新产品。这类工业政策将限制某些数据的流出，从而旨在支持经济发展，减少对出口导向型工业化的依赖。同样，辛格（2019年）强调了制定产业政策的必要性，以确保国内数据有助于国内的价值创造，以支持数字产业的发展。Foster、Azmeh（2020 年）和 Ciuriak（2018 年）也强调了产业政策在数据驱动的数字经济中与发展的相关性。德国工业联合会认为数据是工业 4.0 的关键推动因素，其中无摩擦的数据流对保持其成员的竞争力至关重要。

## 三、中国数字化转型的趋势

国家不断加大力度推动数字经济与传统产业深度融合（表 3-1），政策红利于“十四五”期间有望充分释放。我国数字经济的快速发展，也催生了巨大的数字服务进口需求，既有力维护了全球产业链供应链稳定，也极大促进了国际经济循环的畅通。党的十八大以来，我国进口数字服务年均增长 6.0%，高出全球 1.0 个百分点。疫情发生以来，远程医疗、共享平台、协同办公等服务广泛应用，催生了服务贸易新业态新模式。

**表 3-1　我国数字经济与实体经济深度融合最新政策（2020—2021 年）**

| 地区 | 政策名称 | 发布时间 | 政策要点 |
|---|---|---|---|
| 1 | 《关于推进“上云用数赋智”行动培育新经济发展实施方案》 | 2020 年 4 月 | 大力培育数字经济新业态<br>深入推进企业数字化转型 |
| 2 | 《中华人民共和国国民经济和社会发展第十四个五年规划纲要》 | 2020 年 10 月 | 推动数字经济和实体经济深度融合 |
| 3 | 《工业互联网创新发展行动计划（2021—2023 年）》 | 2020 年 12 月 | 推动工业化与信息化融合发展促进制造业数字化、网络化、智能化升级 |
| 4 | 《商务部等 8 部门关于开展全国供应链创新与应用示范创建工作的通知》 | 2021 年 3 月 | 培育供应链新技术、新模式、新理念、新增长点 |

数字贸易平台的双向进阶：行业等级与业务细分进阶、产业生态化进阶，促进我国经济供给侧与需求侧高质量发展的双重改革。行业等级与业务细分进阶为数字贸易服务带来上升空间。产业生态化进阶，以打造新型产业供需关系和生态协同关系。数字贸易平台通过大数据、云计算、人工智能等新一代数字技术的创新与应用，打破产业主体之间的信息壁垒，构建新型供需关系和产业链协同关系，进而实现参与主体之间的资源与信息快速交互、响应，最终驱动产业链的供给侧生产模式以及需求侧采购模式的双重变革。

## 四、产业数字化转型的路径

### （一）创新生态化

数字化转型意味着要放弃封闭模式，构建开放式创新生态系统。各组织的身份和地位被重新定义，各单元在生态体系里协同发展，核心主体应设立负责技术研发和生态研发建设的"首席技术官"，统筹建立开放创新生态系统，借助数字化技术转型成为技术创新的引领者。

### （二）生态协同化

数字化转型意味着要借助大数据智能技术对生态系统进行主动的管理和服务，实现生态系统的"量化运营"。万物互联与大数据智能技术的出现使生态大规模协同的成本大为降低，效率大为提高。借助大数据智能技术，将政府生态伙伴、供应链生态伙伴、销售类生态伙伴、研发类生态伙伴、人才类生态伙伴、投融资生态伙伴的能力进行有机协同，统筹整个体系内生态系统的"量化运营"，为实现生态"大协同"下的快速进化提供数字化支持。

### （三）协同创新化

打造数字经济时代"技术创新+模式创新"双轮驱动的核心引擎，将需求端最敏感的痛点、难点、热点与业务端、技术端最敏感的"技术创新"进行强耦合，有意识地引导"技术创新+模式创新"双轮驱动，形成协同创新化的新局面，有力牵引并实现数字化转型，实现创新生态化、生态协同化、协同创新化。

2020年，数字化已经广泛地介入社会经济文化各领域，如数字政府、科技金融、微信及支付、智慧城市、智慧医疗等。如果没有新冠疫情，那么数字化转型可能会按部就班地平稳发展，但新冠疫情的突发和相关的应对措施，使数字化加速强化，螺旋式上升，并且越来越显出其未来的意义。数字化转型不仅是一种场景的简单转变，在更深层，它是一种主导社会经济的力量的重塑和变革。它会逐渐变成一个"统领者"，构建一个虚拟的世界并左右现实世界，决定未来的走势。数字化社会发展的必然趋势，它将颠覆人们对诸多事物的认知，我们必须积极地拥抱它，适应这种变革和发展。

# 第二节　产业数字化的演进

产业数字化是以实体产业和科技产业的融合为基础，利用数字技术对业务进行升级，推动产业供给侧和需求侧运营流程的数据在线，连接客户、结构可视、智慧决策，对产业链上下游的全要素进行数字化改造，而实现产业降本增效、提高用户体验、增加产业收入和升级产业模式，进而提升生产的数量和效率的过程。产业数字化的变革正在加速重构全球产业新纪元。2019 年全球产业数字化占数字经济比重达 84.3%，产业数字化成为驱动全球数字经济发展的关键主导力量。收入水平越高的国家产业数字化占比越高，高收入国家产业数字化占数字经济比重达 85.9%；经济发展水平越高的国家产业数字化占比越高，发达国家产业数字化占数字经济比重达到 86.3%。2020 年全球数字经济融合化趋势更加明显。以 5G、半导体、集成电路、人工智能等为代表的数字产业化创新加速，工业互联网、智能制造、先进制造等成为全球产业升级、产业优势重塑的关键。

## 一、产业数字化转型内涵与特征

产业数字化转型是在新一代数字科技支撑和引领下，以数据为核心要素，打通不同层级与不同行业间的数据壁垒，促进供应链上下游的全要素数字化升级，形成全新的数字经济体系。

### （一）产业数字化的内涵

产业数字化转型的内涵（图 3-3）是围绕业务流程将数据资源、数字科技、数据内容、数据治理、信息网络、服务平台等前沿技术与生产业务相结合，使产业实现更高效的业务流程、更完善的客户体验、更广阔的价值创造，改变产业原有的商业模式、组织结构、管理模式、决策模式、供应链协同模式、创新模式等，推动垂直产业形态转变为扁平产业形态，打造出一种新兴的产业生态，实现产业协同发展，达到产业生产模式的转型与升级。以产业数字化转型促进产业跨界融合，加快要素流通，优化要素配置，倒逼企业提升技术创新能力，进而推动产业技术升级。在数字经济下，产业组织的基本单位不再是企业，而是企业之间以用户价值为出发点建立合作关系而形成数字化生态。产业升级的基本内涵在于企业生产力和市场竞争力的提升，核心内涵体现在数字化赋能产业组织升级、用户价值完善、全要素生产率提高、产品附加价值增加及促进现代产业体系的培育等方面。总体上，产业数字化是在新一代数字科技的支撑和引领下，以数据为关键要素，以价值释放为核心，产业链上下游的全要素进行数字化升级、转型和再造的协同发展过程。

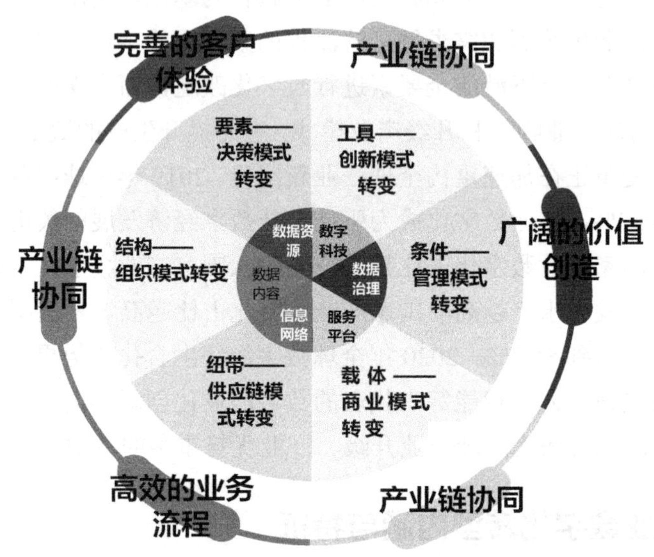


图 3-3　产业数字化内涵示意图

产业数字化转型的外延包含支撑产业数字化转型所需的经济社会体系等外部支撑环境的全方位转变。具体来讲，一是培育数字化生态，打破传统产业模式，通过产业与金融、物流、交易市场、社交网络等生产性服务的跨界融合，着力推进农业、工业服务型创新，培育新业态。二是打通产业链上下游企业数据通道，促进全渠道、全链路供需调配和精准衔接，以数据产业链引领供应链和物资链，促进产业链高效协同，有力支撑产业基础高级化和产业链现代化。三是以数字化平台为依托，构建“生产服务+商业模式+金融服务”数字化生态，形成数字经济新实体，充分发掘新内需，开辟新的应用场景和消费模式。从社会维度而言，产业数字化转型所需的社会治理模式、标准法规、就业模式、教育体系、可持续发展等一系列问题也在产业数字化转型的范畴之内。具体来说，一是各种主体要相互协商、相互合作、相互补充，相得益彰，建构网络化范式合作治理机制。二是企业要围绕数据的采集、传输、存储、清洗、应用等环节进行规划，基于数据全生命周期进行数据资产治理体系建设，提高数据资产价值、开展数据资产运营成为企业发展的重要任务。不断拓展数据应用范围，从传统的企业内部应用为主，发展到支持内部和服务外部并用，挖掘和释放数据价值、开展数据应用和服务应用成为企业经营的重要内容。三是基于信息化、网络化、数字化、智能化交织演进，网联、物联、数联、智联迭代发展，全球正在加速进入以“万物互联、泛在智能”为特点的数字新时代，人类有望迈入一个以数字化生产力为主要特征的全新历史阶段。

### （二）产业数字化典型特征

数字化为传统企业的转型升级带来了希望，传统产业成为当前数字科技应用创新的重要场景，通过向各行各业渗透数字化知识和技术，引导第一、二、三产业融合发展，正是数字科技和传统产业之间的融合支持了数字经济的快速发展。数据要素成为产业数字化发展新动力。产业数字化转型能有效优化资源配置效率，数据在其中发挥着关键生产要素的作用。首先，数据能促进生产组织方式集约、发展方式转变、产业生态创新。一方面数字化装配和虚拟化生产正在引领产业生产方向，推动传统生产由实物模拟向数字仿真转变。例如，飞机、高铁、汽车、军工等制造领域数字化装配不断推广应用，通过各零部件数字建模，开展整机实物装配前的“数字组装”，推动问题早发现、早改进，实现生产过程快速迭代和持续优化；建筑信息模型有效促进了建筑工程全生命周期信息数据的共享与交换，开启了建筑行业新模式。同时，通过整合生产设备数据、产品参数数据、需求订单数据，使用户直接制造（Customer-to-Manufacturer，C2M）成为可能，依托生产线化、定制化、节能化能力，能够使生产控制更加精准，生产制造的协同化、个性化水平显著提升，进一步激发生产力，推动制造业供给侧的结构性改革。另一方面数据价值链不断延伸。通过监测产品工作状态信息并综合开发利用，推动企业业务从产品生产销售向生产型服务领域延伸，发展模式向提供持续服务转变，实现制造业服务化转型升级。

数据资产管理成为企业数字化转型的重要任务。伴随着企业内部数据的不断积累和大量外部数据的引入，数据规模扩大、数据质量不高、业务之间数据融合度低、数据应用不到位等成为迫切需要解决的问题。一切皆服务（X as a Service，XaaS）成为产业数字化转型新范式。在 VMware 最初提出软件定义数据中心的基础上，随着数字技术在各个领域的广泛应用，基于应用需求驱动的软件功能创新成为数字化转型的重要抓手，通过软件定义网络、软件定义存储、软件定义计算、软件定义消费、软件定义知识，未来将达到软件定义一切的全新数字化阶段。但软件定义一切并不意味着所有企业都要自主研发软件，未来基于 XaaS，企业可将精力集中于核心业务。XaaS 提供了众多通过互联网交付并以灵活的消费模型付费的服务，SaaS（Software as a Service，存储即服务）、PaaS（Platform as a Service，平台即服务）和IaaS（Infrastructure as a Service，基础设施即服务）是XaaS系列中最知名的成员。随着产业数字化转型的深入，“即服务”的范畴随之拓展，出现了出行即服务（Metal as a Service，MaaS）、数据库即服务（Data Base as a Service，DBaaS）、桌面即服务（Desktop as a Service，DaaS）、通信即服务（Communications as a Service，CaaS）等新成员。

消费者需求成为商业模式的新动力。数字经济时代，市场需求主要呈现出多样化、定制化、多批小量的特点，以面向实际应用需求为主，属于典型的离散型制造。生产管理的复杂程度发生了较大的变化，作为需求与供应衔接的核心部分，生产计划越来越复杂，在准时、保质、保量满足市场需求方面面临严峻考验。有限的、约束性资源条件下，企业的生产组织愈加困难，生产瓶颈难突破。数字化转型有助于企业构建快速精准的生产组织方式来充分满足市场需求，从“长尾效应”中获取商机，对企业的产品技术、生产效率、物流供应、服务质量的要求更加严格化、标准化、精细化。一方面，产业数字化转型驱动商业模式的智能化变革，传统产品驱动的商业模式被颠覆，生产端企业直接触及消费端用户，消费者需求或体验成为驱动企业生产的新动力，形成生产商、中间商、消费者的信息互联互通，为企业创新驱动提供新方向。另一方面，快速、敏捷、开放成为产业运行新常态。数字化转型可以加速产业和企业运行效率，数字化的开发运营（Development and Operations，DevOps）方法在各部门被广泛采用。整个企业乃至产业各个环节都在数字化转型中实现快速迭代和自组织适应。同时数字化转型打破传统封闭的运营模式，基于大数据、物联网、移动化与云服务，企业与企业、行业与行业之间形成互联互通的开放产业生态。

### （三）不同国家对于产业数字化的理解

关于产业数字化的内涵及如何推进产业数字化，不同国家、不同行业和不同机构有不同的理解，但本质上大体相同。德国对产业数字化的理解充分体现在“工业4.0”上，德国“工业4.0”战略核心是通过信息系统实现人、设备与产品的实时联通、相互识别和有效交流，构建一个高度灵活的数字化、网络化智能制造模式，保持德国制造业的国际竞争力。欧盟委员会认为数字化转型应该聚焦三个目标：让技术为人服务；打造公平和有竞争力的经济环境；实现开放、民主、可持续发展的社会。美国政府认为，数据是陆权、海权、空权之外的另一种国家核心资产。数字化转型不仅仅是将新技术简单运用到生产过程中，更应该在转型过程中不断积累并形成数字资产，围绕数字资产构建数字世界的竞争力，为企业不断创造价值。大数据和云计算、人工智能、物联网的结合，有效实现了数据到价值创造的高级转化。

国务院发展研究中心将数字化转型定位为“利用新一代信息技术，构建数据的采集、传输、存储、处理和反馈的闭环，打通不同层级与不同行业间的数据壁垒，提高行业整体的运营效率，构建全新的数字经济体系”。中国信息通信研究院认为，产业数字化是传统第一、二、三产业由于应用数字科技所带来的生产数量和生产效率提升，其新增产出成了数字经济的重要组成部分。华为公司认为，数字化转型是通过新一代数字科技的深入运用，构建一个全感知、全连接、全场景、全智能的数字世界，进而优化再造物理世界的业务，将传统管理模式、业务模式、商业模式进行创新和重塑，最终实现业务成功。因此，产业数字化转型要求企业将信息技术集成到业务的所有领域，增强自身产品研发、流程和业务决策制定能力，从根本上改变经营方式和为客户创造价值的方式。

## 二、人工智能对产业数字化的影响

从全球发展态势来看，人工智能的影响将超越科学研究、产业发展的范畴，从技术体系、产业结构、商业模式等方面带来全新的技术手段和发展理念，促进经济社会的全面进步。人工智能将重构生产、分配、交换、消费等经济活动各环节，形成从宏观到微观各领域的智能化新需求，进而引发链式突破，推动社会生产和消费从工业化向自动化、智能化转变，促进社会生产力大幅提升，劳动生产率将再次获得大飞跃。同时，人工智能正加速渗透到金融、交通、医疗、教育、养老等领域，可以极大地提高行业服务的精准化、便利化水平，全面提升人们的生活品质，提升社会运行的稳定度。我国政府高度重视人工智能的技术进步和产业发展，人工智能已上升为国家战略。随着人工智能技术的逐渐成熟，以及科技、制造业等业界巨头布局的深入，人工智能的应用场景不断扩展。从市场规模来看，自 2015 年开始，中国人工智能的市场规模逐年攀升。数据显示，2020 年，中国人工智能核心产业规模约为 5050 亿元，同比增长 18%。

### （一）人工智能对产业数字化的资源整合

随着企业数字化转型步伐加快，在推动生产设备数字化改造和企业内网建设的同时，越来越多的企业通过自建或租用科技平台的方式，构建海量设备与业务应用的桥梁，打造企业全要素连接的枢纽，重新定义和优化整个价值流程，实现企业内部数据采集、汇聚、分析和决策，推动生产经验和知识模型的沉淀，加快生产流程优化和商业模式变革。此外，通过打造产业升级平台，实现制造、金融、能源、物流等跨产业资源协同，提升产业运行与配套服务效率。当前，国内外均积极开展资源配置优化探索，我国在规模化定制、跨领域融通等模式创新方面更为活跃。如，阿里 2020 年宣布建立大数据赋能工厂，其本质是 C2M 的雏形，使用户与工厂直接“对话”，将行业平均 1000 件起订、15 天交付的流程缩短为 100 件起订、7 天交货；宝钢打造欧冶云商，实现钢铁生产企业与第三方物流仓储服务商、金融服务机构、用钢企业等各类主体互联，形成智慧钢铁生态圈。

### （二）工业互联网对产业数字化转型的引导

数字化转型对现有基于 ISA-95 模型的制造系统提出了更高要求，传统的自动化和信息化技术已无法满足敏捷化、智能化的转型需求。因此，以数据智能优化闭环为核心，网络、平台、安全三大体系为主体的工业互联网，正成为实现数字化转型的核心方法和关键路径，产业界均加快布局，尤其是新型网络技术应用持续深化，工业互联网网络发展驶入快车道。一是 5G+工业互联网持续落地。根据中国信通院统计的近两年国内外 5G+工业互联网案例，5G 正成为传统工业网络的有益补充。数据显示，国内外工业互联网改造占比由 2019 年的 4%提升至 2020 年的 12.3%。同时，5G 深入质量、控制等生产核心业务环节，应用占比由 2019 年的 19%提升至 2020 年的 24%。二是 TSN 产业初步建立。英特尔、博通、Vitesse 等企业已开始提供支持 TSN 功能的芯片，MOXA、霍斯曼、华为、新华三、东土等企业发布了 TSN 交换机产品，以 5G、电力、钢铁为代表的诸多行业对于 TSN 技术应用已经逐步显现。三是边缘计算产业生态日益完善。ICT 头部企业均积极开展时序数据库、容器、边缘智能等关键技术研究，发布了一系列边缘计算软件服务。华为、新华三、联想等企业从叠加设备管理与智能计算功能入手，发布了边缘计算服务器、边缘计算网关等硬件产品。

#### 1. 工业互联网平台创新与实践并举，数字孪生成为未来发展重点方向

一是平台建设稳步推进。据统计，目前我国工业互联网已经在航空、石化、钢铁、家电、服装、机械等多个行业得到了应用，具备行业、区域影响力的工业互联网平台超 150 家，平均设备连接数 62 万台。这些科技平台汇聚共享了设计、生产、流通等制造资源，有效整合了产品设计、生产制造、设备管理、运营服务等数据资源，开展面向不同场景的应用创新，不断拓展行业价值空间。如，海尔的 COSMOPlat 平台除推动自身转型外，还赋能衣联网、食联网、建陶、农业、房车、化工等 15 个行业物联生态，带动中小企业发展。同时，工业软件向平台迁移已是大势所趋，工业互联网平台正成为未来制造业数字化转型的核心能力底座。如，西门子、达索持续发布平台新版本，加快推动已有软件的云端代码重构，PTC

收并购云原生 CAD 和 PLM，实现软件到平台的快速、轻量化迁移。此外，GE、施耐德、艾默生等具有垂直行业属性的平台企业积极打造设备管理和生产管控解决方案。

二是平台正通过边缘计算加速与工业自动化体系的对接和融合，以更好地服务生产现场。以施耐德、菲尼克斯为代表的工控企业加快构建开放的自动化工控系统，推动工控软件与不同设备间的可移植、可组态和可互操作，提升工控开发和应用效率。以微软、华为为代表的 ICT 企业，借助开源技术向边缘侧下沉提升边缘数据流转效率，释放边缘数据应用价值；在业务流程方面，SAP、达索、西门子等领军企业不断叠加 iBPM、iRPA、BPI 等创新技术，推动平台经营管理业务乃至研发设计和生产管控业务的流程智能。

三是平台成为数字孪生应用基础底座，推动数据科学与仿真模型深度融合。在实时 IoT 数据和仿真模型结合方面，ANSYS 与阿里合作构建变压器数字孪生体，ANSYS 负责构建仿真降阶模型，阿里负责采集 IoT 数据，最终通过实时仿真技术模拟出传感器无法直接测量出的核心部件温度，大大降低了核心部件超温造成事故的可能性。在 AI 数据模型和仿真模型集成融合方面，海克斯康宣布收购 CAD LMSAS，后者是计算机辅助工程与人工智能和机器学习的先驱，基于此海克斯康能够通过人工智能技术优化研发阶段的数字孪生精度，进而提升产品数字孪生性能。

### 2. 安全保障防护要求不断提高，工业互联网安全迎来发展新窗口

一是工业互联网安全产品和服务体系初步建立。边界和终端安全防护成为工业互联网安全产品的重点，如绿盟科技推出工业安全网关，提供针对工业协议的指令级深度检测。安全服务与安全态势感知能力建设成为重要布局方向，如，360 推出工业互联网安全大脑，启明星辰搭建工业互联网安全威胁情报平台。二是国内企业通过互补合作提升安全防护综合能力。仅 2021 年上半年，北京六方云与麒麟软件、奇安信与阿里云、360 与致远互联等企业就达成了多项战略合作，在工业互联网安全产品、服务和解决方案上实现优势互补。三是网络安全领域收并购活动持续活跃。据第三方机构统计，2020 年国内外工业互联网安全投融资市场至少发生了 36 起额度相对较大的融资并购事件，其中，国内 14 起，国外 22 起，交易金额超过 200 亿美元。2021 年以来，微软收购安全威胁检测软件公司 RiskIQ，思科收购漏洞管理技术公司 Kenna Security，埃森哲收购云安全服务企业 Linkbynet 等，头部企业纷纷向工业互联网安全领域渗透。

## 三、区块链技术对产业数字化的影响

区块链技术的应用将使万物互联的世界更加有序、高效，并能够有效地解决信息披露不完善、信任成本高等难题。区块链不仅是数字经济的重要先驱，也是推动构建未来数字社会和数字中国的重要力量，区块链记账术在短短的十年里逐步渗透到经济社会的多个领域，进而引发了产业创新和再造。从长远看，区块链的理念和技术将进一步与5G、工业互联网、数字货币、数字身份等新型数字经济基础设施融合，成为促进数字经济发展的共性技术。

### （一）区块链为产业转型提供全新的技术手段

区块链是分布式数据存储、点对点传输、共识机制、加密算法等计算机技术在互联网时代的创新应用模式，是一种去中心化、不可篡改、可追溯的分布式账本。在过去的十年里，区块链技术在金融领域取得了革命性的成果，与此同时，在金融以外更加广阔的领域不断创新发展，并正在从制造业向医疗健康、交通物流、工业联网等经济社会诸多领域逐渐扩展延伸。不过，任何一项新技术从初创到成熟都需要一个过程。区块链当前还处于初级发展阶段，无论在技术上还是在商业上都不成熟。从技术角度看，种类有限的共识机制、容量有限的区块链导致网络拥堵，分布式系统缺乏有效的调整机制以及专门面向区块链的数据库系统仍不成熟等问题依然存在。区块链产业要想进一步突破创新瓶颈，从根本上来讲离不开技术、商业和场景这三个方面的深入融合创新。因此，一方面要不断强化区块链技术与各类应用场景的紧密结合，另一方面要加强区块链应用领域复合型人才的培养，与此同时还要促进产业主体的协调合作，探索搭建政府与市场之间的政策传导和信息反馈桥梁，深化政府和企业多层面合作机制，并通过行业协会、联盟、产学研融合机构等平台，推动产业链上下游主体的联动合作，且加快产业整体的商业化进程，进而形成有效的商业价值闭环，带动整个产业生态的良性创新发展。

### （二）"区块链+工业互联网"构建数字经济新空间

在平台支撑上，工业互联网平台是实体经济全要素的连接枢纽、资源配置中心和智能制造大脑。基于区块链的工业互联网基础设施，将能构建多方共治、公平可信、协同运作的数字经济新空间。工业互联网在助推实体经济转型升级的过程中同样具有较大的作用：一是构筑新生产领域的网络基础设施；二是打造工业互联网新生产要素——数据；三是为经济发展培育新增长点；四是为经济发展构筑融合型产业体系。

### （三）5G 无线技术的开发和部署是物联网发展的关键

与前几代技术相比，5G 技术具有更高的处理大量数据的能力。5G 技术将以超快的速度从根本上改变移动网络，并承诺通过显著减少延迟来结束拥塞。这项技术于 2020 年开始在地面上进行商业部署。然而，它主要应用在发达国家和亚洲的一些国家，尤其是中国。这种情况预计在 2025 年继续存在。预计到 2026 年，5G 移动数据流量将超过 4G 水平，并降低技术水平。尽管北美和欧洲在 5G 技术领域的全球移动订阅份额较低，但由于高效的网络、高端用户设备和负担得起的大量数据包，它们在全球数据消费中所占的份额更大。5G 技术预计对移动设备的互联网质量连接和增加数据量方面的客户体验产生积极的影响。在全球范围内，这将加速将台式机（固定宽带）转换为移动设备的趋势，主要是用于电子商务购物、视频和游戏。已经在智能手机上广泛使用的消息传递和社交网络应用程序也将受益于 5G。它还将影响云服务。所有这些都将涉及增加跨境数据传输。由于其处理数据的高能力，以及其潜在的经济影响，5G 是中美两国技术/贸易冲突背后的关键因素。

据 IDC 发布的《数据时代 2025》报告显示，全球每年产生的数据将从 2018 年的 33ZB 增长到 2025 年的 175ZB，相当于每天产生 491EB 的数据。全球物联网设备产生的数据将从 2019 年的 17.3ZB 增长到 2025 年的 73.1ZB。这些数据大部分将来自安全和视频监控，但工业物联网应用也将占很大的份额。物联网导致的整体数据的增加将意味着跨境数据流的增加，因为不同的连接设备可以遍布世界各地。到目前为止，对物联网发展和跨境数据流之间关系的分析还很少，尽管人们似乎已经一致认为，物联网将导致这些数据流的增加。GSMA（2021 年）的一项研究估计，新兴经济体可以从部署物联网中获得重大收益。在跨境数据流动的情况下，它们可能对经济产出产生相当大的影响。

### （四）数据已经成为一种关键的经济资源

数据可以因不同的原因而被收集，如产品和服务开发、有针对性的广告和监视，其授权可能基于服务协议、使用政策、法律要求或请求。在不依赖任何其他方的情况下，数据可以由拥有、控制或访问关键的互联网基础设施（例如，互联网交换点）、网站、Web 服务器或软件（操作系统和应用程序）的实体收集。这些实体包括网站所有者、电子商务或社交媒体平台、应用程序开发人员、操作软件开发人员、互联网服务提供商、政府和黑客。数据也可以通过数据经纪人、法院命令或其他法律请求间接获得。

数字经济正越来越多地被无形资产所定义，其中组织的创新方面，如知识、知识产权和数字代码，现在是竞争优势的核心（哈斯克尔和韦斯特莱克，2017 年）。这鼓励各组织收集、合并和处理更多的数据以产生经济价值（联合国贸易和发展会议，2019 年 a；梅耶尔-申伯格和库基尔，2013 年），数据已成为数字经济中关键商业模式的一个特别重要的资源。例如，平台业务模式主要依赖于数据，通过分析数据驱动模式的特点，进一步推动生产的良性循环进程（Gawer，2014 年）。如果没有驱动模型和系统的数据，围绕人工智能和算法的商业模型就无法存在。

## 四、“融合发展”成为产业数字化基本路径

当前，随着信息技术的持续推进和全面创新，数字经济正逐渐广泛融合渗透到传统产业之中，驱动农业、工业和服务业数字化转型升级，引发各领域、各行业的业务形态变革和产业结构调整。伴随着工业互联网的广泛部署，以及大数据、云计算、人工智能等新一代信息技术的成熟应用，未来传统产业必将迎来数字化驱动的转型升级热潮，数字化融合创新将成为全球数字经济发展的主战场，成为刺激新一轮世界经济复苏的新动能。

### （一）在疫情影响下，各国产业数字化对数字经济主引擎作用持续巩固

数字经济能够对冲经济下行压力、构筑科技创新和产业升级基础，是建设现代化经济体系的关键领域。产业数字化以创新驱动力为引领，以信息网络为基础，优化资源要素的组织配置，承载经济社会新供给、新需求，支撑产业转型的新抓手。从不同经济发展水平来看，2020 年，发达国家产业数字化占数字经济比重达到 86.4%，发展中国家产业数字化占比为 78.3%。从不同收入水平来看，2020 年，高收入国家产业数字化占比为 86.1%，中高收入国家产业数字化占比为 79.4%，中低收入国家占比为 70.1%。2020 年，各国数字产业化在数字经济中占比逐渐下降，产业数字化占比持续提升。德国数字经济与实体经济融合加速推进，产业数字化占数字经济比重达到 91.3%，此外，英国、美国、法国、日本、南非、俄罗斯、中国、巴西、挪威等 14 个国家产业数字化占比也都超过 80%，墨西哥、意大利、西班牙、韩国、泰国、印度等 16 个国家产业数字化占比也超过 70%，另有 16 个国家产业数字化占比介于 50%～70%。

近 5 年来产业互联网在经济转型中的作用日渐提升，资本持续涌入产业互联网与传统行业融合发展的产业，这为数字产业平台的快速发展提供了雄厚的资金支持。从产业互联网在资本市场的具体表现来看，2021 年相较 2016 年而言，电商 To B 领域的融资数量与融资金额均有大幅上升，其中农业、跨境、纺织服

装、工业品等领域较受资本青睐。在这种情况下，美国和中国的平台发展，尤其受益于大量掌握人工智能和数字技术的人才。大约有 59%的人工智能研究人员在美国工作，而中国还有 11%，剩下的 30%留在世界其他地区。就研究人员的来源地而言，中国占 29%，美国占 20%。印度等国也是这类人才的重要来源地。

### （二）数据融合的基础与方向

确保机器或物联网数据能够安全快速交换是全球价值链运行的一个日益重要的方面（Fosteretal，2018 年）。各国政府在使用数据源、服务和存储时，经常将其数据服务与私营部门相结合。因此，政府发起的跨境数据流也可能依赖于形成数据流的合同和协议。政府数据通常被认为比其他数据更敏感，特别是如果它们是关键的国家基础设施的一部分。因此，这类数据的跨境流动可能会受到其他要求的制约，包括国家管制。例如，某些政府数据只能在某些要求下被允许跨国界，只使用特定的标准或加密规范；或者为了安全，在私有云中使用存储的要求。在某些情况下，当数据特别敏感时，可能会防止跨境数据流。虽然政府内部的数据可能会受到更严格的预处理，但政府和其他非营利组织也有一种趋势是要共享数据，作为创造经济和社会价值的一种手段。适当的共享数据可以推动区域或国际合作。在政府层面上，在协调贸易、商业数据库、区域治理平台、国家安全和犯罪系统等领域的跨境数据流正在变得越来越普遍。

数据流还可以与更开放的资源集成，这些资源也可以被视为一个具有开放使用和共享目标的数据类别。具体的组织或领域可以就如何在国家或国际层面共享数据达成一致。在这一领域取得成功的一个例子是促进建立标准、平台和促进援助数据共享的活动。在国际援助透明倡议的领导下，这支持各国政府和非政府组织开放其援助数据。

### （三）数据价值链融合存在不平衡

数据价值链主要由全球数字公司和控制全球价值链的公司所主导。从生产的角度来看，即使政府、公司或公民拥有数据收集或应用的能力，大多数数据流也由私营企业捕获或发生，通常发生在子公司、服务少数大型科技公司的合作伙伴之间。围绕数据流的开发挑战出现在大公司如何提取和控制数据中，从而允许它们从中创建并私下获取价值。随着这些公司的成长和投资，新公司的竞争能力也存在限制，因为投资于人力资源和资本的大规模竞争的挑战。同时，也存在着高度不平等的数据开放的风险，科技公司的少数专家拥有适当的计算和数据处理基础设施，并可以访问数据，他们是创造价值的核心。

不同国家的公司正准备好在数据驱动的数字经济中创造价值。信息不对称的产生是数据为第一移动者提供的竞争优势的结果。尽管2017年经合组织国家约20%的企业参与电子商务交易，但大企业参与电子商务的可能性是中小企业的两倍多，而且许多国家的绝对差距正在扩大（经合组织，2019年b）。对于大多数发展中国家的中小企业来说，电子商务的使用量通常要低得多。此外，谷歌、阿里巴巴、亚马逊和腾讯等大型数字平台已经拥有了大量的数据宝库，它们可以将这些数据转化为新的增值数据产品和服务。这些公司也有资金购买重要的计算能力和数据专业知识（Ciuriak，2018年）。由数据开发出来的新产品和服务反过来会产生更多的数据，从而进一步增强了数字巨头的市场力量（Weber，2017年）。从这种信息不对称中获益的公司往往很多，一般来说，它们集中在美国和中国（UNCTAD，2019年a）。发展中国家在区域一级有一些成功的数字平台，如拉丁美洲的自由市场和非洲的朱米亚。然而，这些区域数字平台通常遵循与全球数字公司类似的数据做法，尽管规模较小。对数据的掌控带来了信息的优势，增加了建立在数据基础上的经济中潜在的市场失败的来源，包括规模和范围的经济以及网络效应。所有这些都倾向于促进市场集中（从而抢占领先公司的市场份额）。数据经济中固有的信息不对称性没有市场仍会长期存在。

## 五、制造业数字化转型步伐加快

### （一）主要国家持续深化制造业数字化转型战略布局

强化转型战略规划。美国发布《2021美国创新与竞争法案》，提出实施“美国制造计划”，大力推进前沿数字技术在制造业中的创新应用。欧盟接连出台《欧盟2030工业展望报告》《欧洲新工业战略》《工业5.0战略》等文件，意图通过整合欧洲一体化制度架构，提升数字技术能力，打造完整高效的先进制造业产业链体系。日本发布《制造业白皮书2021》，以“场景驱动+项目”的模式推进制造业数字化转型战略实施，将工业互联作为打造社会5.0体系的关键，推动数字技术在价值链各个环节的深度应用。

### （二）制造业数字化转型带动产业创新发展

以数字技术提升企业生产和运营管理水平是当前制造业数字化转型的重要切入点，国内外路径略有不同。生产管控和运营管理类应用占到了案例样本的50%以上，表明以数字化改善企业内部管理是当前制造业转型赋能的主阵地。从具体应用类型看，国外更强调在较好的数字化基础上，面向工艺、设备、质量、能耗等高价值场景，通过工业大数据建模优化，进一步提升生产和运营管理水平。如，西门子利用人工智能优化刀具姿态和更换时间，使生产效率提升20%。我国大型制造企业在探索路径大体与国外类似的同时，也面向中小企业转型需求持续进行云化、轻量化、低成本工业软件工具的数字化探索，大幅降低中小企业数字化转型的技术难度和成本，加速中小企业数字化转型进程。如，普惠智造通过云化MES助力中小企业开展“采购、仓储、生产”等全流程生产管控，2020年为新昌100家中小企业实施部署，人均生产效率提高40%以上。

### （三）数据驱动的产品和服务创新正不断为制造企业带来新的价值增长点

案例分析结果表明，利用数字技术连接产品和设备，并基于设备数据提供运维服务和后市场服务的模式，已经成为当前探索重点（约占案例样本的20%）。例如GE、三一、陕鼓等装备企业提供产品远程运维服务，并成为企业重要的收入和利润来源。通用、大众、福特、特斯拉等主要车企纷纷布局车载娱乐和智能出行服务市场，汽车后市场服务将成为未来车企的主要利润来源。此外，基于数据驱动的创新增强范式，改变了传统依赖人工经验和重复试验的研发模式，加速创新周期、减少研发成本，正大幅提升制造企业的研发能力。如，美国麻省理工在电池材料的研发中，通过机器学习从13万种配方中筛选出最优的200种进入实验室验证，大幅缩短了研发周期；通用汽车基于AI开展安全带支架智能设计，重量减轻40%，强度提高20%。英国初创企业利用AI开展增材制造合金材料设计，节省约15年研发时间和近1000万美元研发成本。

### （四）通过数字化转型增强企业赢利能力的商业模式探索正不断涌现

数字技术推动商业模式由一次性售卖方式向持续价值变现、共享价值变现转变。一是围绕售出产品，通过功能订阅、产品租赁授权使用等新型收费方式持续创造价值。二是将数据或知识封装为产品，通过产权付费、收益分成等方式实现间接获利。三是构建交易平台，通过供需对接或流量获取相关利益。如，特斯拉2021年7月推出了每月199美元、可订阅的完全自动驾驶（FSD）功能；云道智造构建了仿真App从开发、交易到应用的生态闭环，开发者可以通过在云道仿真平台中共享仿真App获得相应收益。

## 六、物联网助力产业数字化转型加速

在不久的将来，物联网可能是收集数据的主要方式，通过数十亿个连接的电子设备产生数据。数据可以通过连接的设备收集，如传感器、仪表、射频识别和其他可嵌入的小工具等日常生活中使用的各种联网物品。随着全球经济数字化的日益加剧，数据价值链在多个国家发生，并由于成本降低和物联网等更复杂技术的更易于使用而加速发展（Nguyen 和 Paczos，2020 年）。因此，在没有人工干预的情况下，物联网不断增长的使用将导致未来跨境数据流的增加（Voss，2020 年）。据估计，2018 年世界经济从物联网的使用中受益 1750 亿美元，这相当于 GDP 的 0.2%。其中一半以上的好处来自制造业企业，使其成为目前因使用物联网而收益最多的行业。到 2025 年，物联网带来的生产力效益预计上升至 3.7 万亿美元，占全球 GDP 的 0.34%。美国和中国在物联网生产率增长方面处于世界领先地位，占全球效益的 50%以上。就行业而言，到 2025 年，物联网行业将占总收入机会的一半以上，其次是智能家居，这将占总收入的 23%。消费电子产品将占 15%，联网汽车和智能城市将分别占总产品的 5%和 4%。工业物联网连接将引领总物联网连接的整体增长，在 2017 年至 2025 年期间年平均增长率为 21%。由于这一显著增长，到 2025 年，工业物联网将占全球连接的一半以上。这将意味着各行业的运作方式将发生重大变化。

在新冠疫情大流行期间，物联网在我们生活中的关键作用得到了加强。一些通过提供关键数据来帮助对抗它的物联网应用程序包括联网的热敏相机、接触者追踪设备和健康监测可穿戴设备。此外，温度传感器和包裹跟踪有助于确保敏感的新冠疫苗（即新型冠状病毒疫苗）的安全交付。然而，物联网的日益使用也引起了人们对安全、隐私、可操作性和公平性的关注（WWF，2020 年 a），这需要通过适当的治理来解决。2020 年，全球物联网市场的规模为 3089.7 亿美元。该市场预计从 2021 年的 3813 亿美元增长到 2028 年的 1.85 万亿美元，这意味着 2021—2028 年的年增长率为 25.4%（《财富商业洞察》，2021 年）。根据 IDC 对 2020—2024 年期间的预测，全球物联网支出受到了疫情的负面影响，尽管预计中长期将恢复两位数增长，在预测期间实现 11.3%的年增长率。

中国、美国和西欧将占物联网总支出的四分之三左右。尽管这三个地区最初的支出总额将会相似，但中国的支出增长速度将快于其他两个地区，使其成为物联网支出的领先国家。物联网支出年增长最快的地区将是中东和北非（19.0%）、中欧和东欧（17.6%）以及拉丁美洲（15.8%）。2020 年，物联网连接（如联网汽车、智能家居设备和联网工业设备）首次多于非物联网连接（智能手机、笔记本电脑、平板电脑和电脑）。到 2025 年，预计平均每人将有近 4 台物联网设备。据 GSMA（2019 年 a）项目估计，物联网连接总数将从 2018 年的 91 亿次增加到 2025 年的 252 亿次。这意味着到 2025 年将获得 1.1 万亿美元的收入机会。但是，该收入将按地区分配不均匀，撒哈拉以南非洲、独联体和拉丁美洲预计只占总收入机会的 7%。

## 七、产业数字化案例——中国农业数字化

2019 年，全国农业生产数字化水平达 23.8%，全国县域农产品网络零售额占农产品交易总额的比重为 10.0%。该比例在未来有较大的提升空间，其原因在于产业链在交易端、仓储物流端和金融服务端三大层面仍存在待解决痛点，如上下游信息互通效率较低、物流运输管理水平有待提升、产业融资渠道较窄等。从价值上看，数字贸易平台向农业产业链引入物联网等关键技术，有望解决上述农业领域特有问题，提高生产到销售全环节的生产、加工及流通效率，从而加速智慧农业的发展。2020 年，中国智慧农业市场规模达 268 亿美元。总体上看，数字技术为农业产业链的交易端、仓储物流端、金融服务端带来了解决方案，从而进一步大幅提升产业链的价值。

### （一）生产端——数字技术助力提高农业生产场景全流程的效率

我国农业生产端普遍存在规模化程度较低、先进生产技术运用程度较低、决策缺乏数据支撑多依靠经验主义等痛点。数字农业平台依托数字技术，将智能灌溉、收获检测、土壤监测、农业数字化管理等先进技术引入农业生产的全过程，较大程度解决上述痛点。同时，平台利用自研技术实现种植养殖、产品品质追溯检测、包装等多环节的数字化，有效降低生产成本，提高农作物产品品质及高效精准决策，体现“数字技术+农业生产”，全面提升农业要素生产率，推进发展高效型现代农业。

### （二）交易端——农业数字贸易平台促进产业链信息互通，进而提升农产品交易效率

农产品在交易环节存在较大痛点。首先，生产端和采购端信息不对称，供需难以精准对接。当农业生产者无法动态把握市场形势和需求时，其农业收入就易因农产品产量或价格的超预期波动而发生损失。其次，传统农业产业链中流通环节较多，加上农产品利润薄、难贮藏的特点，导致农产品流通效率低下和交易成本偏高的问题突出。建立农业数字贸易平台，通过产业链资源整合，可以快速及时地促进贸易企业、消费者等产业主体的信息交互，有利于提高农产品的交易效率。

### （三）供应链端（仓储物流）——加大物流数字化能力建设，强化对农产品物流信息的掌控力

目前我国农业物流发展仍不完善，农产品在从上游生产端运输至下游消费端

时仍会受制于落后物流技术、低信息交互水平、分散物流资源带来的高损耗、高成本、低品质等问题。因此，我国农业物流体系需要加大物流数字化能力建设，强化对农产品物流全流程信息的掌控，以提升物流体系参与主体的协同能力与物流资源配置水平，进而推动整个农业物流体系运转模式的升级。

### （四）供应链端（金融服务）——以大数据风控能力建设，提高识别农业经营主体信用质量的能力

随着我国农业现代产业体系的构建，新型农业经营主体成为推动农业产业链发展的主要力量。但农业经营主体面临抵押产品不足的融资困境，因而其融资需求长期难以得到满足。在此形势之下，以数字贸易平台为主导的数字化农业供应链金融有望成为缓解农业经营主体融资困境的有效路径：通过平台实时掌握农业经营主体的生产与交易信息，穿透真实的融资需求；基于大数据风险控制技术，实行贷款全过程实时监控，并实时评估其信用质量，以有效降低农业经营主体的违约风险。

## 第三节　服务业数字化转型提质增效

率先启动的服务业数字化呈爆发增长，以电子商务、在线订餐等为代表的生活性服务业正加速向以智慧物流、金融科技等为代表的生产性服务业数字化加速拓展。以金融科技为例，金融科技以人工智能、大数据、云计算、区块链等技术驱动，科技与金融业务深度融合，传统的金融信息采集来源、风险定价模型、投资决策过程、信用中介角色等发生改变，金融科技进入快速成长阶段，促进智慧物流、在线旅游、移动支付、数字创意和分享经济等服务业新模式的持续发展。利用数字技术改善文化教育、健康医疗、环境保护、城市规划和其他公共服务，推广远程医疗、远程教育等数字化新应用。对于数字化的商品和服务，这些产品不仅可以被订购，还可以在网上交付。然而，跨境数据流与贸易的耦合可能更加松散。数据流可能与交易没有明确的关联，并且/或可能以更间接的方式被货币化。用户可以免费使用外国在线服务（如搜索引擎、社交媒体、视频和网页浏览），但在这个过程中，有关他们的数据被提取、处理和货币化，例如有针对性的广告。此外，随着产品和服务的整合，持久的跨境数据流也可能与促进电话和传感器等设备上的服务有关。

# 一、全球服务业数字化转型加速

## （一）数字贸易推动全球经贸关系发生新变革

数字贸易重构国际贸易模式。一方面表现为贸易方式的数字化，数字技术与国际贸易各领域深度融合渗透，电商平台成为国际贸易的重要枢纽，信息展示、贸易洽谈、支付结算、税收通关等环节向线上迁移，国际贸易的固定成本大幅降低、效率显著提升；另一方面贸易对象的数字化，互联网为国际数据流通提供了高效便捷的传输渠道，数据以及以数据形式存在的商品和服务可贸易程度大幅提升，成为重要的贸易商品，对各国生活、生产等诸多领域的影响不断扩大。贸易方式的数字化、贸易对象的数字化极大地改变了现有贸易模式，推动国际经贸交往活动从物理世界转向数字世界，国际分工和分配模式面临巨大调整。

## （二）全球数字交付服务贸易迅猛增长

UNCTAD 数据显示，2008—2018 年，全球数字交付服务出口规模从 1.8 万亿美元增长到 2.9 万亿美元，增长超 61%，年平均增长率约为 6.1%（同期服务贸易出口增速为 3.8%，货物贸易出口增速为 1.9%），在服务贸易出口中的占比从 45.7% 增长到 50.2%。中国数字交付服务出口规模和排名均低于货物贸易，但在主要国家中增速位居前列。从规模看，2018 年中国数字交付服务出口规模达 1314.5 亿美元，国际市场占有率达 4.5%，在全球排名第 8 位（126 个国家）。从增速看，2014—2018 年中国数字交付服务出口年平均增长率为 7.4%，排在全球第 26 位，但超过日本、德国、美国、印度、南非、巴西等主要发达国家和新兴经济体国家。

## （三）服务型制造是先进制造业和现代服务业深度融合的重要方向

服务型制造是制造与服务融合发展的新型制造模式和产业形态。新一代信息通信技术的深度应用，进一步加速服务型制造的创新发展。制造业企业通过创新优化生产组织形式、运营管理方式和商业发展模式，不断增加服务要素在投入和产出中的比重，进而导致数字服务贸易的需求增加。例如，我国制造业广泛使用的许多工业软件来自美欧等发达经济体，包括 CAE 领域的 ANSYS、Altair 和 MSC 等，EDA 领域的 Cadence、Synopsys 和 Mentor 等，产生了数字服务进口。从投入角度看，以 ICT 服务为代表的生产性数字服务被广泛应用于制造企业的研发设计、生产制造、经营管理等环节，提高制造企业全要素生产率、产品附加值和市场占有率。例如，工业设计方面，形成了面向制造业设计需求的网络化的设计协同平台，为众创、众包、众设等模式提供支持，提升工业设计服务水平；生产制造方面，企业加快利用 5G 等新型网络技术开展工业互联网内网改造，利用工业互联网安全监测与态势感知平台提升工业互联网安全监测预警能力；定制服务方面，基于 5G、物联网、大数据等新一代信息技术建立的数字化设计与虚拟仿真系统，为个性化设计、用户参与设计、交互设计提供支持。从产出角度看，制造企业将生产过程中积累的专业工业知识转化为各类型数字服务，由提供产品向提供全生命周期管理转变，由提供设备向提供系统解决方案转变。例如，美的成立美云智数，将企业业务实践和管理经验软件产品化，为企业数字化转型提供支持，如 IT 咨询规划、智能制造、大数据、数字营销、财务与人力资源、移动化、身份管理等产品和解决方案。自 2017 年 2 月对外运营，美云智数已服务于 40 多个细分行业领域，广泛应用于长安汽车、东风集团、广汽集团、古井贡酒、恒安集团、永辉超市、温氏集团、万科、华侨城、华为、OPPO、宝时得、铁骑力士、特步等 200 多个行业领先企业。再如，德国西门子凭借其在电子电气工程领域的优势，推出基于云的开放式物联网操作系统（MindSphere），可帮助客户将产品、工厂、系统和机器设备连接在一起，完成物联网海量数据的采集、传输、存储、分析、应用，及提供面向特定行业、特定场景的数字化解决方案。2017 年，西门子在华建立首个工业软件全球研发中心，重点向中国企业提供 MindSphere 系统及其相关应用服务。

## 二、跨境数字贸易推动全球价值创造要素重组

跨境电商不只是货物贸易，还有围绕货物贸易开展而形成的一系列数字服务和数字服务贸易，其中最主要的是跨境电商平台企业提供的跨境贸易数字平台服务，此外还包括跨境电商生态中的市场信息服务、支付结算服务、物流信息服务等。

### （一）平台经济已成为商品交易市场转型升级和创新发展的重要方向和途径

平台经济可以将与商品流通有关的生产、运输和各种服务资源有效聚集，使交易和流通更加便利、快捷、精准、高效，进而带动全产业链升级和效率提升。平台中介服务方面，阿里巴巴、亚马逊等超大型跨境电商企业纷纷开拓国际市场，将服务对象从国内企业延伸至国际企业。市场信息服务方面，在跨境电商的发展中，由于市场的国别差异和空间距离等因素影响，数据的作用显得尤为重要，专门提供数据对接、数据分析等大数据服务的企业或平台应运而生。跨境电商大数

据既可以帮助企业及时掌握市场信息、提高生产经营效率，又能够帮助企业通过大数据进行高效选品和销量提升，抢占全球市场。如，2020 年 9 月 18 日，由中国人民银行武汉分行、外汇局湖北省分局、湖北省商务厅（省口岸办）、武汉海关等单位共同搭建的湖北跨境电商数据共享平台正式上线。企业仅需提供海关清单编号，银行即可通过平台实现批量自动核验，业务办理耗时不到半个小时。跨境支付服务方面，跨境电商支付服务商可为企业提供收款、换汇、支付、融资等一站式金融服务。中国支付清算协会报告显示，2019 年人民币跨境支付系统共处理业务 188.43 万笔，金额 33.93 万亿元，同比分别增长 30.64%和 28.28%，跨境消费持续成为电子支付行业最重要的增长点。例如，连连跨境综合了卖家平台、服务商平台、开发者平台和供应商平台，通过聚合开店、选品、营销、物流、金融等全品类服务商，为跨境电商卖家提供一站式全链路服务，支持天猫、亚马逊、eBay、PayPal 等全球数十家平台、10 多种币种的自由结算，覆盖美国、英国、中国等全球 100 多个国家和地区；亚马逊在中国上线全球收款服务，帮助卖家使用国内本地银行账户以人民币接收全球付款，卖家直接在亚马逊平台上就能轻松管理全球收付款。亚马逊自有收款服务保障了资金的安全性，并将该项服务与卖家平台进行整合，更加方便快捷。

### （二）跨境数字贸易推动了全球价值创造要素的重组，帮助传统外贸企业实现转型升级

根据艾瑞咨询统计数据，2020 年中国跨境电商规模达 6 万亿元，随着国家政策对跨境电商的支持力度不断提升，跨境数字贸易将成为外贸强劲增长点，预计 2021—2023 年中国跨境电商复合增速达 28.1%。其中，跨境 B2B 电商作为跨境电商主体，2020 年在中国跨境电商规模中占比为 72.7%。艾瑞认为，相较于 C 端而言，B 端交易的有效达成需要的决策链条更复杂、决策周期更长，相关的基础设施及配套服务构建难度更大，所以相较于 C 端电商渗透率，B 端电商渗透率滞后相对明显。未来随着利好跨境出口 B2B 电商政策的相继出台，B 端配套设施服务的持续构建和完善，B2B 的主体地位将不断强化。

交易端来看，跨境数字贸易简化贸易链路，大幅降低贸易成本。一方面，跨境数字贸易缩短贸易链路，省去中间商，企业将节省的成本更多地用于拓展业务、研发投入、提升产品质量、完善配套服务；另一方面，跨境数字贸易实现交易全链路的线上化，促进各环节的数字化、智能化，助力建立柔性供应链，助力生产端的产业升级，同时线上透明化使得贸易秩序更加公平，有利于降低采购商的贸易成本，优化采购体验。

供应链端由智能仓储物流技术解决信任难题，有效提升跨境交易效率。随着

智能技术在传统跨境贸易物流领域的不断应用，极大地提升了数字贸易平台在跨境物流环节的整体服务能力，并有效降低跨境数字贸易平台的信任门槛，解决跨境贸易中的信任问题。一方面，数字贸易平台通过将智慧仓储管理系统与全自动分拣设备等智能终端设施结合，提升仓内操作的运作效率，从而提高了时效；另一方面，平台运用物联网、区块链、大数据等技术加强物流信息的线上化、透明化，可实现实时跟踪物流信息，保证货品运输的安全。数字贸易平台在智能供应链端作了有益尝试，通过将区块链技术应用于物流端，实现为交易双方提供完善且高信任度的物流数据跟踪及验证，利于跨境交易双方快速建立信用机制，进而加快贸易速度，提高贸易效率。

### （三）以“数据+科技+服务”模式打造跨境大宗商品数字贸易平台

世界商品智能交易中心（Commodities Intelligence Centre，CIC）是卓尔智联集团旗下一家跨境大宗商品数字贸易平台，平台以“数据+科技+服务”模式，运用互联网、人工智能等技术，为世界各地贸易商提供大宗商品的交易匹配及一站式物流、通关、金融、大数据等服务，从而搭建起基于供应链全流程节点共同维护的联盟链（图 3-4）。CIC 平台的上游连接中小型矿主、农场主等供应商，下游客户为电厂、批发商、大型厂商等终端买家。目前 CIC 上线的主要商品包括化工、塑料（聚乙烯、聚丙烯）等 5 大类目，截至 2021 年 6 月，实现营收近 1 亿美元，达成 GMV 超 6 亿美元。

图 3-4　CIC 积极探索区块链在全球跨境贸易场景中的应用

# 第四章

# 数字经济背景下的国际贸易发展

快速数字化正在影响着生活的各个方面，包括我们的互动、工作、购物和接受服务的方式以及价值的创造和交换方式。全球服务业和服务贸易面临发展新机遇，对世界经济和国际贸易的重要性将持续提升，在这个过程中，数据和跨境数据流对发展变得越来越重要，对全球经贸规则提出新要求。同时，疫情全球大流行、各国严控措施下的“大封锁”，在导致国际经济深幅下降的同时，给服务业和服务贸易带来巨大冲击。服务贸易发展，面临前所未有的发展机遇和诸多新挑战。

## 第一节　国际贸易发展的新特征

贸易发展是各国融入经济全球化、参与国际竞争合作的重要途径。一方面，在新一轮科技革命背景下，新技术革命和产业变革加速推进制造与服务融合发展的趋势愈加明显，推动国际贸易的新业态、新模式蓬勃兴起。另一方面，在百年未有之大变局下，世界经济格局深刻变化，国际贸易格局也呈现出新特征。

### 一、贸易保护主义兴起，“逆全球化”影响凸显

自冷战结束以来，全球化一直是世界经济发展的主题，它既作为一种概念，同时也充当着人类社会不断前行中的一种现象或过程。在全球化不断发展的过程中，全世界之间的联系不断加强，随着人类逐渐意识到自己作为世界一分子的不可分割，国与国之间增强了在经济政治贸易上的相依相存，逐步迈向实现完全经济一体化的道路。作为区域经济一体化的最高形式，完全经济一体化既包含着经济联盟中各成员国的所有长处，一体化之中的各个国家也将所有重大经济政策进行统一，其中与贸易以及生产要素流动有关的政策也会采取共同对外策略。但是从 2008 年国际金融危机爆发以来，世界经济增长趋缓，世界贸易组织在 2016 年 4 月 7 日的《世界贸易展望》中指出，2016 年，全球贸易增速连续五年放缓，为 20 世纪 80 年代以来最糟糕的时期。商务部在《中国对外贸易形势报告（2017 年春季）》中指出：发达国家收入分配失衡，助长保护主义、民粹主义思潮，一些国家“逆全球化”思潮泛滥。

全球化是具有历史必然性的发展大势，逆全球化只是全球化时代背景下的一股暂时性逆流，逆全球化思潮的逆势而起恰恰反映了全球化发展的不足。顾名思义，“逆全球化”与全球化踏上完全相反的一条道路。当前世界经济低迷，某些国家所推出的贸易保护壁垒、边境修筑高墙，以及局限移民范畴等在悄然瓦解“地

球村”这一全球化观念。近几年来看，英国脱欧正是反映“逆全球化”的绝佳案例。

中国作为新兴经济体的领军者，在受益于全球化的同时，积极倡导和推动全球化的发展，国家主席习近平分别提出了建设“新丝绸之路经济带”和“21世纪海上丝绸之路”的合作倡议，体现了中国积极加强与世界各国联系，积极推动全球化的意愿。目前全球经济正处于低迷的阶段，这也给“逆全球化”有机可乘，这之中的不确定性大大增加。而在中国，经济转型正处于较为关键的阶段，“逆全球化”对其中较为困难的行业造成了不小的冲击。首先，西方国家会利用“逆全球化”这一问题来针对中国，从而达到侵害中国利益的目的。西方发达国家借机对中国发动贸易战，对中国的企业设置重重障碍。其次，近三年来新型冠状病毒在世界范围内疯狂蔓延，这导致了国内出口企业想要恢复生产也将会面临更加严苛的境况。这些企业手中的订单大面积流失，出现严重的订单数量不足的问题，同时运输也会是他们的一大困扰。紧缩情况下，在岗职员减薪、裁员等连锁问题逐渐显现。最后，“逆全球化”使得领先的科技无法惠及全球，为全球经济的向前迈进建立了高墙。一方面，西方发达国家有意隐藏了部分本国所研究出的新兴科学技术，另一方面限制别国的先进科技水平发展。

## 二、中国“一带一路”倡议的影响

“一带一路”是丝绸之路经济带和21世纪海上丝绸之路的简称。该倡议由习近平主席于2013年提出，通过中国以及其他国家的双多边机制，借助行之有效的区域合作平台，使用古代丝绸之路的历史符号，以和平发展为前提，积极发展与沿线国家的经济合作伙伴关系，共同构建和谐的利益共同体、命运共同体以及责任共同体。丝绸之路最早起源于我国古代，是一条联系着亚欧非的商业经济路线，其主要作用就是带动沿线区域的经济快速发展。由于当今世界国际金融危机仍在继续显现，世界经济发展分化，各国面临着严峻的发展问题，新时期的“一带一路”倡议是顺应世界发展趋势的，秉持着恪守联合国宪章的宗旨和原则、坚持开放合作、坚持和谐包容以及坚持市场运作这四个原则，实现资源的高效配置以及市场的深度融合，开展大范围的区域合作，构建包容、开放的经济合作结构。

### （一）“一带一路”倡议具有范围广泛、潜力巨大等特征

“一带一路”沿线的国家和地区人口数量众多，且大都属于新兴经济体，经济处于不断上升阶段。在这种条件下，不仅其消费能力巨大，同时也具有较大

的发展潜力，对我国高性价比产品需求量非常大，这些都为我国跨境电商带来了有利的发展机遇。此外，在中产阶级崛起和新生代高产阶级人数逐渐增多的背景下，追求时尚、对新事物接受能力较强等是他们的特点，对于外国产品的需求量也呈现了逐年增长的趋势。“一带一路”对我国国际贸易的积极影响主要包括：

### 1. 贸易活动得到政策的支持

“一带一路”这一重要倡议，以互惠互利、合作共赢为核心，为此，得到了沿线国家的积极响应。因此，各国积极发展贸易、政策、道路设施以及货币，进而促进区域内各国的贸易交流。在这样的背景下，不仅促进了沿线国家之间的交流发展，扫除了外围障碍，还为日后的经济发展营造了良好的外部环境，使我国能够进行和谐的贸易活动。

### 2. 促进我国货币国际化发展

在“一带一路”倡议的实施建设中，金融货币的作用是不可取代的。可以说，金融货币是各国进行贸易活动的有力保障。贸易自由，相当于各国货币沟通的自由化。因此，在实际的贸易活动中，通过沿线各国积极实施的相关货币政策，提高货币交易的方便性、简单性。这样一来，“一带一路”区域内的各项投资就会有效提高，这时，我国通过加强对外贸易，就可以提高我国货币流通的广泛性，进而提高我国的国际地位。

### 3. 促进交通网络的构建

“一带一路”这类沿线贸易中，物流运输是实现各国贸易交流、发展的重要内容。而物流运输方面的顺畅，则是实现贸易自由化的重要基础。因此，“一带一路”能够切实有效地带动沿线国家的物流运输，这也同样包括我国的物流运输。而物流运输是建立在先进、发达的交通上。这就要求我国及沿线国家积极建设、完善相应的交通运输网络，从而提高物流运输的效率。一方面加强了各国间的友好交流，有效增加贸易活动，另一方面由于交通成本的缩减，增加沿线各国以及我国在贸易活动中的经济效益。

### 4. 促进基础设施的建设

相关调查数据表明，该倡议的沿线国家普遍存在国内基础设施建设不足的情况，这也在一定程度上制约了各国的经济发展。若要有效改善此情况，则需要投入大量的人力、物力、财力以及先进技术。随着我国社会经济的快速发展，我国的基础建设水平较高，且基础建设能力也已趋近成熟。在“一带一路”倡议的影响、带动下，我国可为其他有基建需求的国家带来充足的资源、先进的技术以及大量的人力。一方面提高了我国国内劳务输出量，另一方面促进我国基建材料或其他建设所需的器械出口量的上涨，进而推动我国的国际贸易发展。

### 5. 促进出口，推动工业化进程

现阶段，我国在生产能力以及设备技术上仍有许多不足，尤其是相关的产品质量以及相关设备的安全性能。但由于我国相关产品价格较低，性价比较高，所以我国仍是各国贸易合作中的重点考虑对象。我国通过优化、升级经济结构，已经具有设备、设施生产的技术优势和经济优势，能够为沿线各国的经济发展起到协助的作用，帮助其他国家提高工业化水准，进而达到其倡议目标。以中亚邻国与我国达成产能合作共识为例，我国就向其出口了我国先进的生产线以及相关设备、设施。因此，“一带一路”倡议的推进能够切实有效地提升工业产品在国际贸易总额中的占比，促进我国的出口贸易。

### 6. 有效提高资本项目输出

在推广“一带一路”倡议的实际过程中，沿线国家难免会出现经费不足的情况，使沿线国家无法继续进行基础设施的建设，这种情况下，此类国家会寻求其他国家的投资使其能够继续推进设施的建设。而亚投行的成立，可有效解决该问题。亚投行，全称是亚洲基础设施投资银行，是一个政府间性质的亚洲区域多边开发机构。其主要内容就是支持基础设施的建设，是首个由中国提倡设立的多边金融机构。亚投行不仅为沿线国家的基础建设提供有效资金支持，还能够对我国的国际贸易结构进行优化、升级，还可使我国“人民币”的发展更加国际化。通过推行“一带一路”这一倡议，不仅促进了我国与周边国家的深度合作，提高了我国国际贸易合作的频率和额度，还提供了更多我国与其他发展中国家合作的机会。

## （二）“一带一路”可能带来的消极影响

在“一带一路”这一倡议不断推广的过程中，中国通过不断协助沿线各国建设基础设施，扩大我国的贸易出口。在这过程中的某些举措会与一些发达国家产生一定的冲突，这势必会引起一定的贸易纠纷，形成贸易摩擦。这会导致我国的一些企业会受到来自发达国家的竞争。由于发达国家的技术较为先进，而且沿线国家众多，其国情也存在差异，这就会导致在某些时刻产生分歧。除此之外，由于出口价格较低，还会造成部分国家的反倾销调查。上述的贸易摩擦都会影响我国的国际贸易处境，制约我国经济的发展。

“一带一路”影响着我国各行各业生态体系的转变，为我国对外贸易企业开拓了新市场，推进了国内基础设施的建设，有效缩减了我国地域间经济水平的差异，秉承着和平合作、开放包容、互学互鉴、互利共赢的不朽信念，在带动全球经济和谐发展中起着重要作用。“一带一路”的新型产物——亚洲基础设施投资银行更是表明了“一带一路”倡议的正确性。“一带一路”倡议构建的宏伟蓝图已经绘就，作为“东道主”的中国，我们在方方面面的举措和成就都有着举足轻重的影响，在适应新型国际贸易经济的同时，我国对外贸易产业也存在着产能过剩、国内基础设施有待进一步完善的问题，存在着一定的短板，因此我们更要加强国家基础设施建设，致力于发展人才强国，将包罗万象、和平共处、和谐共赢的“一带一路”大国精神继续发扬传承。

# 第二节 国际贸易的数字服务化

## 一、数字服务贸易发展迅速

数字服务贸易这一概念最早由经济合作与发展组织提出，狭义上，数字服务贸易是医疗、旅游、教育等活动的数字化，广义上它是指通过大数据、云计算、人工智能、区块链、5G 等互联网技术而提供的服务。

### （一）服务贸易成为全球贸易和经济增长的新动力

服务业在全球经济中所占比重最大，服务贸易对人均 GDP 增长的贡献日益凸显。首先，世界服务贸易的出口增速整体上高于世界经济增速。采用国际收支统计（BOP），我们可以看出，1981—2005 年全球服务贸易出口平均增速为 8.0%，高于世界经济 3%的平均增速；2006—2018 年，服务贸易出口平均增速 6.5%，但仍是世界经济增速（2.8%）两倍以上（见图 4-1）。2020 年，虽然受疫情影响，全球服务贸易表现不佳，上半年全球服务贸易额同比下降约 17%。但据世贸组织预测，全球服务贸易仍将保持较快的增速，推动世界贸易与经济的增长。

### （二）数字技术创新驱动服务贸易新变革

从发展动力看，数字技术创新和应用大幅降低服务贸易成本，增加了可竞争性。2000—2017 年，数字技术、政策壁垒减少、基础设施投资推动服务贸易成本下降 9%。从模式创新看，数字技术与实体经济深度融合，跨境在线服务大幅提升服务的可贸易性，促进了服务价值链结构、价值交付网络快速发展，推动着商

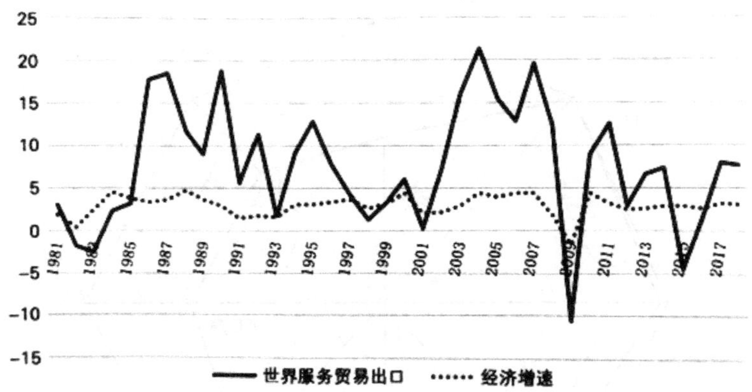


图 4-1 世界服务贸易出口增速与经济增速

业生态系统持续升级。从业态拓展看，全球数字贸易急速发展，基于数字平台的移动应用、搜索引擎、云服务等拓展了服务贸易内容和空间。从市场主体看，跨国企业通过服务外包提升了专业化和运营效率，服务外包企业逐步向解决方案、系统集成、综合服务提供商转型，更多的发展中国家融入全球生产服务网络，进一步扩大了全球服务市场规模。

数字贸易具有两个主要特征。一是贸易过程数字化，即通过数字化的方式进行信息沟通、合同签订、金融结算以及物流管理，其主要特征是数字化的工具在贸易过程中扮演着重要角色。二是商品与服务的数字化，即以数字化服务为交易内容，满足用户在服务领域的各种需求。

## 二、数字服务贸易发展趋势

数字服务贸易与数字商品贸易相对应，同为数字经贸体系的重要组成部分，世界经合组织将数字服务贸易定义为通过互联网为贸易国提供服务。数字服务贸易的产品类型主要为数据化、信息化的服务，即将传统贸易服务转化为数字化形式。而广义上的数字服务贸易还包括大数据、云计算等新型服务。从未来全球经济最具活力的增长点来看，无疑是服务业以及与服务相关贸易占全球贸易总额的比重逐年增加，数字网络技术的发展与应用拓展了传统服务贸易边界，不仅通信、软件等传统服务可以在线提供，就连传统意义上的财务管理、金融、法律、管理咨询、设计研发等服务也可以通过数字网络实现。2012—2019 年，是互联网、电子商务和数字服务贸易快速增长的黄金时期，全球数字服务贸易出口总额快速增长，年增长率超过 6%。图 4-2 统计数据显示，截至 2019 年，全球数字服务贸易出口总额已经超过 3 万亿美元。

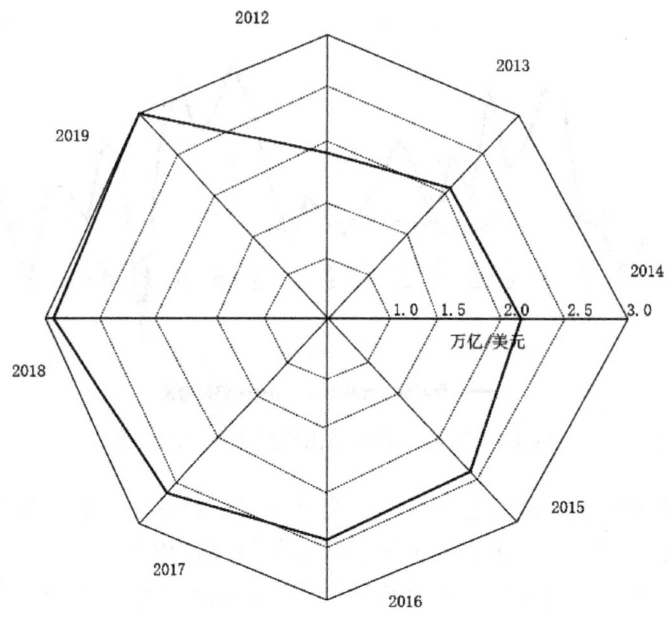


图 4-2　2012—2019 年全球数字服务贸易出口额变动

## （一）交易成本的降低

第一，充分利用“互联网+”技术可以有效减少交易成本的支出。利用互联网进行商品交易，所有的交易行为都通过互联网实现，不用支付交易场所费用，也能避免商品的额外损失。交易双方只要支付必要的通信费与管理费，不需要支付额外的费用，便可以通过互联网进行商品交易，这也使得企业的运营成本大大降低。不仅如此，互联网中的共享资源，可以降低企业资料的存储与搜集成本，提高交易的成功率。此外，无纸化的交易方式，提高了企业资金的周转率，降低了企业贷款的利息支出。第二，“互联网+”技术提升了员工的工作效率。通过互联网平台进行的产业内贸易以及产业间贸易，可以不受时空的限制，并且减少了交易程序。通过互联网可以及时传输交易文本，减少了交易等待时间，从而提高了工作效率。第三，“互联网+”技术可增强企业的核心竞争力。互联网技术的普及，使得每一家企业都可以拥有自己的企业网站，可以向消费者或者潜在作者展示自己的产品信息，包括价格、功能等，在一定程度上有利于提升自己的品牌形象，提升消费者的信任度。

## （二）跨境电子商务

跨境电子商务，是指通过互联网电商平台，完成产品的出售、交付、送达等流程的交易模式。它区别于传统贸易方式的最大特点，首先就是其不受时间、空间的限制，只要有网络的地方，就可以完成交易。客户想要的商品即使远在另一个国家，都能通过互联网电商平台在短时间内完成交易。"互联网+"技术有利于构建完整的产业链，推动区域性产业园发展。区域性产业园的功能不仅是多样化的，还应该是电子化的，即其不但要涵盖集装箱场站与保税仓库等传统功能，而且要包括跨境电子商务直购窗口等一体化功能。产业园将与国际贸易有关的报关与金融服务领域统一规划，利用互联网优势，实现园区内的产品出口一体化服务。此外，"互联网+"技术有利于贸易企业建立具有联盟经营性质的跨境贸易物流战略联盟体系。单个企业独立组建物流体系的难度较大，而且大大增加了企业的物流成本。但是，多家贸易企业便可以在物流方面进行合作。例如，建立国内、国外两个仓储中心，任何一家企业接到了海外的订单，都可以将货物从国内的仓储中心运送到国外的基地。这样的物流体系能为企业降低物流成本。

总体上，从发展环境的角度来看，发达国家的表现优于发展中国家。发展环境较为良好的地区主要集中在欧洲国家，这些国家信息技术较为先进，制度环境较为完善，电子商务发展水平较高。从市场潜力的角度来看，发展中国家数字服务贸易的成长前景十分广阔。在具有市场潜力的国家中，发展中国家的数量相较于发展环境得分排行中的数量有很大提升，这些发展中国家主要位于亚洲和非洲。总体来看，这些发展中国家的经济体量较大，国内贸易和国际贸易较为发达，这使得数字贸易的发展拥有强大的市场基础，未来的成长空间较为广阔。从综合表现的角度来看，发达国家仍然是数字贸易的领跑者。以北美洲和欧洲的发达国家为主，美国、德国和英国为数字贸易发展综合表现的前三位。

## 三、数字贸易生态链日益成熟

在数字贸易的发展初期，数字贸易产业链只简单局限在物流、信息流、资金流三个方面，并未形成完整的流转体系。而现阶段，这条产业链上的所有物流商、服务商（如支付系统）都被整合在同一个平台上，数字贸易平台拥有全程自动化的物流追踪系统和多种模式的资金风险管理体系，这条产业链已经逐渐演变为数字贸易生态链。

### （一）数字贸易生态链的参与主体

在传统贸易模式下，国际贸易的核心参与主体是生产者、经营者和消费者，其中，经营者承担连接生产者和消费者的角色并在贸易活动中起主导作用，生产者是商品的供给者和第一个出售者，消费者是商品的需求者和货币的提供者。而在数字贸易模式下，国际贸易的核心参与主体则是产品供应商、消费者以及数字贸易平台（包括提供信息流服务的数字贸易信息平台、提供物流服务的数字贸易物流平台、提供资金流服务的数字贸易支付平台）。其中，数字贸易平台作为数字贸易生态链的核心，不仅需要实现生产者与消费者之间的联系，还需要实现消费者在该平台上浏览产品、下单和支付等活动。在传统贸易模式下，产品供应商和最终消费者之间并不直接开展交易，整个交易过程还存在代理商、批发商、零售商等中间机构；在数字贸易模式下，产品供应商和消费者之间可以通过数字贸易平台直接进行交易。这极大地简化贸易过程，并促进贸易运作方式转变。

### 1. 产品供应商

供应商作为产品生产者，是数字贸易生态链的交易主体，这些供应商包括个人、企业、社会团体或者政府机构。在数字贸易生态链中，产品供应商的特点主要表现为两个方面：第一，与传统供应商所面临的交易环境不同，这些供应商本质上是网络供应商，主要借助于服务集成商所搭建的数字贸易综合服务平台提供产品信息发布和产品供给服务，全部交易过程实现电子化。第二，这些供应商的企业规模跨度很大。发展初期的数字贸易主要是跨境电子商务的 B2B 模式，其参与者主要是大中型企业。随后，跨境电子商务的 B2C、C2C 模式逐渐兴起，吸引大量的中小型企业甚至个体商户参与其中，这使得数字贸易的供应商包括大型企业、中小微企业甚至个人网商。如今，越来越多的外贸企业参与数字贸易之中，甚至抛弃传统的线下业务，开始规模化、专业化地运作线上业务，这些企业已经成为数字贸易生态链上数目最为庞大的参与主体。

### 2. 跨境电子商务企业

作为数字贸易的主要形式之一，跨境电子商务是指通过跨境电子商务平台达成交易、进行支付结算，并通过跨境物流送达商品、完成交易的一种国际商业活动。跨境电子商务企业正是跨境电子商务中的主要参与者，通过提供跨境服务和进行跨境商品交易来获取利润。不断壮大的跨境电子商务正在引起国际贸易格局的巨大变革，大量的外贸企业正在向跨境电子商务企业转型，以利用跨境电子商务所构建的开放、多维、立体的多边经贸合作模式，来实现多边资源的优化配置与企业利润的最大化。随着跨境电子商务的不断升级，B2B、B2C、C2C 等商业模式的兴起使跨境电子商务企业的经营模式更加多样化和专业化，企业与消费者的沟通和联系更加紧密。

### 3. 数字贸易平台

从数字贸易信息流的角度来看，数字贸易平台既是数字贸易生态链的起点，又是数字贸易生态链的核心。数字贸易综合服务平台将供应商与消费者全部汇集在一起，并为其提供网络产品展示和交易的平台，买卖双方只有利用该平台提供的信息流才能保证交易正常进行。从操作流程的角度来看，数字贸易平台首先获取、组织、共享产品服务商的各类资源，然后基于对消费者需求的识别进行精准匹配、整合创新，形成体现自身经验和思维成果的一站式数字贸易服务解决方案，从而缩短交易流程、减少交易环节、提高交易效率。具体来看，数字贸易平台包括以下几个方面：第一，提供信息流服务的数字贸易信息平台。在数字贸易中，该平台是协调和配置资源的基本经济组织，其通过构建生态链上各环节相互关联的信息网，进而成为汇聚各方数据的中枢，同时该平台也是实现价值创造的核心。第二，提供物流服务的数字贸易物流平台。物流货运代理企业作为数字贸易物流服务平台的支撑企业，为数字贸易活动提供全程物流服务。在传统贸易模式下，物流货运代理企业利用其所拥有的运输、仓储、报关报检等业务的资源和经验而服务一般进出口贸易企业，而随着数字贸易发展，物流货运代理企业开始把服务范围拓展到数字贸易行业，已经成为数字贸易业务的重要参与主体。第三，提供资金流服务的数字贸易支付平台。安全、高效的跨境支付体系是支撑数字贸易发展的基础性保障。实现不同货币之间的国际支付和国际结算是开展数字贸易的关键问题和主要难点。随着跨境电子商务的不断发展，银行、支付平台企业等金融机构已经开始进入数字贸易行业，成为在国际贸易生态链上围绕数字贸易平台活动的支撑性企业。此外，支付平台企业（如 PayPal、支付宝等企业）也开始主动开展与数字贸易业务相匹配的支付服务，如在海外电商平台上开通自己的支付接口等。第四，提供增值服务的平台型企业。这些企业寄生于数字贸易平台，主要为数字贸易提供增值服务，如数字贸易供应链服务企业、跨境市场营销企业、国际物流增值服务企业等。

### 4. 最终消费者

数字贸易的产品消费者是数字贸易生态链的终点，负责接收商品和支付货币，并将购物信息反馈给平台服务商和产品供应商。作为数字贸易的交易主体之一，消费者是产品的接受者和使用者，其可以是个人、企业、社会团体或者政府机构。相比于传统贸易模式，在数字贸易模式下，消费者在国际贸易中的参与程度和参与方式发生了巨大的变化，主要体现在：第一，消费者的角色发生了变化。在传统贸易模式下，生产者把商品提供给经营者，经营者再将商品销售给消费者，在大多情况下，商品在经营者之间需要经过多级传递才会到达消费者，而消费者的消费需求和对商品的反馈也需要经过层层传递才能被生产者所感知和接受。但是，在数字贸易模式下，生产者与消费者可以直接对接，消费者能够更加直接地参与到贸易过程，其与生产者的互动和沟通增多，其满意度会因此得到大幅提升。第二，消费者对商品信息的获取更加完备、便捷。在传统贸易方式中，消费者所能获取的商品信息受地域、信息媒介的限制，往往需要花费大量的时间和精力去搜集和筛选关于商品购买及使用的信息。但是，在数字贸易模式下，消费者通过网络即可获取最直接的商品信息，只需要输入关键词便可以实现有效匹配和精准检索。第三，消费者采购商品的方式更加便捷、高效。在传统贸易模式下，消费者对于所需购买的商品，通常要进入实体商店进行选择和采购，但在数字贸易模式下，消费者可以通过网络和数字信息很快地选购目标商品。

### 5. 中间组织

在传统贸易模式下，国际贸易的中间组织主要包括保险、海关、银行、运输公司、检验机构、征信机构、报关七类，而在数字贸易模式下，这些中间组织同样发挥着重要的作用，与此同时，一些新型的中介组织逐渐兴起，如海外仓、国际物流系统等。

例如，海外仓便是跨境电子商务发展到一定规模后的必然产物。首先，由于快销产品销售具有订单数量繁多、单一订单订购量较少等特点，传统的进出口贸易显然不能适应市场的需要。传统的进出口贸易主要是企业间贸易（B2B模式），而跨境电子商务业务不仅包含企业间贸易，还包括企业与消费者直接开展贸易（B2C 模式）。中间环节的大幅缩减将使得跨境电子商务企业能够在市场竞争中获得价格优势。而且，跨境电子商务企业使用海外仓能够缩短商品到达顾客手中的时间，有效避免顾客长久等待，这进而会促使消费者获得更好的购买体验。其次，由于传统的邮递包裹具有物流速度较慢、运输耗时较长、包裹容易丢失和错拿、产品破损率较高、货运种类非常有限等缺点，而跨境电子商务企业要实现又快又好的发展则不能以传统邮递作为主要的物流手段，其使用海外仓则可以大大降低商品运输过程中存在的意外毁失风险，进而更好地控制物流成本。最后，“互联网+”、大数据等先进技术的迅速崛起和广泛应用也为跨境电子商务运营海外仓提供了坚实的物质技术基础。此外，国际物流系统也是跨境电子商务发展到一定阶段所产生的新型中间组织。国际物流是指两个或两个以上国家或地区之间的商品物流和信息物流，而随着数字贸易的不断发展，国际物流的重要性日益凸显。国际物流是一个多环节的、复杂的信息系统，各个子系统伴随着信息流动和商品物流紧密联系在一起，根据系统的总目标，各个子系统之间通过信息传递和信息共享来相互协调，适时、适量地配置和调度系统的资源。

## (二)数字贸易对传统贸易生态链的冲击

数字贸易对传统贸易生态链参与主体的冲击表现在：首先，从贸易的经营主体性质看，传统贸易以线下实体企业为经营主体，而数字贸易的经营主体是电子商务类型的“虚拟”企业或实体与“虚拟”并存的企业。其次，从参与主体涉及的数量来看，传统贸易涉及的参与主体较多，贸易活动需要通过各种中间商进行，而数字贸易涉及的参与主体较少，中间商并非不可或缺，个体可以直接作为参与主体，开展进出口活动。再次，从经营主体的规模来看，传统国际贸易主要由大型跨国企业来主导开展，数字贸易的产生和发展能够让更多的中小企业通过互联网途径将产品提供给消费者。最后，从经营主体分散性的角度来看，相较于传统贸易经营主体的分散化，数字贸易能够依托互联网平台形成统一开放的网络系统，将参与主体集中于互联网平台。其具体冲击如下：

### 1. 对进口商的冲击

数字贸易主要通过互联网平台联结生产厂商和国内外消费者，其 B2B、B2B2C、B2C 模式均不同程度地缩短传统贸易的运营流程（生产厂商→国内出口商→国外进口商→国外批发商→国外零售商→国外消费者），使功能单一的进口商在贸易链中的地位显著下降。一方面，在传统贸易模式下，进口商由于熟悉经营产品和目标市场而具有较高的销售能力。但是，在数字贸易模式下，互联网平台能够为消费者提供个性化操作和多样性选择，经营主体与消费主体之间的直接沟通能够显著消除信息不对称所产生的额外成本，消费者可以作为国际贸易的直接参与主体，不通过国内进口商而直接通过网络平台实现进口购买。另一方面，进口商地位的下降不仅仅是因为电子商务平台能够为供需双方提供直接交易的渠道，还因为随着数字贸易不断发展，原先由进口商负责办理的一切运输、保险和报关等流程正在逐步实现电子化变革。例如，在数字贸易模式下，运输有物流新模式（如海外仓），保险有新险种，报关有新体系和新制度等。

### 2. 对出口商的冲击

数字贸易主要依托互联网平台上的“虚拟”企业来助推发展，功能单一的出口商变得可有可无。一方面，出口商是联结生产商和国际市场的重要桥梁，尤其是对缺少国际贸易经验和实力的中小企业而言，出口商能够为企业参与国际贸易带来交易费用较少、交易风险较低、操作较为简单等方面的利好。但是，在数字贸易模式下，跨境电子商务服务平台不仅能够发挥出口商的主要作用（如寻找目标市场），还能够提供生产者与消费者之间的直接联系，强化过程管理与控制等。

此外，数字贸易的发展还为中小企业带来新的发展机遇。另一方面，在数字贸易模式下，产品供应商将被赋予传统模式下出口商所拥有的一些功能。产品供应商能够不断为互联网平台提供商品信息，直接为买方解答疑惑，还负责交付产品以及收取货款等事项。在传统国际贸易模式下，由于信息获取渠道单一，生产者希望通过出口中间商来尽快找到目标客户,而数字贸易的出现能够同时集聚生产者、供应商和消费者，进而形成合作网络平台，并进一步强化市场功能，出口商的作用逐渐下降。

### 3. 对中间代理商的冲击

在数字贸易模式下，中间商作为生态链的参与主体，作用被大大弱化，呈现可有可无的态势。在传统贸易模式下，大多数中间商被划归为佣金中间商或加价销售中间商。其中，佣金中间商主要参与贸易主体征信审查等中间环节；加价销售中间商是在连接企业与消费者之间的一些中间环节上提供帮助。然而，数字贸易可以使得一批新型的跨境电子商务“虚拟”企业汇集在一个系统化的开放平台上。该平台能够同时汇集全球生产者、供应商和消费者，可以将消费者需求信息进行收集处理，再集中反馈给适合的供应商，从而实现各终端主体之间的直接沟通，在较大程度上打破出口方与消费者之间在空间上和时间上的限制，减少诸多的中间环节，进而实现较大的贸易流量。因此，数字贸易的发展将在一定程度上减少中间商的市场份额，打破中间商对贸易信息的控制，让信息更加公开、透明，使买卖双方能够绕过中间商而开展贸易活动，从而节约贸易成本。然而，在数字贸易发展的前期阶段，中间商的地位并不能被完全取代，这是因为贸易信息的准确度和可靠度都还需要拥有专业知识的中间商来加以识别和把握，同时，中间商也可以通过网络平台更快地寻找买卖双方的信息业务，可以利用网络平台对货物进行实时追踪和强化管理等。

### 4. 对中间组织的冲击

从传统贸易到数字贸易演变，将会伴随海关报关清关、检验检疫、跨境运输、海外仓储、采购分销等诸多环节逐步实现数字化变革。同时，信息服务平台等新兴平台可以为企业提供“一站式”服务，即帮助企业与保险公司、海关、金融和运输公司建立通信接口，完成电子文件交换等事项，从而提高企业效率和创造更大经济效益。此处，笔者主要围绕保险、海关、金融、物流这四个方面来说明数字贸易对中间组织的影响。具体如下：

第一，数字贸易将催生跨境电子商务生态保险。国际贸易中的保险需求（如商品破损、丢件、延误、假货等）一直存在，而新型的跨境电子商务模式需要有与之相匹配的保险产品，以适应业务模式从传统集货向碎片化、短期的海量订单转变。跨境电子商务保险公司可以借助互联网技术对接商户平台和保险公司系统，来为跨境企业降低经营风险、为监管方降低监管风险、为终端消费者提供更可靠的保障服务，进而推动跨境产业进一步发展。以豆沙包企业（一家跨境电子商务保险公司）为例，其主要为跨境电子商务生态圈提供风险保障基础业务，具体业务覆盖电商平台、物流、供应链及消费者售后等跨境电子商务的全链条。该企业通过以大数据驱动的风险管理体系、AI 机器学习算法的动态风险定价模型以及 AI 智能理赔技术，研发创新型保险产品，通过互联网完成实时报价、投保定损及理赔整个闭环流程，实现对跨境电子商务进出口海量、碎片化及短期订单交易的全流程保障。

第二，数字贸易将驱动建立以海关为主导的跨境数字贸易税收征管体系。数字贸易的兴起有利于社会经济发展和全球消费者福利提升，但是也为国际贸易的监管部门带来诸多难题。例如，《中华人民共和国海关法》在通过网络传输并无实际载体进出境的数字电影拷贝方面，对海关的监管权并无明确规定，这给税收征收、海关监管、侵权保护等带来了一定的困难。互联网技术的快速革新以及数字贸易模式下交易产品的无形、虚拟和便于传输等特性使得消费者可以快速进行数字产品和服务的交易，而监管体系在短时间内很难做出相应的配套性修正。

第三，数字贸易将助推数字金融发展。在传统贸易模式下，支付方式主要通过信用证、托收等方式实现，同时还需要附上一些书面单据，而数字贸易模式下的支付体系将利用电子支付和电子单据代替纸质单据，相关转账、结算等业务主要在网上进行。数字贸易的大力发展将驱动跨境支付技术的不断提升、数字货币的加速变革以及金融科技公司的快速发展。例如，2017 年欧洲七大银行合作建立了区块链贸易融资平台——数字贸易链（Digital Trade Chain，DTC），该平台通过分布式账本（即一个在线界面和移动应用）连接所有参与主体（如买方、卖方及其各自的银行和物流运输商等），来记录、跟踪和确保交易的安全，进而为欧洲企业提供更加良好的国际贸易环境。与传统贸易中的信用证等手段不同，数字贸易下的银行体系革新有助于减少各种行政工作、加快订单清算过程、增强端对端的透明度，进而使中小企业等各参与主体获益。

第四，数字贸易将推动物流体系发生重大变革。传统国际贸易的运输以海运、集装箱为主，主要采用单一化的物流运输模式，来解决生产与消费之间在时间上和空间上的限制。然而，在数字贸易模式下，物流体系将借助物流网、云计算和最新网络通信技术来做出相应的变革。首先，随着跨国零售贸易的快速发展，小额订单、分散高频订单等将替代原有的大额订单，并出现大量的国际邮政小包和国际快递业务。其次，物流经营模式由原来的以运输为主营业务转变为物流与供应链管理相结合（即将生产者、供应商和终端消费者结合起来），实现整个供应链流程的重构和优化，进而缩短物流周期。最后，数字贸易将推动虚拟平台与物流的协同发展，物流模式呈现多样化发展趋势，诸如海外仓、保税仓、第三方物流等新型物流模式不断涌现。

### （三）数字贸易对生态链演变方式的冲击

伴随着新型信息通信技术在国际贸易领域的广泛应用，跨境电子商务平台正在逐步替代传统贸易模式下的中间商角色，使得国际贸易的生态链趋于简易化、短平化，这无疑对传统贸易生态链演变造成强力的冲击。首先，数字贸易发展将推动仓储、物流等环节实现突破式、创新性发展。全新升级的仓储、物流等模式有利于多个生产商同时实现高效率的进出口活动。其次，在传统贸易模式下，国际贸易的生态链烦琐、复杂、冗长，生产商与消费者之间需要经过多级经销商和零售商；在数字贸易模式下，生产商能够与消费者进行直接联系，这极大地降低了中间成本和交易费用。最后，不同于传统贸易模式中的清关手续由进出口商负责，在数字贸易模式下，可以依托人工智能深度学习技术、电子证据链技术和跨境互联网技术，在较短时间内完成跨境双边进出口清关过程，便捷地完成跨境远程报关、清关任务。因此，数字贸易将对传统贸易生态链的演变方式造成有力冲击。具体表现为：

#### 1. 贸易模式虚拟化

伴随着数字贸易的快速发展，单一的实体贸易公司、批发市场等地位日渐下降。在传统贸易中，实体贸易市场将生产者、供应商和消费者等贸易参与主体集聚在同一个空间时间下而自身成为国际贸易中心，而数字贸易通过互联网虚拟平台将全球的生产者、供应商和消费者集聚在一起，实现物流、商流、资金流及信息流的汇集。很显然，数字贸易平台的集聚效应更为明显。因此，越来越多的个体、企业采取数字贸易方式开展进出口活动，线上与线下的结合更为紧密，这促使贸易模式呈现虚拟化发展态势。而且，无论是产品信息展示、交易磋商方式还是合同履行途径，数字贸易利用大数据、移动互联网、网上支付等现代化信息手段实现了要素、交易和传输过程的虚拟化。其中，新型仓储模式的出现，有效地配合了网上物流信息的追踪和监控。与此同时，贸易模式虚拟化也会带来一些弊端。例如，由于无法对参与贸易的每一个主体的经营地点以及利润情况做出精准确定，税务管理部门难以税收征收和管辖。

#### 2. 贸易模式集成化

数字贸易可视为一个以数字贸易平台为核心，各环节紧密联系、各主体协同共生的有机生态系统。首先，在数字贸易模式下，虚拟网络平台不仅是国际贸易运行的场所，还是协调和配置资源的基本组织，该平台能够依靠信息流汇集各个主体及各类资源。其次，数字贸易能够依托虚拟网络平台，促进采购、仓储、营销等环节的集约化管理。最后，跨境电子商务平台还汇集全球的生产者、供应商和消费者，实现上述三大主体的集成，从而减小信息不对称所形成的价差；而且，商品选择、交易付款、物流运输等流程一站式完成还能够有效降低成本，提高各方的收益。

### 3. 贸易模式普惠化

在数字贸易的不断冲击下，国际贸易模式正在向普惠化趋势演变。一方面，从企业角度来看，传统贸易主要服务于跨国企业或大型企业，中小型企业受自身规模、国际经验限制无法顺利开展国际贸易，而且参与国际贸易的企业无法全面获得目标市场、最终消费者等方面的信息，难以实现各自利益最大化。然而，数字技术的广泛应用极大地降低了企业开展对外贸易的门槛，有效地弱化了信息不对称问题，跨国企业、中小企业、微型企业乃至个人都可以参与对外贸易活动并从中获利。另一方面，从消费者角度来看，消费者不仅能够更加便捷地获得高质量的商品和服务，还能拥有更多的贸易企业所提供的个性化、多样化的选择。随着个人消费者的贸易参与程度不断深入，电子商务贸易服务平台上的企业将会通过为消费者提供个性化服务来获取新的竞争优势。数字贸易能够使得生产者与消费者直接联系，能够将分散的贸易流量和消费者信息汇集在共同平台之上，这使得企业为消费者进行差异化生产和个性化服务成为可能，消费者福利也会因此得到大幅度的提升。

### 4. 贸易模式融合化

数字贸易平台通过综合多种中间商角色，实现了采购、仓储、加工、配送等产业的深度融合，这些因素共同驱使贸易模式向更加开放、更加融合的方向演化。例如，数字贸易将助推服务贸易与货物贸易的深度融合发展。首先，数字贸易的快速发展使得外贸企业面临的全球市场竞争更加激烈，企业将不仅仅局限于为消费者提供高质量的商品和服务，如何整合生产者、供应商、仓储、物流、销售等环节来形成有效的供应链尤为关键。其次，数字贸易发展过程中所涌现的专门从事综合服务的平台型企业将加快服务贸易与货物贸易的融合。在数字贸易模式下，专业的服务型企业能够通过其所掌握的规模化和标准化的对外贸易流程，向其他中小型企业提供信息流、物流和资金流等方面的服务，来实现外贸企业成本降低和利益最大化，这在客观上加速服务贸易与货物贸易的融合。

# 第三节　数字服务贸易的技术背景

数字贸易充分利用互联网与数字技术优势，将有效减少数字贸易环节，打破贸易流程中的部门壁垒，降低贸易过程的成本支出，提高贸易效率。随着数字技术的发展以及区块链等新技术的应用，中间环节减少，货物贸易运输和存储成本降低，通关手续简单、线上平台的应用将有效降低信息和交易成本；在全球范围制作、复制和分发创意性产品的成本大幅降低。因此，数字贸易将呈现两头活跃、中间萎缩的发展态势。未来数字贸易将呈现普惠化、个性化的特征。一方面，数字市场门槛的降低有助于中小企业和发展中国家直接参与国际贸易，数字平台和区块链技术的应用将有效减少中间商对贸易参与主体资质审查、征信审查、复核等环节，提高贸易效率，另一方面，强大的计算能力、大带宽、高网速的云计算和人工智能等数字技术将在消费者和生产者之间建立起高效的交流通道，从而减少数字贸易中批发商、代理商等中间环节成本，使得生产者可以直接满足消费者需求。

## 一、数字贸易技术发展特点

### （一）国际贸易产业价值链的数字化

数字技术有效降低贸易成本，提高交易效率。例如，人工智能技术能够通过自动驾驶、优化仓储和库存等手段降低运输和物流成本。据预测，由于贸易成本下降，自 2018 年到 2030 年全球贸易将年均增长 1.8%～2%（数据来源：《2018 年世界贸易报告》）。另外，数字技术还能够渗入传统贸易，如在货物贸易领域通过电子商务平台网上订票和订酒店等，提高交易效率。数字技术影响生产方式和商业模式，使贸易产品呈现出多样化特征。数字技术推动下，大规模定制、电子商务、云服务等新型生产方式和商业模式兴起，全球贸易模式也将由大宗贸易模式向分散化、平台模式转变。商家基于消费者的个性化需求进行定制生产和服务，创造出几乎无限的产品种类，这可能导致既相似又高度差异化的贸易的增加。

### （二）数字技术影响国际贸易格局

以数字技术为主导的技术革命引发了全球投资、生产和贸易格局的变化。在以数字技术为主导的新一轮革命中，数字技术的深度应用产生的海量数据资源与新材料、先进制造等技术融合应用，使其成为新的关键生产要素。未来的投资和贸易都将围绕这一生产要素来进行全球资源的配置。未来产品的研发将向开放合作、国际化、专业化方向发展，制造业的发展方向也将趋于数字化、个性化和智能化，产业分工向网络化、平台化发展，产业组织形态将向生产一体化、深度服务化发展，企业将会更多地投资“无形资产”和“人才”。这些生产方式的改变必将会导致数据资源等无形资产投资上升，并向知识、技术密集地区流动，从而引发整个世界投资格局、产业竞争格局的变化。数字技术公司的崛起，网络平台（如亚马逊、阿里巴巴等世界级平台企业）成为国家新的关键竞争载体，最后出现网络发达国家占据世界重要份额的贸易格局。

### （三）数字技术重塑贸易结构

信息技术产品贸易扩大，可数字化产品贸易持续下降。随着数字技术的日益普及，信息和通信技术（ICT）产品贸易在过去几十年中稳步增长，为全球贸易提供了支持信息处理和通信的基础设施。另外，传统的书籍、报刊、唱片等实体货物被电子图书、新闻应用、流媒体等跨境交付替代，贸易份额由 2000 年的 2.86%下降至 2016 年的 0.8%。数字化服务贸易成为新增长点。数字技术提升了服务业的可贸易化程度。数据显示，全球 ICT 服务出口额在 2004—2017 年间平均增长率为 11.32%，远远超过服务总出口增长率 6.41%。2017 年 ICT 服务出口占服务出口的比重高达 10.53%，未来这一比重将可能持续增加。数据流动成为新的贸易标的。2007 年，全球商品、服务和资金流动达到约 30 万亿美元（占全球 GDP 的 53%）的历史最高纪录，此后增幅逐渐放缓，甚至出现停滞或下降，相反数据跨境流动却增速迅猛，以几倍甚至几十倍的速度增长，逐渐成为全球贸易的主要标的。

### （四）数字技术影响国际贸易模式

数字技术除了降低共享信息成本和贸易交易成本外，还促进了传统贸易的转型和全球价值链贸易的进一步深化。第一，数字技术领先国家的数字化货物贸易快速增长的同时，数字化商品也将逐渐代替货物商品成为国际贸易的重要组成部分。如原来纸质的书籍现在变成了电子图书，照相机的胶片、唱片等需求基本消失，实物商品被数字化产品全部或者部分替代。世界贸易组织的相关数据显示：书籍、新闻纸或记录媒体所占全球贸易百分比从 2000 年的 2.7%下降到 2016 年的 0.8%。第二，数字技术对服务贸易的影响会更大。一方面通过数字化将不可能实现贸易的服务变成了可能，如远程教育、远程医疗、软件开发与技术、创意多媒体、销售与市场支持、文字及数据录入、写作与翻译以及专业服务等。另一方面，打破了贸易壁垒对于服务贸易的限制。原来的服务贸易提供商主要通过实体网络和自然人流动提供跨境服务，但在数字技术条件下，服务贸易和国内商业服务的边界越发模糊，许多服务提供商并不需要设立跨境商业机构，通过数字平台就能远程提供相关服务。同时，贸易成本也得到了有效的控制，因特网上的语音、电子邮件以及在线服务平台等数字服务显著降低了国际通信成本，这样使远距离提供服务变得更加便宜，甚至免费。第三，数字技术将改变国际贸易的模式。贸易主体从原来实体企业与企业之间的大宗商品交易的跨境交付转向各种类型的电子商务，跨境电商等新的商业模式将取代传统的跨国公司占据主导地位，中小微企业的竞争力将逐渐加强，商品展示的成本极大降低，各种各样的数字平台为国际贸易的发展提供了极大的便利，而物流服务也从原来的大批量发货向大量小包裹转变。

## 二、数字贸易场景应用不断创新

数字经济的兴起对传统的产业链和传统的商业模式产生了深刻的影响，使得全球产业链呈现出新的变化和新的特征。

### （一）全球产业链的数字化

以云计算、大数据、物联网等为基础的数字技术日益成熟，数据的大规模生产、分享和应用逐步被经济社会各行业扩散和渗透，推动了全球产业链各个环节的数字化，影响企业生产和经营的整个过程，从最初的研发、采购到产品的生产及分销，直至最终消费，全球产业链的数字化以多种形式出现，包括数字化产品与服务（如搜索引擎、社交网站等互联网平台）、传统产品的数字化（如电子音乐视频、数据等数字内容产品）以及生产环节数字化（如数字化车间等）。在上述形式中，全球产业链的部分环节或整体实现了数字化，或是正由实体向数字化转变。以软件服务为例，数字化技术的运用改变了以往软件公司对软件的生产与交付方式，传统的软件生产需要借助物理介质，例如 VCD 和 CD 在电脑硬盘上安装使用数字技术，使得软件产品通过远程服务器实现了数字化交付。

### （二）全球产业链的服务化

数字化推动生产服务化程度加深，全球产业链的专业化和外包化程度也显著提高。数字技术的广泛应用大幅度地降低了交易成本，使得全球产业链可以被分割为更多的环节。许多原先存在于制造业中的服务活动被独立出来。企业开始将非核心的环节通过协议生产、协议研发等方式外包出去，使得企业的部分生产活动成为基于佣金的生产服务。此外，随着信息技术发展，制造企业的商业模式从出售产品和设备转向出售服务，即按照产品或设备的使用时间收费。对客户来说，原来对资本品的投资变成了购买服务，即营运支出。这样，买方省去了设备的维护和维修，卖方加强对知识产权的掌控，并拓展了增值服务。这使得跨国企业价值链中服务环节的比重不断提升。

### （三）全球产业链的去中介化

在传统国际贸易中，企业销售产品需要经过制造商、出口商、进口商、批发商、零售商、消费者等环节。随着数字技术的发展，特别是互联网技术的广泛应用，越来越多的企业利用数字化、信息化的网络服务平台，如阿里巴巴、亚马逊等，直接将产品和服务销售给最终用户。数字技术的发展，使得生产者和消费者之间的环节大幅减少，全球产业链缩短，企业的生产行为更贴近市场，效率得到显著提高。2016 年全球电子商务交易额约为 27.7 万亿美元，其中，企业对企业电子商务交易额为 23.9 万亿美元，占 86.3%。

### （四）全球产业链的定制化

数字技术的发展使那些被搁置的多样化、个性化需求被激发，以用户为中心的个性化定制成为新的生产方式。3D 打印，即用三维数字模型制作实物的过程，使得个性化定制生产成为可能，将对制造业产生颠覆性变化。3D 打印目前被广泛应用于许多领域，如从飞机、火车和汽车的零部件制造，到以水果为基础的零食制作。3D 打印使定制变得更加容易，成本也更低，因为它仅涉及新的设计和计算机代码的更改，而不是新的生产工具和模具，不是对工厂进行成本高昂的修改。例如，电子商务平台 Shapeways 可以让设计师上传产品的设计，使用 3D 打印创建实物项目，通过管理物流使这些项目到达最终消费者手里。3D 打印将使产品生命周期向数字化和本地化供应链转变，企业的生产活动更易于复制，更贴近用户，并与用户互动。同时，3D 打印能够有效降低能源使用、资源需求和相关二氧化碳排放。这项技术将对低批量市场和定制化、高价值的生产链（如航空航天和医疗组件制造等）产生较大影响。

### （五）全球产业链的智能化

虽然目前的人工智能只局限于相对具体的任务，但人工智能的重要性不断凸显，已经被应用到许多产品和服务，如在线搜索和翻译服务、实时交通预测和自动驾驶汽车等，以及产品的生产过程，如智能监控和决策等。

## 三、数字贸易平台服务多样化

### （一）全球数字贸易平台主要类型

传统的数字贸易平台模式体现为：C2C 模式，即消费者对消费者模式。专业的海外代购平台会尽可能多地吸引符合要求的第三方卖家入驻。入驻平台的卖家一般都是有海外采购能力或者跨境贸易能力的小商家或个人，他们在收到消费者订单后再通过转运或采购进口模式将商品发往需求方所在国。B2C 模式，即跨境电子商务平台将接收到的消费者订单信息发给批发商或厂商，后者则按照订单信息以零售的形式给消费者发送货物。B2B 模式，即不同关境的企业通过电商平台（包括自建网站和第三方平台）取得实物商品订单，并通过跨境运输送达，完成交易。C2B 模式，即消费者到企业，是互联网经济时代的个性化、定制化商业模式。消费者只需要在 C2B 平台上发布一个需求信息，就会有商家来竞标，并按照消费者的需求来生产，消费者可以实时了解商家关于产品的生产过程。

目前，数字贸易平台表现多样化（表 4-1）：一是以搜索引擎为服务内容的数字服务平台，如谷歌搜索引擎平台；二是以社交服务为主要内容的数字服务平台，如脸书社交网络平台；三是以货物订购为主要内容的数字服务平台，如亚马逊数字贸易服务平台；四是以移动应用商店为主要服务对象的数字服务平台，如苹果应用商店；五是以某种业务共享平台为主要服务对象的数字服务平台；六是以工业互联网为基础的企业之间的跨境数据服务平台（B2B）。

**表 4-1　全球主要数字贸易平台一览表**

| 国家和地区 | 名称 | 目标市场 | 所属公司 | 经营领域 |
|---|---|---|---|---|
| 中国 | 阿里巴巴国际站 | 200 多个国家和地区 | 阿里巴巴 | 综合 |
| | 京东 | 中国、西班牙、俄罗斯、印度尼西亚 | 京东 | 综合 |
| | DHgate | 220 多个国家和地区 | 敦煌网 | 综合 |
| 美国 | Amazon | 180 多个国家和地区 | 亚马逊 | 综合 |
| | eBay | 190 多个国家和地区 | eBay | 3C |
| | Wish | 全球 | Wish | 综合 |
| 欧洲 | Allegro | 波兰 | Allegro | 综合 |
| | Bol | 荷兰 | Bol | 书籍、玩具、电子产品 |
| | Cel | 罗马尼亚 | Cel | 综合 |

续表

| 国家和地区 | 名称 | 目标市场 | 所属公司 | 经营领域 |
|---|---|---|---|---|
| 东南亚 | Shoppee | 东南亚 | Shoppee | 综合 |
| | Qoo10 | 东南亚 | Qoo10 | 综合 |
| | Zalora | 东南亚 | CentralGroup | 综合 |
| 中东 | Noon | 阿联酋、沙特阿拉伯和埃及 | Noon | 综合 |
| 印度 | Paytmmall | 印度 | Paytm | 综合 |
| | Snapdeal | 印度 | Snapdeal | 综合 |
| 非洲 | Jumia | 非洲 | Jumia | 综合 |
| | Konga | 尼日利亚 | Konga | 综合 |
| 俄罗斯 | Joom | 俄罗斯 | Joom | 综合 |
| | Ulmart | 俄罗斯 | Ulmart | 综合 |
| | Umka | 俄罗斯 | Umka | 综合 |
| 日韩 | 乐天 | 日本、巴西、法国、德国、中国台湾地区和美国 | 乐天 | 综合 |
| | 11street | 日韩 | 11street | 综合 |
| 大洋洲 | Trademe | 新西兰 | Trademe | 综合 |
| | Catch | 澳大利亚 | Catch | 综合 |
| 拉丁美洲 | Linio | 墨西哥、巴拿马、委内瑞拉、哥伦比亚、厄瓜多尔、秘鲁、智利和阿根廷 | Linio | 综合 |
| | Americanas | 巴西 | Americanas | 综合 |
| | MercadoLivre | 巴西、阿根廷、智利、哥伦比亚、哥斯达黎加、厄瓜多尔、墨西哥、巴拿马、秘鲁、多米尼加、巴拉圭、委内瑞拉、葡萄牙 | MercadoLivre | 综合 |

## （二）数字贸易平台特点

融合发展。国内一些跨境出口电商平台正在通过布局线下销售渠道，来解决单一在线零售渠道所面临的问题，如嘉云在印度设立线下体验店，提供前店后仓服务。天猫国际、考拉等进口电商平台则将“前店后仓”搬进了商场，依托于零售技术解决方案，打造了整体化的海淘消费创新体验，所有的商品均采用电子价签，保证全球同步、全球同价、线上线下同价，并提供配送服务。

新技术涌现。运用区块链、物联网、大数据等信息技术对跨境商品进行全程跟踪溯源，将跨境商品的物流动态可视化、透明化，实现物流链条管理、商品防伪等功能。通过设立海外仓、开通跨境专线、智慧化多式联运等方式，实现体验和效率的双重优化，缩短全球商品的“距离”。

新业态涌现。直播、AR 全景等新技术的应用帮助买卖双方实现信息对称，如线上展会可以通过直播边看边买，能够帮助全球买家更全面快速地了解卖家及其产品，减少时间和距离带来的隔阂。AI 实时语音翻译工具基于自然语言处理技术和海量的互联网数据，帮助用户跨越语言鸿沟，畅快交流和获取信息，实现无障碍沟通。

### （三）全球数字贸易平台的发展趋势

数字贸易跨境电子商务行业的快速发展，促使数字贸易新业态、新模式不断涌现。由于发达国家和地区的跨境电商业务已趋于成熟，目前越来越多的数字贸易企业开始关注新兴市场，俄罗斯、巴西、印度等国家的数字贸易本土企业不多，但消费需求旺盛。在互联网先进技术的推动下，物美价廉的商品在世界许多国家的市场上优势巨大。大量数字贸易平台也在拓展东南亚市场以及中东欧、拉丁美洲、中东和非洲等市场。这些地方数字贸易的渗透率依然较低，有望在未来获得较大突破。

# 第五章

# 数字贸易内涵与特征

数字经济带来了传统经济发展方式和传统商品流通系统的革命性变化，加之新冠疫情防控常态化，数字贸易、数字经济消费已成为全球经济增长的第一动力。因此，提振数字贸易，多措并举推动数字经济发展方式加快转变是当前全球经济发展面临的共同重点工作。随着贸易方式的逐步完善，数字贸易的重要性日益增强。随着新一轮科技革命和产业变革的加速演进，新型数字基础设施会给对外贸易升级带来更加突出的影响。美国、欧盟和中国等主要国家制定数字贸易战略时，以各自的方式将不同的社会价值和经济利益结合起来，包括保障商业活动自由和经济利益最大化，保护个人数据和隐私，以及保护数据主权。因此，各个国家将本国的社会和文化价值观及重商主义均纳入数字贸易战略。数字贸易领域的竞争与合作已成为一个全球性问题，已超越双边或地方问题。

## 第一节　数字贸易的内涵

全球疫情暴发以及个人互联网移动设备的普及促进了数字贸易交易量。因此，各国都认识到有必要制定数字贸易规则。从目前情况来看，许多国家正试图制定数字贸易规则。世界主要国家对数字贸易的讨论和看法并非完全相同，并对数字贸易中的主要问题进行了分析。

### 一、数字贸易概念的提出与演进

当前，美国多个机构都对“数字贸易”的概念进行界定，根据交易目的的不同，可以将“数字贸易”的概念分为以下两个阶段。

#### （一）2010—2013 年，数字产品与服务贸易的阶段

在数字贸易概念诞生的初期阶段，Weber（2010 年）对数字经济时代的国际贸易规则进行了探讨，文中对数字贸易进行了界定，认为数字贸易是通过互联网等数字化手段进行的商业活动，而数字产品或服务则是数字贸易的核心。这是国外关于数字贸易最早的概念界定。

此后，美国商务部经济分析局（USBEA）提出“服务贸易数字化”的概念，认为其是因数字技术进步而实现的服务跨境贸易，包括金融和保险产品，商业、版权和许可费，长途通信等。美国国际贸易委员会（USITC）随后提出“数字贸易”的相关概念，认为数字贸易是国际贸易中商品的传输媒介，具体包括音乐、游戏、视频、书籍等数字内容，社交媒体、用户评论网站等数字媒介，搜索引擎，

其他产品与服务。从以上定义可以看出，对“数字贸易”概念的传统理解是将其限制在数字产品或数字服务的范围内，随着技术发展已经无法很好地概括“数字贸易”，因而很快出现了新的概念理解，覆盖了原有的理解。

### （二）2014—2017 年，实体货物、数字产品与服务贸易的阶段

随着数字技术的不断进步，数字技术的应用范围也不断扩大，实体货物的交易逐渐由线下转到线上。美国国际贸易委员会（USITC）对“数字贸易”的概念进行了修改补充，认为数字贸易是互联网和互联网技术在订购、生产以及传递产品和服务中发挥关键作用的国内商务和国际贸易活动，具体包括了通过数字技术渠道完成贸易、利用数字技术保存商品或服务、利用数字技术传递商品或服务等。2017 年，美国贸易代表办公室（USTR）发布的《数字贸易的主要障碍》报告认为“数字贸易”应当是一个广泛的概念，不仅包括个人消费品在互联网上的销售以及在线服务的提供，还包括实现全球价值链的数据流、实现智能制造的服务以及无数其他平台和应用。

虽然当下全球已经逐渐进入了数字贸易时代，但截至目前仍然未形成针对“数字贸易”的统一定义。总体而言，不同的国家或国际组织对数字贸易的定义和范围均各不相同。最狭隘的定义是将数字贸易定义为数字化产品的贸易，而更广泛的数字贸易定义是利用数字技术进行的商业活动。其中，数字技术是指“互联网、手机以及所有其他用数字方式处理信息工具的有机组合”。一方面，数字技术促进了区块链技术的运用，推动了交易便利化；另一方面，数字技术通过改变数据处理方式，促进了贸易新形态的诞生。

## 二、国际组织对数字贸易的定义

在世界贸易组织（World Trade Organization，WTO）正式文件中，没有直接采用“数字贸易”的提法，而是多次提到“电子商务”这一概念。这一定义早在 1998 年第二次部长会议设立的“电子商务工作计划”中就被提出了。根据该方案，“电子商务”一词被理解为“通过电子方式实行货物和服务的生产、销售、买卖和传递”（WTO，1998 年），但随后近 20 年时间里该议题未充分得到重视。尽管做了努力，但 WTO 成员方尚未能就数字贸易或电子商务的新多边制度达成一致；目前 WTO 中的各类文件都开始使用数字贸易的概念。但是 WTO 对数字贸易的理解较为宽泛，只强调了其电子化的交付方式，并没有关注贸易的内容，并且规定跨境购买是数字贸易的主要方式。WTO 未报告这一领域的单独贸易统计数据。

联合国贸易和发展会议（UNCTAD，2015 年）将电子商务定义为通过计算机

网络进行的购买和销售行为。数字贸易涉及搭配实物商品以及以数字方式提供的无形（数字）产品和服务。联合国贸易和发展会议的定义有以下两个方面的特点：第一，对使用技术的界定。世界银行和世界贸易组织虽然提及了数字贸易是“数字化的贸易”，但没有指出该数字化技术的具体表现形式，这使得世贸组织的定义在实际运用时缺乏明确的技术指导。而联合国贸易和发展会议的定义明确了这种“数字化技术”实际上是对计算机技术的拓展运用，通过计算机的端口连接各个交易主体。第二，对贸易货品的界定。世界银行和世界贸易组织认为数字贸易的标的物是传统货物与服务，但是对传统货物的界定比较模糊。联合国贸易和发展会议明确了传统货物为实物货物与非实物货物，这使得诸如知识产权等无形资产也可以被纳入数字贸易的范畴。

美国国际贸易委员会等强调数字贸易是基于互联网的服务。OECD 等国际组织认识到从广义上界定数字贸易的重要性，这是因为数字贸易不仅涉及数字交付的服务，且涉及通过增加的数字连接性实现的传统商品贸易（包括供应链）和传统服务贸易。也就是说，尽管所有形式的数字贸易通过数字技术实现，但并非所有数字贸易都是以数字方式汇付的。例如，数字贸易还涉及数字化订购但以实物交付的商品和服务贸易，如在线购买的书籍，或通过匹配的应用程序预订公寓等。

2020 年 3 月，OECD、IMF 和 WTO 三大国际组织联合发布了《数字贸易度量手册》（Handbook on Measuring Digital Trade），该手册将数字贸易定义为以数字方式订购和/或交付的所有贸易。具体包括两部分：数字订购贸易（Digitally Ordered Trade），相当于 OECD 对电子商务的界定，即通过专门设计的方法接收或下订单，在网络上进行商品服务的国际销售或购买；数字交付贸易（Digitally Delivered Trade），即使用专门为交付目的设计的计算机网络，以电子格式远程交付的国际交易。

该手册同时指出，对于数字订购和数字交付，交易涵盖通过计算机网络（网络/互联网，包括移动网络、外联网或电子数据交换）进行的订单/交付，但应排除任何未通过计算机网络提供或订购的服务，包括电话、传真或手动键入的电子邮件。正如该手册所说明的，重要的是要认识到“订购”和“交付”这两个概念不是互相排斥的。许多以数字方式交付的服务也以数字方式订购，但还有很多并非如此，这是在思考各国应该采用哪些方法来估计总体数字贸易时的重要考虑因素。

## 三、不同国家对数字贸易的定义

首先，美国国际贸易委员会（USITC）于 2013 年在《美国和全球经济中的数字贸易》第一次报告中指出，数字贸易是指能够采用在线支付的方式获得的服务与产品，包括音乐、书籍等数字化内容、社交媒体、搜索引擎与移动应用程序等数字化服务产品。在第二次报告中，USITC将数字贸易界定为“互联网以及基于互联网的技术在产品和服务的订购、生产或交付中扮演重要角色的国内和国际贸易”，同时界定了美国七大类数字化密集型行业：内容行业、数字通信行业、金融和保险行业、制造业、零售交易、批发交易以及部分其他服务业。报告的第二部分认为数字传输内容、通过云端传输数据服务也是数字贸易，并且将物联网和3D打印作为数字贸易的形式。2017年，美国贸易代表办公室发布的《数字贸易的主要障碍》报告认为“数字贸易”包括实现制造业升级所必需的平台以及通过互联网进行的商业活动。

其次，来看中国的定义。一是中国商务部的定义。中国商务部认为，数字贸易是采用网络技术，通过数据交换实现电子交易的商业模式。数字贸易因其专业化程度高，客观上造成了不同人群、不同国家、不同地域发展的不平衡；同时又因为数字贸易实施的跨境交易特征，更涉及跨国安全等，给国际合作、多边贸易体系带来了新问题，知识产权保护也变得更为复杂，各国保护主义将更严重。二是部分学者的定义。夏杰长（2019年）认为，数字贸易的核心技术是互联网，目的是提供数字化信息，标的是信息化产品。马述忠（2018年）认为，数字贸易的载体是网络技术，贸易标的是数字化的产品与服务，目的是实现互联网的升级转型，最终实现智能制造。相比前者，后者的定义更加具体、客观，能够较为全面地阐释数字贸易的理论内涵与范围。

可以看出，美国对数字贸易的理解虽然较为全面，但是不同组织之间差异较大，并且没有建立数字贸易的统一体系。同时，美国对数字贸易的定义符合其国内对新贸易模式的探求，但是这一定义并非适合所有国家。对数字贸易进行定义，就必须明确数字产品。基于交付方式的不同，我们可以将数字产品分为内容类、工具类和在线服务类。这使得数字产品包括了计算机程序与数码产品以及可被编码的其他产品。美国与韩国签订的自贸区协定中将数字产品划分为两类：一是原产货物，即储存在载体中的数字产品；二是由有形产品所承载的经电子传输的数字产品。这里的有形产品使得数字产品可以被复制以及传达，但数字产品并不是金融产品，两者在交付时存在显著的差异。

所以，数字贸易可以分为狭义的数字贸易与广义的数字贸易。狭义的数字贸易是指，采用电子信息技术与数据交换技术，为交易方提供数字化产品以及服务的新型贸易模式。广义的数字贸易是指，运用互联网技术实现贸易标的在生产、销售、运输、交易过程数字化的商业模式。相对于狭义的定义而言，广义的定义扩大了数字贸易的范围。本章主要从广义的角度来介绍数字贸易的发展以及相关问题。

## 四、数字贸易的范围

根据数字贸易的定义，数字贸易的范围包括传统的以货物贸易为标的的电子商务以及以服务贸易为标的的电子商务。通过互联网提供的数字产品货物和电子商务服务是全球经济不断增长的源泉。此类产品和服务正在改变企业信息交互的方式。数字产品和服务是一对互补的数字生态系统，依靠并推动了互联网访问和启用终端智能设备的需求。拥有大量数字贸易的集团公司正扩大其在数字贸易中的业务。

### （一）以数字化交付的产品

以数字化交付的产品本质上是指传统内容商品的在线版本，包括互联网传送的音乐、游戏、电影、电视、广播和书籍等。向消费者提供此类内容商品的公司既可以选择在互联网上实现线上销售，又可以改变其物理承载介质，实现线下销售。但是，只有在互联网线上交易的部分属于数字贸易的范围。虽然越来越多的数字化产品通过互联网实现买卖，但需要看到的是数字化交付的产品在销售绩效以及市场占有率上与传统内容市场相比还存在显著的差异。

#### 1. 在线音乐

在线音乐是数字化交付产品中最为重要的一类数字化产业。与线下音乐不同，在线音乐比较容易受到互联网技术变革的冲击，但是这依然不妨碍其成为数字贸易中交易额最大的数字化产品。以美国为例，美国音乐唱片行业的交易额在 20 世纪末虽有所下降，但是依然维持在 70 亿美元左右。中国的在线音乐起步较晚，且明显分为两个时期：第一个时期为 20 世纪 90 年代至 2003 年前后，在线音乐刚刚兴起，用户可以免费下载并使用音乐文件；第二个时期以 2005 年为界，下载使用歌曲需要付费，但是同时期中国在线音乐交易数量上升，相关产业的收入也不断增长。这种销售收入的变化，可能因为中国知识产权保护意识的加强，一方面提高了在线盗版在技术上的壁垒，另一方面在法律上也禁止相关“搭便车”的行为。《知识产权法》的确立，使得以数字化呈现的在线音乐产品不再享有点对点数据传输的便利，自此大规模的音乐文件共享被视为侵犯作者版权的违法行为。

互联网技术的运用推动了在线音乐服务的产生，例如苹果的 iTunes 有偿提供在线音乐下载服务。在线音乐的收入主要来源于两个方面：一是下载；二是流媒体服务。其中下载音乐文件带来的收入是在线音乐的主要收入来源，占在线音乐收入的四分之三左右，而音乐流媒体服务的总收入约占四分之一。所谓音乐流媒体服务是指包括付费订阅服务（如 Spotify）、非互动服务（如 PandoraOne）和非订阅服务（例如 YouTube）在内的在线服务模式。值得一提的是，音乐流媒体服务正在逐步取代下载，成为在线音乐的主要收入来源。例如，PandoraOne 和 Spotify 是美国音乐流媒体市场的代表，他们共同开发了 iHeartRadio、Rhapsody、Rdio 和 Grooveshark 等服务。近些年，虽然许多音乐流媒体公司是初创型互联网公司，但大型科技公司（如苹果、亚马逊）也正在开发自己的流媒体服务。此外，许多广播电台现在也可以提供在线广播以及实现数据网上传输的功能。例如，ClearChannel 拥有 840 家国内广播电台，已经成为传统媒体公司成功实现在线交易的经典案例。

### 2. 电子游戏

基于互联网编程系统开发的电子竞技游戏也是数字贸易的重要组成部分。传统的电子游戏有两种基本体验方式：一方面，用户可以下载免费的或者需要收费的在线游戏；另一方面，用户也可以在线下实体店购买游戏软件以便安装相应的游戏。数字化交付方式的引入，使得用户可以直接在互联网上体验网页版游戏，例如社交网络游戏。移动终端的引入使得用户还可以在手机或者平板电脑等便携式互联网连接设备体验游戏，以及与在同一局域网端的个体实现在线互动游戏，与其他用户对战是电子游戏体验的核心功能。近些年，电子游戏的发展呈现出良好的势头。

通过移动终端下载、订阅游戏全部内容，独立 DLC 在内的游戏体验方式日益增长，目前，已占整个在线社交游戏体验量的 40%，并且每年以 20%的速度增长。最常使用的在线社交游戏是休闲类游戏，包括谜题解答、棋盘游戏、化妆游戏以及纸牌游戏。其次是角色扮演、即时战略以及体育类游戏。最不受欢迎的是迷宫类游戏。互联网游戏的多样性大大增加了消费者对游戏的选择性，消费者可以通过多种渠道下载游戏。这些渠道包括分布式网络、游戏开发网络以及控制台网络，这些下载渠道也使得消费者更容易通过移动终端的应用商店和运营商服务体验不同的游戏。

就休闲游戏而言，其特点是控制简单，受众群体较为广泛，游戏的体验性较好，游戏不收取费用以及微盈利的商业模式（通常通过游戏中购买额外的游戏功能，或访问其他游戏以获取收益）。这些游戏常常由较为专业的跨国软件出版商发布，如 Activision 和 Electronic Arts，但是也会由小型和初创软件开发商和游戏发行商提供。就角色扮演游戏而言，其身临其境的代入感是该类游戏吸引广大用户的重要原因。相比大型游戏，其具有占用内存较小、下载方便的特点。角色扮演游戏在全球拥有数千名用户，例如魔兽争霸，虽然游戏本身可以下载，但是如果要在线使用，就需要额外支付一笔费用。此外，这类游戏还具有用户体验良好、交流便捷的特点。对于在线游戏而言，一个重要的获利渠道是拥有独立的游戏开发团队，运用自己的服务器开发相应的游戏，可以使游戏开发商获利更多。

### 3. 视频

数字化视频分为广播电视、有线电视、电影院等，这使得视频的表现形式较为多样，视频的传播介质也较为多样。就视频的观看方式而言，消费者既可以观看广播电视频道上的电影，又可以通过购买使用 DVR 技术的 DVD 或租借的 DVD 录制内容，以便今后点播观看。因为视频内容、视频播放以及视频传播介质具有不可分割性，所以每一个试图观看视频内容的个体都需要部分有偿地使用上述功能。一方面，部分视频制作方可以提供有偿的视频服务；另一方面，视频播放平台可以通过将广告收入货币化，补偿其运营成本。但是无论采用哪一种方式，最后都希望可以提高视频的收看率。

不可否认的是，互联网技术的运用推动了新形式的视频消费。与 Netflix 和 Hulu 上的长篇电视剧集和电影不同，短视频与传统的离线式视频观看方式形成竞争，而短视频在很大程度上是互联网独有的。基于互联网交付技术的新视频体验模式正在改变家庭视频娱乐的方式。数字娱乐集团的数据显示，2012 年，在线播放的视频总量占美国家庭视频娱乐市场的 30%，其中包括传统的长版电影销售或家庭租赁影碟。2012 年美国家庭视频娱乐销售总额小幅增长至 180 亿美元，虽然市场仍然比 2004 年的峰值下降了 20%，但是在线视频收入增长抵消了部分购买实物视频软盘的下降。

### 4. 书籍

数字化交付的电子图书也是数字贸易的重要组成部分。对于图书出版而言，因为图书出版行业在线交付的速度比其他内容性行业要慢，所以印刷出来的纸质版图书依旧是图书市场的主力军。就美国而言，2012 年的电子书下载收入约为 30.4 亿美元，高于其他形式的数字化交付产品。值得一提的是，2002 年之前对于数字化图书的贸易量统计并没有纳入主流的统计指标核算体系，即基于数字化内容的图书出版贸易统计中，其贸易收入微不足道，这一数值到 2006 年也不到 1%。然而在 2012 年，电子书的收入就已经占图书出版行业收入的 20%，比上年增长了 44%。

美国整个图书出版行业，包括电子书和实物图书的出版消费在近些年也呈现增长的态势。当然，这种增长主要归因于电子书收入的增长，抵消了大众市场中平装图书销售收入的下降。电子书比大众市场平装图书更具有优势，因为它们在首次推出电子版本时就以精装版的形式展现给大众，即图书可以在首次推出时就获得相应的精装电子版本，而平装书的精装版则会在后期发布。80%的美国出版商出版图书的电子书，并且超过三分之一的出版商的电子书收入占其出版图书年收入的10%以上，对于大型出版商来说，这个数字可能更高。

电子书市场中一个独特的现象就是，整个市场高度垄断。例如，亚马逊、苹果两家公司通过建立多种分销渠道的模式，将其他竞争者挤出市场。亚马逊的收入中有近68%的比重来源于电子书销售，并且占据了美国65%的电子书销售市场。其次是苹果公司，占据了25%的电子书销售市场。值得一提的是，亚马逊的电子书采用与其Kindle平板捆绑销售的模式，使得其平板的销售量也以每年10%的速度增长，这也与其纸质版平装书每年5%的增长速度形成鲜明的对比。

## （二）社交媒体

该部分阐述了两种社交媒体：社交网站以及用户评论网站。社交媒体与数字化交付产品之间并非泾渭分明。例如，很多大型游戏具有自己独立的社交组件，即允许用户创建在线身份，并通过文本聊天或者麦克风实现现场直播。在线报纸也允许用户对文章进行实时评价，或者组织交互式讨论并允许将讨论的内容重新上传到社交网站。许多网站本身也提供用户评论区的链接。正如前文所述，社交媒体正在与数字化交付产品实现多角度融合，成为发现和共享视频、音乐以及联网游戏的场所。例如，Twitter推出的移动音乐应用程序，允许其用户播放iTunes、Rdio和Spotify等平台开发的音乐。

### 1. 社交网络

近期，社交网站越来越受到关注，因为它从传统的社交功能转变为支持和诱发商业活动的功能。2012年，按照访客数量排名的美国五大社交网站分别是Facebook、Blogger、Twitter、WordPress和LinkedIn。各个社交网站都有自己的特点，例如Facebook偏向于休闲通信；LinkedIn偏向于专业性通信；Blogger和WordPress偏向于传统的博客网；Twitter偏向于微博网络。社交网络已经融入数百万用户的生活中，并且越来越多的用户是通过移动应用程序而不是电脑来访问社交网站。人们花在社交网站上的时间比其他类型的网站多，其中有五分之一的时间是用电脑端口访问社交网站，有三分之一的时间是用移动设备访问社交网站。社交网站允许用户彼此连接以共享信息，同时用户可以发布图片、文字、视频，分享实际位置等信息，并直接通过分享链接，发布其希望分享的内容，方便与其他用户联系。社交网站通过将网站上的文章、电影以及收听的音乐等链接到用户的社交网站配置文件中，使用户能够较为便捷地跟踪和分享他们的互联网体验。

首先，社交网站通常以租售广告时间或者广告空间来获得收入。消费者在社交网站所花费的时间，为社交网站平台投放广告提供了较好的条件，并且社交网站平台所接触的群体范围扩大，有利于发现潜在的顾客群体。网站的广告收入占所有广告收入的份额较大，并且该收入大多来源于零售行业的广告投入。其次，社交网站通过提供品牌服务向消费者收费。社交网站允许消费者在其平台上发布“喜欢”或者“关注”某一产品或者品牌的信息。这实质上为产品或者品牌提供了免费的口碑广告，而社交网站也会通过有偿订阅相关内容的方式向消费者收费。最后，社交网站也会通过开发专业应用而向特定群体的消费者收费。

社交网站被看作是商业活动中的营销工具，可以帮助企业宣传自己的产品与服务。一是促进了业务推广。企业可以在社交网站上购买或者租赁广告席位，开发新的客户或者维持老客户，发布相关产品与销售信息以及通过与用户互动的方式获得市场认可。二是客户服务。企业的社交网站也是客户服务的平台，客户可以通过网页版交互式谈话，也可以评论或者询问产品和服务的相关问题。三是内容传播。社交网站还能提供诸如发布新闻、下载音乐和视频等服务，相关内容可以通过超链接的方式直接与原网页相关联。

#### 2. 用户评论网站

用户评论网站作为社交媒体的重要表现形式，也是数字贸易的重要组成部分，其通过降低交易成本与信息成本的方式获益。用户评论网站汇总了用户生成的主要信息，使获取这些信息变得简单，用户可以便捷地通过这些信息评估各种商品和服务的价值。比较有名的用户评论网站有 TripAdvisor（旅游）、Urbanspoon（餐厅）、G2Crowd（软件平台）和 WebMD（医疗服务提供者）。用户评论网站在许多线上零售网站中很常见，例如，亚马逊和 eBay 上的卖家就必须接受买方的评价，消费者也可以在零售商的官方网站上查看其他用户对该种商品的评价，较为著名的零售商有 BestBuy、Gap、Lowes、Macy's 和 Sears。

### （三）其他数字化产品和服务

#### 1. 通过云交付的软件服务

美国在软件产品和服务方面的支出占其总支出的 32%，其中企业的 IT 投资占 60%。美国软件产业的利润率常年保持在 4.3%左右，美国的软件市场占 G8 国家市场的 53%，软件产品的全球市场占有率约为 38%。数字化技术的运用改变了以往软件公司的生产方式。传统的软件生产需要借助物理介质，例如 VCD 和 CD。而通过云交付的软件服务正在逐步强化软件存储与计算功能，使得在移动设备上运用软件服务成为可能。

美国软件服务的销售额年均增长 17.9%，2012 年达到 144 亿美元，2012—2016 年，使用云交付的软件服务增长近五倍，其购买量占所有软件市场的 25%。可以预见，通过云交付的软件服务将大大超过以传统方式交付的软件。美国依旧是最大的云交付软件服务市场，其市场总额超过 91 亿美元，其次是欧洲的 32 亿美元以及亚太地区的 9.34 亿美元。近些年，亚太地区的云交付软件服务增长较快，这可能与其移动设备用户的增长有关。新兴经济体在云交付软件服务中所占份额预计将在未来五年内增加一倍，其市场占有率将突破 30%。

### 2. 通过云交付的数据服务

数据服务涉及数据的处理与数据的储存。中小企业是使用云技术处理数据的重要客户，它们往往通过外包的方式，雇佣第三方帮助其处理和储存数据。中小企业受益于最新的 IT 技术，不需要自行建造大型数据存储的基础设施，例如数据服务器以及数据存储系统，也不需要单独雇佣处理数据的 IT 技术专家。中小企业可以根据自身的需要购买相应的云服务，这使得那些存在资金约束的中小型企业可以节约其生产活动中用于投资 IT 基础设施的成本。此外，云服务具有易于拓展的优点，这意味着中小型企业可以及时调整所使用的云服务来实现存储数据的灵活化，减少购买 IT 硬件所带来的调整成本。

就数据处理而言，云计算技术使得数据中心更加灵活，功能更加强大，效率更高。现代意义上的数据中心始于 20 世纪 90 年代，通常是指公司内部的数据服务器库或者主机托管设备。现代的数据中心是提供数据托管服务的专用网络站点，是网络云服务技术与托管的组合。将近六成的数据流量是经过云设施处理的，有不到三成的数据流量是由传统的企业内部数据中心设施所处理的。2016 年，经过云设施处理的数据流量较上一年已经增长了近一倍，互联网连接设备所产生的大量数据以及云计算提供的数据处理服务是诱发许多行业使用云工具处理数据的关键因素，而使用云服务计算数据通常被称为大数据分析。这一新兴的数据分析领域正在被众多的公司、事业单位以及金融机构等经济活动参与者所接受，并用来处理非常大的数据集。其中，社交媒体的交互式数据分析、销售终端的商业交易以及智能通话设备的即时通话与地理位置分享都是大数据分析的具体应用。

就数据存储而言，为了满足数据存储容量不断增长的需求，苹果、Dropbox、Evernote 等公司都在为企业和消费者提供基于云技术的数据存储服务，使客户能够将不同的终端存储设备上的文件移动到云端，或者将这些资料在云服务集中，以便各个文件都可以作为单个实体而被用户使用。客户以较低的成本购买云服务的基础框架，并在此基础上使用电脑运行相应的镜像程序，调用数据。同时，使用云技术的数据存储程序可以保护公司的数据安全，也使得调用数据更加简单。

### 3. 通过互联网提供的通信服务

这类服务包括电子邮件、即时通信以及互联网协议语音。企业通常也会把通信服务外包给第三方，例如，企业并不是自行采购和管理自己的通信服务器，而是使用“虚拟服务器”（通过互联网访问的服务器）来提供电子邮件或者基于互联网的其他通信服务。就电子邮件而言，基于云技术的电子邮件，用户可以通过移动设备终端访问，并且用户可以与电子邮件的服务器保持长期链接。作为一种商业服务，消费者可以通过其手机终端以及平板电脑终端等互联网连接设备，免费享有电子邮件的服务。用户可以通过任意连接互联网的电脑与设备访问其电子邮件。作为基于云的应用程序，当收到新电子邮件或者用户删除电子邮件时，所有互联网电子邮件用户的设备上都会出现相应的更改信息。就即时通信而言，其与电子邮件本质的不同在于参与交流双方对通信的同步感知性。即时通信应用显著的特点便是支持云功能，可以随时随地与对方交流，这也使得即时通信越来越受欢迎。移动技术的发展，使用户可以借助标准的移动电话、智能手机以及平板电脑等便携式设备享受即时通信服务。不仅如此，很多企业也将即时通信用于商业交流。互联网协议语音指由因特网提供的通信和多媒体。作为传统陆线通信的替代方案，企业和政府越来越多地在工作场所使用互联网协议语音作为主要的通信方式，这可能因为互联网协议语音相比较传统的电话通信，其成本更低。Skype最先推出了面向消费者的电视电话通信服务，对大众用户而言，其可以免费提供即时语音和视频通话服务，但是对企业用户而言，其更多地提供面向业务拓展的收费项目。如今，针对企业的互联网协议语音服务已经演变为可以为企业提供通信的“一条龙”服务，即可以作为独立的单元，通过移动设备，同时处理语音邮件、电子邮件、Web 会议等所有的通信需求。美国社会保障局正在将其 63000 名工作者的现场办公室从传统电话设施转变为互联网协议语音设施。可见，互联网协议语音服务已经成为许多发达国家主流的通信手段。

### 4. 通过云交付的计算机平台服务

将数据存储服务器以及即时通信服务器外包给第三方公司实现云交付，需要搭建一个可以彼此信赖的平台。该平台一方面可以保障服务器的正常运行以及数据存储、使用的安全，另一方面数据的使用方也需要通过平台创立相应的账户，用来链接服务器端口。而计算机平台服务为数据的存储使用、应用程序的开发和管理提供了服务器运行的外部环境。一般情况下，用户需要使用云交付计算机平台服务供应商提供的网络、服务以及存储功能，以付费的方式在互联网上创建和运行相关程序。云交付的计算机平台服务可以为用户节约成本并提高效率，同时在不购买基础框架的情况下实现信息功能的现代化和应用拓展。对小企业来说，通过每小时支付一笔资源费用，就能够访问一些原本禁止进入的网站或者享有原本成本过高的服务，这也使得云交付计算机平台服务在中小企业之间备受欢迎。

许多企业采用了微软 Windows Azure 对云交付计算机平台服务的解决方案，因为其具有可拓展性和易用性。

# 第二节　数字贸易的特征

数字贸易是信息、通信、互联网、云计算、区块链等数字技术和全球化发展的产物，属于贸易的新业态。数字贸易构成包括：一是产品或服务的数字化订购，既包括传统的商品与服务，也包括软件、计算机服务等数字商品与数字服务，为人们所熟知的网络零售是其中的重要形式；二是数字产品或数字服务的数字化交付，主要通过计算机网络以数据流动的形式完成交付；三是通过数字中介平台达成的商品与服务交易，这类数字贸易中数据中介平台扮演着重要角色。数字贸易是电子商务和跨境电商的拓展和延伸，涉及生产者、中间商、消费者、监管者及行业机构等主体。伴随着数字技术对全球贸易影响的不断深化，数字贸易涵盖的范畴将越来越广，与传统贸易在许多方面存在差异（表 5-1）。

**表 5-1　数字贸易与传统贸易的特点比较**

| 项目 | 传统贸易 | 数字贸易 |
| --- | --- | --- |
| 运行主体 | 企业、消费者 | 企业、消费者和政府 |
| 运行对象 | 实物产品 | 实物产品、数字产品 |
| 运行基础 | 进行实体沟通、交易的基础设施 | 个人信息、企业数据及政府数据构成的互联网信息平台 |
| 运行周期 | 运行周期长，受时间、地理因素的制约 | 运行周期短，弱化时间、距离的影响 |
| 运行方式 | 在 B2B、B2C 的模式下，反复长线沟通、交易及运输的贸易方式 | 在 B2B、B2C、B2G、C2C、M2M 等模式下，以互联网信息平台为基础的贸易方式 |
| 运行规则 | 围绕提高贸易自由化与贸易便利化展开，在贸易保护和贸易自由化之间寻求平衡 | 围绕提高贸易自由化与贸易便利化展开，在贸易保护和贸易自由化之间寻求平衡 |
| 效率与成本 | 传统贸易以实体贸易模式为主，生产效率低，由于基础设施建设等方面的不完善而导致交易成本较高 | 数字技术通过降低信息获取成本从而降低贸易成本，无纸化贸易以精简的贸易手续使得经济活动更少受到时间和空间因素制约，并且促进了技术创新与传播、产品研发与价值创造 |
| 包容性 | 传统贸易的包容性较弱，以企业对企业的模式运行，产业边界明显，消费者参与度较低 | 数字技术打破了行业界限、国别界限，具有广泛的包容性，能够帮助小微企业及个人进入国内或国际市场。在供给侧，导致产业间高度渗透与融合；在需求侧，以消费者为中心，促进产销融合 |

## 一、数字经济与数字贸易的联动发展

### （一）基于数字技术的产业链创新

数字贸易时代，产业融合在经济系统中越来越普遍，产业的发展基础、产业之间的关联、产业组织形态和产业布局等方面正在发生根本性的变化，尤以制造业最为突出。随着信息产业与传统制造业的加速融合，数字技术与传统生产技术互相渗透，数字化、智能化和网络化的发展趋势逐渐显现，传统工业化的生产方式正在经历巨大的变革。数字贸易在服务贸易中的主导地位逐步显现，信息与通信技术（ICT）服务、其他商业服务、知识产权服务是数字贸易增长的关键动力。数字贸易是数字时代的典型象征，也为经济增长提供了强劲的动力和广阔的空间。

首先，数字贸易以信息通信技术、数字交换技术以及互联网技术作为技术支撑。大数据、云技术与移动互联网不但扩大了数字贸易的范围，而且降低了成本。交易技术的进步，使得数字贸易得以产生，也使得数字化的传统贸易变得更加便捷。例如，交易技术的演进拓展了传统贸易的采购方式，使得原先的面对面采购逐渐被网上的企业采购所取代。原先需要手工操作的工序通过制造智能化实现劳动力的解放。同时，交易技术使得过往的交易数据得以保存，有利于企业依据过往的数据进行交易判断，大大降低了交易过程中的道德风险与逆向选择。随着数据基础设施的不断完善，数字服务提供商为数字贸易的诞生奠定了坚实基础，无论是电子捕获还是形成传送数据的中心，交易技术都使得消费者可以直接接触这些数据，并通过一定的数据分析比较不同产品之间的差异。此外，个人终端与数据基础设施的对接也大大降低了商业使用成本，扩大了贸易的范围。

其次，产业数字化持续升级助推数字贸易产业链、价值链完善与发展。其一，数字贸易可以运用到传统制造行业。在传统产业数字化转型的背景下，数字贸易不再仅仅是实现商品的交换，而更应该承担起智能制造的重任。制造行业的智能化不仅是指诸如汽车行业、高端设备制造业等资本密集型行业从生产到销售的智能化，还应该包括诸如纺织行业等劳动密集型行业的智能化。数字的传递可以为产品的研发提供更多的外部智力支持，为产品的销售提供多样化的渠道，对生产工艺进行柔性化改造，最终实现全社会生产的智能化升级。其二，数字贸易拓展了供应链。今天的供应链是通过市场营销、产品开发制造和分销，并最终落到客户手中的一系列离散、孤立的步骤。数字化打通了这些墙壁，形成一根链条，变成一个完全集成的生态系统，所有参与者，包括原材料零部件供应商、供应品和成品的运输商以及最终的客户都得到了满足。这个网络将取决于一些关键技术的综合规划和执行系统，物流可视性，自主物流，智能采购和仓储，备件管理和高级分析。结果将使公司能够对供应链中断做出反应，甚至可以预测它们，通过对网络进行全面建模，创建“假设”情景，并随着条件变化实时调整供应链。

## （二）数字经济价值链重塑

随着世界经济格局发生重大变化，国际竞争更加激烈。一方面，全球市场、要素竞争日益激烈，各国在信息技术、数字经济、智能制造等前沿技术领域发力争先。另一方面，逆全球化思潮和保护主义抬头，贸易投资摩擦不断增多，发达国家对规则制定主导权的争夺更趋激烈。尤其是作为价值链的高端环节，服务市场开放和投资自由化成为发达国家在新一轮规则重构中关注的两大重点，服务贸易相关规则也日益成为各方博弈的焦点议题。对产业价值链的影响主要表现在以下几个方面。

交易过程虚拟化降低“中游”价值创造能力。首先，无论是生产过程还是交易过程中，都使用数字化知识与信息作为传输介质，实现无纸化以及交易承载物的非实物化，即介质要素的非实物化；其次，相对于传统贸易的面对面交易，数字交易是在虚拟化的互联网平台上进行，该平台负责交易的运作以及保障交易的安全，即交易平台的非实物化；最后，不同于传统贸易中的纸币交易，数字贸易的交易通常使用电子支付方式，即交易方式的非实物化。因此，服务的增长加速了流程自动化、模块化，意味着价值链中部的公司越来越多地生产相对标准化的组件，各行业一线生产和制造过程的附加值下降。例如，旅游供应商正日益规范其商品和服务，以满足在线旅行社要求；农业生产也越来越标准化，以便更好地管理、监测和跟踪。

交易资源集中化，“上游”“下游”价值创造水平提升。数字化服务的扩展将主要发生在生产前阶段（如更广泛的设计软件和数据驱动服务）和生产后阶段（如嵌入软件的服务和增强的售后服务）。在这一过程中，数字化的服务变得更为分散，更便于交易，从而支持复杂的产品和服务生产。首先，表现在交易资源的组织化。在数字贸易中，交易资源通过交易平台形成集聚，降低了信息的找寻成本。互联网企业常常采用平台化的运行模式，其中以淘宝为典型。不仅如此，传统企业也会借助平台吸收外部资源，提高自己的创新能力。其次，交易资源的集约化。数字贸易的便利性，使得生产要素比较容易集聚，从而实现要素节约型技术进步，带动要素的集约型投入。

交易个体广泛化推动许多制造企业也加强服务，不再拘泥于简单的生产制造，而是更广泛地应用和开发数字化的技术与服务，推动生产效率提升的同时，向外输出数字化服务，主要表现在：其一，市场进入门槛降低。数字贸易使得传统贸易中的空间限制、准入门槛等不再成为阻碍贸易的因素。数字贸易可以转变贸易弱势群体的地位，使其广泛地参与贸易活动中，并且从中获利。其二，市场标准化程度降低。数字贸易拉近了消费者与生产者之间的距离，使得个性化的需求得以在贸易中获得满足。单一标准的产品很难在市场中获利，而定制化产品与服务可能是新一轮数字贸易竞争的决定因素。之前的长尾产品（原来不受重视的销量小但种类多的产品或服务）可能成为数字贸易的重要标的。

交易参与者的体系化加快数字贸易突破原有的经济边界，实现跨时空自由流动，还可以促使信息服务业等第三产业迅速地向第一产业以及第二产业扩张，极大地弱化了三大产业之间的界限，并加速了相互融合，并借助其在生产要素配置中的快速优化及集成共享，从基础设施、企业及政府数字化转型、数据治理等多个层次进行突破，通过数字技术的加速渗透，快速地对传统商业模式进行颠覆，从而起到快速拉动经济增长、促进经济高质量发展的作用。在传统贸易的背景下，只有生产者与消费者之间才需要订立合同，完成契约。但是在数字贸易的背景下，因为中介方的加入，使得平台、交易双方都需要遵守一定的规章。在这一体系下，彼此之间的联系加强了，形成一个互利共赢的生态体系。例如，将产品链与资金链进行整合，为产品生产、融资与销售提供一站式服务，使得贸易能够融入电子商务数据服务合作体系。

### （三）供应链数字化构筑外贸竞争新优势

传统模式下，决定一国制造业国际竞争优势的主要因素包括要素价格、劳动生产率水平、产业集群规模等。随着数字技术在供应链管理的应用，特别是全球供应链管理的应用，一种基于企业间协同的新竞争力逐步形成。一些国家和地区的企业率先开始将数字技术应用于供应链、价值链中，与上下游的协同效率大幅提升，采购成本、营销成本、物流成本大幅降低，形成新的竞争优势，有望在数字经济时代获得发展先机。信息技术对供应链的优化反映在三个方面。一是供应链管理优化。企业通过信息技术手段整合上游供应商资源，并进行深度的价值、质量评估分析，实现最优性价比的采购。二是仓储物流管理优化。企业通过信息系统对生产中的仓储、物流需求进行实时监控和管理，降低不必要的仓储占用，确保配送环节有序高效，降低时间、空间成本。三是用户需求管理优化。根据不同地区消费者的偏好，提供定制化的产品和服务，将正确的东西卖给正确的客户，获取最高收益。

通过数字贸易的联结，来自世界各地的多样化、个性化需求可以被快速直接地反馈到产品研发、设计与生产过程当中去，极大地推动了传统产业的数字化转型。与此同时，制造企业在努力满足消费者需求不断更迭的过程中，对生产过程的柔性化改造也将不断实现，从而最终实现数字化及智能化升级。

## 二、数字贸易创新发展持续加速

国际合作对一国对外经济贸易发展至关重要，数字贸易扩张带来巨大效益的同时，也需要国际合作以确保其继续成为包容性经济发展的推动力。

### （一）全球信任与合作是数字贸易的重要基石

打造全球数字贸易乃至数字经济发展的共同准则，在平台、算法以及制定相关规则等方面加强透明度是成功开展国际合作的关键所在。同时，数字贸易的发展面临税收、数字巨头垄断、隐私保护、网络安全等难题。这些问题若无法有效解决，将会引发一系列风险，从而影响数字贸易潜力的充分发挥。信息通信技术使得市场更加公开、透明，信息流转更为迅捷，全球价值链中的各个国家的定位、分工、分配关系均可能出现不同程度的变化。WTO 研究报告指出，数字技术正在将供应链管理从一种线性模型（供应商—生产商—分销商—消费者）转变为一种更综合的信息向多个方向同时流动的模型。目前，新的数字技术对全球价值链的影响仍不明确。一种可能是生产过程重塑，自动化生产、3D（三维）打印、人工智能等技术降低了国家间分工协调的需求，价值链长度缩短，发展中国家参与全球价值链的机会降低；另一种可能是数字技术降低了协调和匹配成本，如正在蓬勃发展的跨境电子商务为很多中小企业创造了走出去的机会，从而强化全球价值链。自 2008 年全球金融危机以来，全球价值链的参与度逐步恢复，高收入国家相对于中等收入国家恢复更快。高收入国家，特别是东欧部分国家，前向参与较后向参与增长更快，体现了全球价值链中生产活动快速升级。另外亚洲发展中经济体的前向及后向参与度均有所下降，如印度尼西亚、印度、中国及菲律宾等。

### （二）以跨境电子商务作为推进全球数字贸易的突破口

以跨境电子商务作为推进全球数字贸易的突破口，促进全球数字贸易的基础设施合作，促进发展中国家数字平台能力建设。2021 年，区块链技术、云计算和人工智能技术等数字技术进一步充分应用于数字贸易，WTO 电子商务谈判难以对数字贸易形成实质性推动，区域自由贸易协定（Free Trade Agreement，FTA）

中的数字规则加快演进并呈现电子商务规则（欧盟和中国）、数字贸易规则（美国及其追随者）、数字经济规则（新加坡）分立的多样性格局。并且，随着数字技术与经济社会的深度融合，传统全球治理机制大幅增加对数字治理问题的关注，并参与全球数字规则塑造。如世界贸易组织将与数字相关的贸易问题纳入服务贸易规则，并最终启动单独的电子商务谈判进程。同时，双边和区域性机制保持活跃，持续创设全球数字治理规则；自由贸易协定在全球数字治理规则上的影响日益显著，在数字领域树立了一系列新的原则和标准，对未来全球数字治理规则的塑造具有重要的示范作用。同时，各经济体基于国家安全的担忧，将进一步完善数据本地化限制政策，全球数字贸易的发展产生许多不确定因素。当下数字贸易条款碎片化问题比较严重，特别是美国、欧洲、新加坡都在其中扮演了规则制定者的角色。

### （三）世界数字贸易市场潜力不断显现

随着信息通信技术的飞速发展以及各国联系的日益密切，世界数字贸易市场的潜力不断显现。世界经济持续复苏，传统货物需求呈现增长态势，跨境电子商务在世界范围内的快速兴起与广泛渗透使得各国的消费需求能够被及时、快捷、准确地掌握，随着生活水平的提高和生活方式的转变，人们的消费观念与消费习惯也在不断变化，标准化的产品与服务已经不能与消费者的偏好相契合，消费需求逐渐呈现出个性化、时尚化、多样化的特点。这种趋势对企业的产品生产与服务定制提出了新的挑战，依靠产品与服务的规模效应获利的传统贸易模式已经难以满足时代要求。然而，恰恰为数字贸易带来了良好的发展机遇，数字贸易平台化、普惠化的特点正是相对于传统贸易的优势所在。数字技术突破了地理空间的限制，使得跨区域的各主体更容易参与到同一经济活动中。与传统经济活动相比，数字贸易的参与主体更多，涉及的区域范围更广，区域发展的协调性越高，规模效应将会得到更有效发挥。

## 三、数字贸易生态链

### （一）生态链内在结构日益完善

数字贸易生态链拥有完善的组织结构，其主要是由不同类型的数字贸易主体（也称节）将各个节点连接起来的链条组成，各个节点能够实现协调、互动与连接，并且有强大的内在功效，这主要表现为生态链上的资金流、信息流、物流的流转成本较低、流转质量较高和流转速度较快，还可以实现价值共享。贸易主体之间不仅会实现价值共享，还会通过共同创造价值，提高数字贸易生态链的整体价值。与其主要特征相对应，数字贸易生态链可以从连接方式多元化、链长适度优化、链中链结构灵活化等方面来进行优化，其优化目标是实现生态链的整体价值最大化、节点增值最优化和共享价值合理化。

## （二）生态链多元化发展

随着消费需求的不断升级和交易主体之间联系的日渐紧密，已经衍生出多种类型的数字贸易生态链，具体可以分为 B2B、B2C、B2G、C2C 等多种模式。具体来看：第一，B2B 模式是企业与企业之间通过互联网进行产品、服务及信息的交换。例如，阿里巴巴、慧聪等企业就采用 B2B 运营模式。第二，B2C 模式是企业对消费者的电子商务模式，其一般以网络零售为主，主要借助于互联网开展在线销售活动。例如，亚马逊、天猫、京东等就是 B2C 运营模式。第三，B2G 模式是企业与政府之间通过网络进行交易活动的运作模式，如政府采购、税收、商检、电子通关、电子报税等。第四，C2C 模式是消费者与消费者之间的交易方式，如拍拍、易趣都是 C2C 运营模式。

相对于数字贸易生态链，数字贸易生态系统是更为多元化、更加成熟的生态组织架构。具体而言，数字贸易生态系统是以数字贸易平台为核心，以跨境电商为依托，以物联网、云计算等信息技术为支撑，借助物流体系实现全方位一体化的服务系统。在这个系统中，跨境电子商务企业在数字贸易平台上进行贸易活动，通过互联网信息技术实现贸易的磋商、谈判、成交等，最后借助物流体系进行货物的传递，从而完成整个贸易活动。

敦煌网是我国数字贸易生态系统的平台型跨境电子商务之一。2004 年，敦煌网首创 B2B 在线交易模式，不断完善外贸生态体系，形成了大数据运营核心服务能力的独特架构——数字贸易智能生态体系（DTIS）。DTIS 体系通过为外贸企业提供全流程服务（包括海外营销、品牌推广、物流、金融、支付、通关、检验检疫、结汇、退税等），不断沉淀留存国内外市场的供需关系数据，而线上平台（DHgate 和 Hport）利用这些海量沉淀数据进行不同类型的供需双向精准匹配，重塑贸易流程并打造数字贸易的新生态。创新性地提出“贸易即服务”模式（TaaS），以数字贸易智能生态体系为载体，推出一整套“乐高式”模块化数字贸易解决方案，其具备快速复制、轻落地、强延展等灵活高效的特性，进而打造“数字贸易中国样板”。TaaS 的“乐高式”模块数字贸易解决方案包含多维度、小颗粒、标准化的服务模块，通过组建生态体系最基本活动单元，针对不同贸易场景和主体进行灵活组合，覆盖国际贸易全流程。

数字贸易生态圈是数字贸易生态链的“高级版本”，其最终实现需要共建者为生态圈贡献丰富可信的共享资源，共建者可以通过良性互动获取所需的信息和资源。由核心层、支撑层和技术服务层三个层次构成。目前，美国最大的网络电商“亚马逊公司”所设的跨境电子商务生态圈就是综合性数字贸易生态圈。首先，在物流运营方面，亚马逊公司凭借其全球布局优势，与联邦快递、UPS、DHL等全球物流企业有着紧密的合作关系，建立了一套完整的跨国跨洲物流体系。其次，在平台沟通方面，亚马逊所拥有的完整供应链和传输快捷的数据系统推动了仓储备货、电商平台、物流运输、进出口清关等流程的一体化。最后，亚马逊跨境电子商务生态圈平台化模式还有助于实现其间的信息共享和合作，有利于企业积极参与跨境电子商务的实践，进而实现整个生态圈的协同稳定发展（赵欢庆，2018 年）。

因此，曹淼孙认为数字贸易的兴起与发展会给传统国际贸易规则带来价值链的运行模式，颠覆全球价值链的分布体系和利益分配格局，进而影响一个国家或区域在全球价值链中的位置。现代化数字技术改变了传统贸易服务生产与交付方式，与传统贸易模式相比，数字贸易在资源组成、流动性以及经济发展推动作用方面均有显著不同，两者具体发展差异如表 5-2 所示。虽然数字贸易较传统国际贸易模式具有诸多优势，但是数字贸易仍要受到比较优势、信息不对称以及贸易壁垒等因素的限制。

**表 5-2　数字贸易与传统国际贸易特征对比**

| 对比因素 | 数字贸易 | 传统国际贸易 |
| --- | --- | --- |
| 参与主体特征 | 经济发达国家具有话语权 | 更多新兴经济体参与 |
| 贸易服务主体 | 实体贸易流动为主 | 信息和数据成为重要资源 |
| 贸易资源 | 资本和劳动密集型 | 知识密集型 |
| 驱动力 | 国际跨国公司 | 个人与中小型企业 |
| 贸易交易速度 | 跨境时间长、速度慢 | 贸易即时化发展 |
| 创新能力 | 经济发达流向欠发达地区 | 创新技术双向流动 |
| 基础设施 | 交通基础设施 | 数字基础设施 |

## 第三节　数字贸易与传统贸易的比较

数字贸易作为数字经济的延伸和应用，是以作为关键生产要素的数字化知识和信息为核心内容，以借助现代信息网络进行传输甚至完成交易为特征，最终以传统经济活动效率提升和经济结构优化为目的的贸易活动。

## 一、数字贸易与传统贸易的相同之处

与传统贸易一样，数字贸易也是商品、服务和生产要素在不同市场主体之间，依据绝对优势或比较优势，以追求贸易利得为目标的转移过程，促进资源被更有效和更合理地利用。两者间的差别只在于数字技术大幅度提高了交易效率，从而提高了生产率，加速了经济增长，增强了市场福利。具体体现在：

### （一）贸易的行为本质相同

贸易最初始于史前社会，除了自给自足的生活方式之外，史前人类也通过彼此之间货物和服务的自愿交换，满足各自的需求。数万年后的今天，贸易的本质仍然没有发生变化，无论是传统贸易，还是数字贸易，本质上都是商品、服务、生产要素在不同主体之间的转移。虽然实现方式有所变化，但这并没有改变贸易作为交换活动的本质。

### （二）贸易的内在动因相同

无论是国内区域间贸易还是国际贸易，贸易活动的内在动因都是一致的。以绝对优势理论、比较优势理论为代表的古典国际贸易理论是研究贸易动因的经典理论，国内区域间贸易的研究同样使用了这一分析逻辑。国家间技术水平的绝对（相对）差异产生了绝对（相对）成本的差异，一国应当生产自己具有绝对（相对）优势的产品，而用其中一部分交换其具有绝对（相对）劣势的产品，这样贸易双方都将获得更高的福利水平。专业化生产和劳动分工以及由此产生的规模经济，是传统贸易和数字贸易的内在动因。

### （三）贸易的经济意义相同

数字贸易与传统贸易一样，具有如下经济意义：克服各类资源在各主体间流动的障碍，调整各个区域内资源的供求关系与价格；密切各主体之间的经济联系，弱化信息不对称；促进资源在更合理的结构上得到利用，使得各主体均可发挥其资源、技术的比较优势；激发各主体的创新活力，提高生产效率与经济效益。

### （四）对资源的要求相同

一是促进资源流通。贸易通过价格机制，有效地配置了流动性的资源，并通过资源的流动平衡各个地区的供求关系。二是促进信息共享。确保信息获取与传递的过程中不存在不对称的现象，进而实现信息的有效传播与利用，并保证了信息的及时性与准确性。三是推动产业发展。一方面有利于产业的技术进步，使得交易群体较为便利地获取技术；另一方面，促进资源合理利用。产业的发展需要高密度的资源流，通过资源流动，产业可以及时获取外部知识，推动产业创新。

## 二、数字贸易与传统贸易的不同之处

数字经济和数字贸易并不是一种独立的经济模式，它们依然是为传统实体经济和产业生产率提供服务的。离开了对实体经济和产业的生产性服务，数字经济和数字贸易本身就成了无源之水和无本之木。因此，对整个社会而言，如果所有企业都仅仅是为了刻意追求数字经济和数字贸易的发展，而不惜放弃传统产业的核心业务，转型为平台型企业，数字经济和数字贸易活动就会失去服务目标，就会出现产业空心化和服务过度化，经济发展就难免因此陷入困境。

### （一）贸易的时代背景不同

第一、第二、第三次工业革命带来了生产生活方式的巨大变革：火车等运输工具的出现，使得长距离运输成为可能；通信技术的进步使得实时通信成为可能；蒸汽机、内燃机的广泛应用使得机器生产代替手工劳动，贸易商品大幅增加。正是在这样的背景下，传统贸易大发展、大繁荣。而数字贸易则是在第三、第四次工业革命背景下诞生的一种新型贸易活动。数字技术使得原有的通信、传输方式发生重大变革，数据成为关键性的生产资料，传统产业正经历数字化、智能化的升级。

### （二）贸易的时空属性不同

传统贸易从交易开始到交易完成周期长，受商品价格变化、货币汇率波动等因素的影响大。而数字贸易交易过程中，数字技术大幅提高了交易效率，贸易的时间不确定性大大降低。传统贸易受地理空间的制约较大，而数字贸易中，处于现代信息网络的贸易双方不再具有严格的空间属性，地理空间的限制作用大幅弱化。

### （三）贸易的行为主体不同

传统贸易的交易过程存在代理商、批发商、零售商等诸多中间机构，供给方和需求方并不直接进行交易。但在数字贸易中，现代信息网络与信息通信技术使得供求双方之间的直接交易成为可能。此外，电子商务 B2C、C2C 等商业模式的普及使得个人消费者在贸易活动中扮演着越来越重要的角色。在未来的智能制造时代，C2B、C2M 等商业模式将进一步强化消费者的作用。

### （四）贸易的交易标的不同

传统贸易的交易标的主要是货物、服务以及生产要素，数字贸易的交易标的相对复杂。数字贸易强调数字技术在订购、生产或递送等环节发挥的关键性作用，因而其交易标的包括：在电子商务平台上交易的传统实体货物，通过互联网等数字化手段传输的数字产品与服务，以及作为重要生产要素的数字化知识与信息。

### （五）贸易的运作方式不同

传统贸易需要固定的交易场所，以及证明材料、纸质单据等实体文件，而数字贸易则往往是在互联网平台上达成，全部交易过程实现电子化。传统贸易中，货物规模大、价值高，主要采取海运、火车等运输方式，而数字贸易则存在诸多的不同：个人在电子商务平台上订购的商品主要通过邮政、快递等方式寄送，部分跨境电商企业采取海外仓、保税仓模式；数字产品与服务的贸易则采取数字化的递送方式。

### （六）交易过程不同

其一，交易周期不同。传统贸易受价格的影响较为强烈，本身抵御汇率风险的能力有限，因而经济波动对其影响更大。但是数字贸易的不确定性被数字技术所吸收，使得原先的地理空间限制不再成为制约贸易的重要因素。其二，行为主体不同。生产者与消费者构成了传统贸易的主要参与者，但是缺少面对面直接交易。数字贸易却融合了第三方交易平台，使得交易主体可以进行即时通话，保证了信息传递的有效性，并且数字贸易更加注重消费者的多样化需求。其三，交易标的不同。生产要素与实物商品是传统贸易的主要标的，而数字贸易不仅包含了数字化的传统贸易商品，还包含了通过互联网等数字化手段传输的数字产品与服务。其四，交易方式不同。传统贸易需要场所以及纸质凭证，但是数字贸易实现了无纸化交易。传统贸易需要进行实物运输，例如海运等，但是数字贸易主要通过投递的方式寄送，部分跨境电子商务企业采取海外仓、保税仓模式；数字产品与服务的贸易则采取数字化的递送方式。

### （七）贸易的监管体系不同

传统贸易中，各国海关、商务等监管部门，WTO 等国际组织是贸易的主要监管机构；各国国内的贸易制度、国际贸易协定是约束贸易行为的主要法律规范。

而数字贸易的监管体系，不仅涉及前述的监管机构与法律规范，还强调对数字贸易中的关键要素——数据进行监管。李海英（2016 年）认为数据本地化是数字贸易国际规则的重要焦点，包括服务本地化、设施本地化和存储本地化三重含义。

总体看，作为一种新的经济活动形态，数字经济和数字贸易增强了知识和信息的流动，有助于提高传统产业的生产效率，促进经济增长，伴随它所具有的一些新特点也造成了一些新问题，带来了一些新的挑战。第一，从传统经济向数字经济发展的过程中，伴随劳动力需求结构转变而出现的结构性失业以及就业岗位减少，可能造成劳动替代和失业问题。第二，数字经济和数字贸易扁平化的结构特征消除了大量的中间环节，就业也出现了两极化的特征。一方面，创造了一批新的符合数字经济技术要求、具备良好教育背景和专业训练的高收入工作岗位。另一方面，依然没有摆脱实物经济特征传统劳动密集型终端服务业，岗位竞争激烈，生产率提高缓慢，因而收入增长缓慢。整个社会的收入差距最终会被拉大。第三，数字鸿沟可能阻碍数字贸易的发展，市场的差异化或产品的差异性也会产生影响。一方面市场透明度的提高会加剧竞争；而另一方面竞争的结果却一定是生产率高的企业胜出，占有更大的市场份额，经济发展可能会更不均衡。第四，知识产权保护和跨境征税难度上升。数字化的知识与信息提高了产品的可复制性，也降低了复制成本，知识产权保护就成了数字经济时代的一个热点问题。线上交易方便了跨境交易，也带来了税收监管问题。第五，信用问题与监管难度。网络化的线上经济活动虽然方便了交易，但是也增大了交易后纠纷的解决难度，并且对监管提出了挑战。如果仅仅依靠线上交易，那么客户的鉴别难度和成本就会比较高，特别是线上实名不仅使信用调查比较困难，甚至身份认证和信息核实本身都是问题。但随着数字经济时代的到来，全球经济增长可能面临新的换档期，各国都在积极应对这些挑战，为重塑世界经济增长的新模式，推动全球经济增长，提高全球的福利水平而不断优化与完善数字贸易生态环境。

## 三、数字贸易与传统贸易的历史对比

从历史的角度看，可以将国际贸易总结为三个大的发展阶段，分别是传统的最终产品贸易、全球价值链贸易、数字贸易。每个阶段贸易方式、贸易产品、发展动力和贸易政策的着重点都不一样。第一阶段是 20 世纪 70 年代之前的最终产品贸易阶段，主要特征是国际运输技术进步和运输成本的下降使国家之间的最终产品贸易得到空前发展。第二阶段是 20 世纪 70 年代以来的全球价值链（Global Value Chain，GVC）贸易阶段，主要特征是跨国生产分工成本的下降使得同一产品的生产可以在多个国家进行，相应的中间产品和部件贸易占据主导地位，这使得全球贸易额和增速远高于全球GDP。而第三阶段将是数字贸易阶段，其主要特征是数字技术的进步使得数字产品和服务不断涌现，如云计算、3D打印、在线支付、社交媒体、网络平台、数字音乐、电子书等。有形的产品贸易也越来越依赖电子商务，产品越来越小规模化、个性化、数字化，产品和服务的界限也越来越模糊。

表5-3显示了数字贸易和传统贸易具有基本相似的贸易本质、贸易目的以及经济理论支撑，两者在产生的时代背景、贸易参与者、贸易对象、贸易运输方式、贸易时效性以及贸易监管政策等方面，具有显著的差异。

**表5-3 数字贸易与传统贸易的比较**

| 项目 | | 传统贸易 | 数字贸易 |
|---|---|---|---|
| 不同点 | 产生的时代背景 | 以蒸汽机为代表的第一次工业革命、以电力技术为代表的第二次工业革命和以计算机及信息技术为代表的第三次工业革命 | 第三次工业革命和以人工智能、工业机器人、物联网、量子通信、虚拟现实以及生物技术为代表的第四次工业革命 |
| | 贸易参与者 | 以大型跨国企业为主，中小型企业通过代理商、零售商和批发商等中间机构间接交易，供给方和需求方通常并不直接进行交易磋商 | 互联网平台企业的作用越发凸显，中小微企业成为主力军，且平台企业的出现，以及互联网和数字技术使得供给方和需求方直接交易成为可能 |
| | 贸易对象 | 主要是有形的货物和生产要素，服务贸易占比较小 | 既包括数字产品和服务，也包括企业借助平台实现交易的传统货物，服务贸易占比将不断上升 |
| | 贸易运输方式 | 主要采取陆运、海运等运输方式，通关需要更多的实物文件（如证明材料、纸质单据等） | 有形商品主要采取邮政和快递等方式寄送，数字产品和服务则采用数字传递方式，整个交易过程可实现无纸化和电子化 |
| | 贸易时效性 | 完整交易的周期长、不确定因素多、贸易成本高，易受空间因素的制约 | 平台企业的出现以及信息通信技术的应用缩短了贸易周期，减小了贸易不确定性，并降低交易成本，大幅弱化了地理等因素的制约 |
| | 贸易监管政策 | WTO等国际组织是主要监管机构，各国的贸易政策、双边及区域层面的贸易协定等构成全球贸易监管的主要法律规范 | 不仅包括传统贸易下的监督机构和法律规范，还更加强调数字贸易的数据监管、隐私保护等，但数字贸易国际监管政策还在形成中 |
| 相似点 | 贸易本质 | 两种贸易模式本质上都是货物、服务生产要素在不同经济主体之间的流动和转移 | |
| | 贸易目的 | 都是为了追求贸易福利、发展本国经济、保护本国经济利益 | |
| | 经济理论支撑 | 经典古典国际贸易理论、比较优势理论、绝对优势理论等 | |

# 第六章

# 数字贸易服务平台建设

数字技术的发展促进了一种新的企业组织形式即数字平台的出现。数字平台就是提供硬件和软件，记录和提取用户之间在线交互所有相关数据的平台，数字平台为一群参与者集聚在一起实现在线互动的机制。数字平台根据用户的需求可以有不同的类型，因而具有多样性。作为一种直接汇聚商品与服务供应商的典型双边市场，平台的存在大幅降低了贸易参与方之间的搜寻和匹配成本，最大限度取代了原有的中介机构；与此同时，平台经济也采用同一套硬件、软件和管理组织取代了原有的分散组织形式（谢富胜等，2019 年），从而引起了贸易活动中供应链结构从原有的“链条式”结构向扁平化的网络式结构转变。

# 第一节 数字化平台概述

数字化平台是指在数字经济背景下，基于互联网技术、大数据技术建立的生产、交换、分配信息的技术市场服务型平台（图 6-1）。数字化平台包括但不限于电子商务平台、服务类平台和信息类平台。

图 6-1 数字化平台的内容

## 一、数字化平台的运行特点

数字化平台是数字技术在生产、生活中的运用。其重要特点包括以下几方面。

### （一）技术驱动

数字化平台不同于传统互联网平台的一大特点即重技术，尤其是区块链、AI 领域的以客户需求为导向的技术算法。比如，在电子商务平台中，根据用户喜好、搜索频率、产品停留时长而进行精准推广的瀑布流技术；在物流中，根据多方协同进行包裹全球追踪的物流技术和分拣技术；在支付中，根据确认收款时长、汇率等变量设计的自动回款技术。这些都是数字化平台技术驱动的体现。同时，数字化平台的全空间、全链接体现在其技术的全球化中。它不受地域、空间的限制，全面采集数据信息，其技术原理和逻辑适用于多个领域。

### （二）多场景、高效率

以技术驱动为核心的数字化平台可根据用户需求搭建不同场景，实现“人”“货”“信息”“场景”多方交互，提高运营效率。其高效率多链路的资源整合模式可以使技术、产品、服务、流量全域流动，打破传统行业的信息壁垒和资源壁垒。需要注意的是，数字化平台包括但不限于电子商务平台。以淘宝网为例，利用小数据技术进行产品流的精准推送、物流的信息同步、资金的及时回笼及卖家中心后台的数据可视化呈现，可以将淘宝网看作数字化平台。与此同时，参与到交易中的卖家、买家、物流方、第三方支付方可以看作平台组织。而整个交易从下单到回款则可称为平台经济。

## 二、数字化平台的发展环境

现如今，数字技术已经在多个领域内广泛应用，数字化平台的发展也在改变着人们的生活。在教育领域，数字化平台降低了人们获取教育资源的成本，线上课程 App 学习软件等提高了学习效率，丰富了教育内容。在生活领域，数字化平台提高了政府办事效率，多地政府、街道及相关办事处开设了云办理业务，方便了居民生活。在商业领域，数字化平台打破地域界限，给传统的中小企业更多的获客机会。因此，世界各国均在大力发展数字化平台。

### （一）政策环境

美国是数字化平台领域发展较早的国家。1998 年 5 月，美国发布《新兴的数字经济 I》，第一次解释了新经济的信息内涵，而后几乎每年均会发布相关的数字经济报告。2010 年，美国提出“数字国家”的概念，强调了居民互联网使用频率和互联网接入率的重要性。2018 年 6 月 21 日，美国最高法院以 5 比 4 的票数判决各州有权对互联网电商公司的跨州销售征税。这意味着，美国电商将步入全面征税时代。2010 年 5 月 19 日，欧盟委员会公布了“欧洲数字计划”，旨在建立一个统一的数字市场，在保护数据隐私的前提下，提高互联网应用技术水平，为企业提供更好的服务准入。英国于 2010 年 4 月开始实施《数字经济法案》，在推动数字经济发展的过程中，强调对信息和知识产权的保护，并就政府在这一过程中的监管作用做了明确解释。日本于 2009 年 7 月 6 日推出了《i-Japan 战略 2015》，该战略主要针对数字经济技术在政府行政、社会医疗、教育等领域的应用。为了平衡境内外电商平台的发展，做到公平公正，欧洲各个国家相继开始征收增值税，澳大利亚、东南亚等地一些国家也在研究对电商征税的方案。2018 年，以世界海关组织为代表的国际组织，坚持以多边主义替代单边主义，于 2018 年 6 月对外发布《世界海关组织跨境电商标准框架》。

我国在数字经济和数字化平台领域采取了多项举措，实施了多项政策。“十三五”规划中，国家就信息化和科技创新指出了数字经济的重要性，规划了网络技术发展的任务和行动。2016 年，工业和信息化部印发《大数据产业发展规划（2016—2020 年）》，提出了我国大数据产业的发展思路和目标。我国各省、区、市也纷纷制定了“互联网+”政策体系，并根据各省、区、市产业特点，部署数字经济技术在各领域的应用。以《世界海关组织跨境电商标准框架》应用为契机，我国推动“一带一路”沿线国家和地区应用电子数据预处理和风险管理技术，实现基于通用报文规范和统一、标准化数据包的数字口岸连接，提升贸易便利化和安全保障水平。

### （二）企业建设环境

积极打造线上线下融合发展模式。跨境电商平台积极布局线下销售渠道，来解决单一在线零售渠道所面临的问题，同时运用区块链、物联网、大数据等信息技术对跨境商品进行全程跟踪溯源，跨境商品的物流动态可视化、透明化，实现物流链条管理、商品防伪等功能。

直播、AR 全景等新技术的应用帮助买卖双方实现信息对称，如线上展会可以通过直播边看边买，能够帮助全球买家更全面快速地了解卖家及其产品，减少时间和距离带来的隔阂。AI 实时语音翻译工具基于自然语言处理技术和海量的互联网数据，帮助用户跨越语言鸿沟，畅快交流和获取信息，实现无障碍沟通。

同时，互联网企业积极开发新技术，围绕电子商务领域驱动商业效率，建立数字化平台，运用新技术进行精准推送，所得数据通过平台进行多向反馈，从而倒逼制造业从以产品为核心转向以客户为核心，进行更精准、更个性化、更全面的销售推广。在这一过程中，SHEIN 作为服装制造业的黑马企业，是数字化平台逆向信息反馈的典型代表。2021 年，Google 联合全球传播巨头 WPP 发布了 BrandZ 中国全球化品牌 50 强榜单，SHEIN 作为线上时尚消费品牌，名列榜单第 11 位。在全球成熟的服装类消费品牌中，SHEIN 凭借较高的推新频率、优惠的产品价格、独特的市场营销，在线上市场获得了一定份额，深受欧美消费者喜爱。目前，SHEIN 海外 App 装机量超过 1 亿，在美国，其在购物类 App 下载量中排名第二，仅次于亚马逊。在欧洲，SHEIN 也是多个主流国家最受欢迎的购物类 App。SHEIN 的成功除了依托我国成熟的生产链和供应链、较低的人力资源成本等因素外，最重要的是其对数字经济技术的运用，以及在数字化平台中精准定位的销售策略。SHEIN 创立之初，借助 Google Trends 分析不同国家的流行热词，通过分析颜色、材质、款式在不同国家的搜索频率提前对流行元素做出判断，进行预设计和预生产，从而缩短了生产周期。在营销端，其持续在多个社交平台投放广告，并通过站外引流数据进而二次分析市场，继续巩固自身“个性化强、针对性强”的品牌特点。因此，SHEIN 是一家典型的基于数字智能平台的 C2M 品牌制造企业。

头部企业积极将地区性数字平台向全球性数字平台扩张。以亚马逊等为代表的头部企业为了不断巩固平台的核心竞争力，扩张平台的服务能力，依托自身数字基础设施和软件等优势，通过收购兼并与数字平台相关的业务，减少新开发市场的竞争对手，形成全球统一数字平台下的当地化。正是通过全球数字平台的不断扩张，全球形成了七个超级数字平台，截至 2020 年 8 月 8 日，苹果市值 2.13 万亿美元，微软 1.73 万亿美元，亚马逊 1.70 万亿美元，谷歌 1.12 万亿美元，脸书 8366 亿美元。中国的全球数字平台主要是阿里巴巴和腾讯，市值分别是 7819 亿美元和 6623 亿美元。

## 三、全球数字平台的发展趋势

数字经济条件下，全球数字平台主导了数字贸易，数字贸易的规模和结构取决于平台的市场边界和市场密度。市场边界就是平台跨关境国家（地区）数量，数量越大，市场边界越宽。市场密度是平台上供需双方的匹配服务规模，市场密度越高，数字服务额越大。不论是政府层面、社会层面，还是企业层面，均重视数字经济技术的发展。数字化平台的发展与建设，既是必要举措，也是未来趋势。

从市场范围看，全球性市场垄断势力进一步增强；从平台应用看，第三方应用程序得以广泛使用，成为全球数字平台延伸的一种重要方式；从平台功能看，从专业性的单一功能向综合性功能转型。

### （一）数据资源垄断数字市场的趋势明显

与传统跨国公司扩张相比，全球数字平台扩张主要受到数字基础设施和制度两个方面的约束，总体上这两个方面的约束力都不是很强。数字型跨国公司同时以规模经济和范围经济为基础，活跃用户数是其核心资产，在达到一定规模以后，活跃用户数的边际成本几乎为零。工业经济时代的跨国公司以规模经济为基础，产品和服务是其核心资产，因为存在着沉没成本，所以市场容量和制度质量制约着传统跨国公司边界的扩张。

因此，在全球“数据价值链”中，全球数字平台的主导地位、对数据的控制以及创造和捕获随之而来的价值的能力，往往会进一步加强集中和整合，而不是减少国家之间和国家内部的不平等，这些国家有可能只能成为这些全球数字平台的原始数据提供者，同时不得不为平台所有者利用这些数据产生的数字智能付费。

### （二）数字平台的应用程序经济趋势

2020 年第二季度，全球应用程序下载量达到 378 亿次，同比增长 31.7%，其中苹果应用商店安装量增长 22.69%，达到 91 亿次，谷歌应用商店则增长 34.9%，达到 287 亿次。

全球应用程序的发展首先是整合 LBS、QR、AR 等新技术，给用户带来前所未有的用户体验。基于位置服务（Location Based Services，LBS）利用各类型的定位技术来定位设备当前的所在位置，通过移动互联网向定位设备提供信息资源和基础服务。快速反应（Quick Response，QR）在物流管理中指对消费者需求作出快速反应的供应链管理方法。移动应用增强现实（Augmented Reality，AR）编辑，是一种广泛运用多媒体、三维建模、实时跟踪及注册、智能交互和传感等多种技术手段，将计算机生成的文字、图像、三维模型、音乐、视频等虚拟信息模拟仿真后，应用到真实世界中，两种信息互为补充，从而实现对真实世界的“增强”。这些技术在 App 游戏和短视频中应用最为广泛，是 App 经济的主要产品。App 应用领域更为广泛，特别是新冠肺炎感染传播对应用程序产生了巨大的影响，视频会议、健康、健身以及教育应用程序蓬勃发展，其中下载量最大的是 Zoom 和 TikTok。最后，App 数字营销替代了传统营销，通过新技术以及数据分析 App 可持续与用户保持联系，实现精准定位企业目标用户。

### （三）全球数字平台的综合性功能演变

由于有些全球数字平台以社交和搜索引擎服务为主，而这些平台提供的许多服务是免费的，其主要盈利来源于广告收入。随着应用程序的快速发展，数字营销竞争日趋激烈，这样，无论是搜索引擎平台，还是社交平台，利用数据资源都开展了货物和服务订购等业务拓展。同样，跨境电子商务平台向服务业务的延伸趋势也日益明显。

数字经济条件下，数字贸易是通过数字平台这种新型企业组织形态实现的，云计算、区块链和人工智能等技术的应用以及各经济体的开放政策使数字贸易加快发展。数字技术已经在多个领域内广泛应用，数字化平台的发展也在改变着人们的生活。目前，全球数字平台不仅需要不断的数字基础设施和软件投入，而且要承担克服数据跨境流动带来的合规性成本。

# 第二节　数字贸易服务平台主要类型

加速主义思想家尼克·斯尔尼塞克（Nick Srnicek）根据数字化平台的一般特征将平台分为广告平台、云平台、工业平台、共享平台和精益平台五种类型，基本涵盖当今世界商业中的主要数字化平台类型。数字化平台在电子政务、社会服务中也有较多体现，如浙江政务网、医院查询和挂号系统等，都属于数字化平台的范畴。数字技术在数字化平台中的应用促成了平台经济，在这个过程中，数字化平台也不一定支持促成交易或其他活动。例如，Facebook（脸书）作为世界主流社交平台，除了具备社交功能之外，其采集的用户数据也为电商所用。亚马逊或其他电商平台卖家通过在 Facebook 平台上投放广告，可以间接获客，这也是数字化平台流量转化的一种重要方式。

## 一、根据用户需求分类

传统的贸易活动大多以专业化的中间商为中介，在一定程度上增加了货物的供应链条和贸易成本。而数字技术的引入则极大地解决了这一问题，依托于线上交易平台，实现供给端和需求端直接对接，借助数字技术实现精准市场定位和精细化管理，数字贸易平台可以更好地满足消费者个性化、定制化的需求。

### （一）交易平台

交易平台是通过在线基础设施，支持多方之间进行交易的平台，如订货平台、分时租赁平台和社交平台等，也可称为数字中介平台（Digital Intermediation Platforms，DIPs），在国际贸易中的作用日益增强。OECD、IMF 和 WTO（2020年）专门讨论了数字中介平台的贸易测度，报告中对“基于收费的数字中介平台及其提供的服务”分别定义如下：在线界面，以收费方式促进了多个买方和卖方之间的直接互动，而中介平台不获取所售商品的经济所有权或提供所售服务；基于收费的在线中介服务，使多个买家和卖家之间可以进行交易，而中介平台不获取所售商品的经济所有权或提供所售服务。数字中介平台主要提供匹配等中介服务，并收取佣金或服务费，但因为数字中介平台上的交易模式多样化，交易主体可能来自不同国家，所以在对数字中介平台涉及的数字贸易进行统计时，需采用交易净值的方式，避免重复。例如，居民生产的商品或服务可以通过非居民数字中介平台或国内（居民）数字中介平台提供。与此同时，居民从卖家那里购买的商品或服务传统上不被视为国际贸易——可能会得到非居民数字中介平台的帮助。

### （二）创新平台

创新平台是以操作系统或技术标准的形式为开发者开发应用程序和软件创造环境。谷歌和苹果应用商店就是通过操作系统和软件开发套件为开发者提供服务的。在现实社会中，电子商务平台是主要的数字平台，具体分为多种类型。从大的方面看，数字平台分为营利导向的数字平台和非营利导向的数字平台，营利性平台中有电子支付平台、众筹平台、社交媒体和电子商务平台。在电子商务平台中，有货物电子商务平台和服务电子商务平台。电子商务平台的种类多种多样，如货物电子商务平台的代表亚马逊、阿里巴巴等，还有大量聚集于运输、旅游、App 等领域的第三方服务电子商务平台。

## 二、全球主要数字平台形态演进

由于不同全球数字平台面临着不同的竞争环境以及错综复杂的政府监管体制，全球数字平台形态处于不断演化过程中，而这种演化对数字贸易产生了不同的影响。

### （一）跨境电子商务平台

跨境电子商务是指分属不同关境的交易主体通过电子商务平台达成交易、进行支付结算，并通过跨境物流送达商品、完成交易的一种国际商业活动。跨境电子商务有三个基本特征：一是交易主体分属不同关境，二是通过跨境电子商务平台撮合及结算，三是物流业跨境配送有形货物。跨境电子商务平台需要有五个基本条件：一是能够为消费者提供商品信息的网络，二是需要有商品搜索引擎服务提供给买卖双方，三是能够可靠地访问客户和市场的企业，四是用于验证和执行交易的金融支付服务，五是能够将货物从供应商转移到客户的快递和物流服务提供商。跨境电子商务主要有 B2B、B2C 和 C2C 三种形式，B2B 通常情况下是行业内部的上下游商业关系，或者通过工业互联网形成企业间的有机商业联系。B2C 和 C2C 的业务模式有自营、平台、混合（自营和平台）三种，但大部分情况下跨境电子商务平台采用混合模式。完成跨境电子商务的业务流程，存在物流和数据流两种流动方式。从物流看，跨境电子商务平台为买卖双方提供货物运输等服务，这种服务与传统货物贸易的服务类似，不存在实质性的差异，服务可以通过平台提供，也可以选择外包服务。从数据流看，跨境电子商务平台提供信息匹配服务以及其他可以通过电子交付的服务，如支付服务、保险服务。与传统货物贸易最大的区别是，跨境电子商务平台提供商品搜索服务和撮合服务。

根据数字贸易的定义，跨境电子商务平台货物跨境交付主体是货物贸易，而不是数字贸易，但是平台为买卖双方提供了商品搜索引擎服务、数字广告服务、电子支付和在线保险等服务，如果一个经济体对相关服务不设限制并且数据可以跨境流动，那么这些服务可通过电子手段进行跨境数据传输，因而是数字贸易。目前国际组织没有对跨境电子商务有统一的统计口径。联合国贸易和发展会议估计，2018 年全球电子商务销售额（B2B 和 B2C）近 26 万亿美元，占全球生产总值的 30%，比 2017 年增长了 8%，全球 B2B 电子商务的价值为 21 万亿美元，B2C 电子商务价值为 4.4 万亿美元，比 2017 年增长 16%。从全球分布看，电子商务交易在各经济体之间存在着不平衡，排名前 10 位的国家电子商务交易占全球的 74.51%，并且即使是前 10 位的国家，占国民生产总值的比重差异也很大，如韩国占 84%，而中国仅占 17%，低于全球平均 30%的比重。许多国家 B2B 占电子商务的比重很高，大多超过 80%（见表 6-1）。

**表 6-1　2018 年排名前 10 位国家的电子商务销售规模**

| 排名 | 国家 | 电子商务总销售规模/亿美元 | 占 GDP 的比重/% | B2B 销售规模/亿美元 | B2B 占电子商务的比重/% | B2C 规模/亿美元 |
|---|---|---|---|---|---|---|
| 1 | 美国 | 86400 | 42 | 75420 | 87 | 10980 |
| 2 | 日本 | 32800 | 66 | 31170 | 95 | 1630 |
| 3 | 中国 | 23040 | 17 | 9430 | 41 | 13610 |
| 4 | 韩国 | 13650 | 84 | 12630 | 93 | 1020 |
| 5 | 英国 | 9180 | 32 | 6520 | 71 | 2660 |
| 6 | 法国 | 8080 | 29 | 6870 | 85 | 1210 |
| 7 | 德国 | 7210 | 18 | 6200 | 86 | 1010 |
| 8 | 意大利 | 3940 | 19 | 3620 | 92 | 320 |
| 9 | 澳大利亚 | 3470 | 24 | 3260 | 94 | 210 |
| 10 | 西班牙 | 3330 | 23 | 2610 | 78 | 720 |
| 前 10 位合计 | | 191100 | 35 | 157730 | 83 | 33370 |
| 全球 | | 256480 | 30 | 212580 | | 43900 |

从跨境电子商务平台的生态系统看，形成了以亚马逊、阿里巴巴为主的全球性公司，另外搜索引擎、社交网络等也衍生了跨境电子商务平台生态系统，或者

说是全球跨境电子市场是寡头垄断的市场结构。亚马逊通过技术、规则和先进入的先发优势，目前拥有全球 4 亿多用户量，300 多万卖家，在全球线上跨境零售活动中占近 40%的市场份额，亚马逊在许多经济体中的线上零售业务进入所在国前三。首先，其优势表现为云计算、大数据等技术优势支撑跨境电子商务客户服务平台，实现端到端。其次，亚马逊聚焦在市场密度最高的区域，从买家来看，中国无疑是跨境电子商务供给市场密度最高的区域，而对接的目标市场也是跨境电子商务需求市场密度最高的区域。最后，通过内部规则规范交易双方的行为，同时在各环节提供优质服务提升供应链体系效率。在全球开店方面，制定全球开店规则和产品合规政策，在主要市场有专门的指导手册。在物流领域，卖家负责物流（FBM）和亚马逊仓储派送（FBA）是亚马逊的两种订单派送模式，FBA 建成了全球全套跨境物流仓储服务，提供 7×24 小时专业跨境电商客服，遍布全球超过 175 个电商运营中心，商品可配送至全球 185 个国家和地区（见表 6-2）。

表 6-2　亚马逊公司业务收入来源及分布（2017—2019 年）

| 业务来源 | 2017 年 | | 2018 年 | | 2019 年 | |
|---|---|---|---|---|---|---|
| | 销售收入/亿美元 | 所占比重/% | 销售收入/亿美元 | 所占比重/% | 销售收入/亿美元 | 所占比重/% |
| 北美 | 1061.1 | 59.66 | 1413.7 | 60.70 | 1707.1 | 60.87 |
| 国际 | 542.9 | 30.52 | 658.7 | 28.28 | 747.2 | 26.64 |
| 云计算（AWS） | 174.6 | 9.82 | 256.6 | 11.02 | 350.3 | 12.49 |
| 合计 | 1778.6 | 100.00 | 2329 | 100.00 | 2804.6 | 100.00 |

## （二）云计算平台

云计算是指使用共享的物理和虚拟资源（包括网络、服务器和应用程序）提供标准化、可配置、按需提供的在线计算机服务，包括计算、存储和软件服务以及数据管理。云计算服务平台主要为客户提供三种类型的服务：基础设施即服务（IaaS）、平台即服务（PaaS）和软件即服务（SaaS）。随着 SaaS 的应用范围越来越广，SaaS 进一步拓展为四类专业化的软件即服务。与软件即服务外包不同，云计算平台提供共享的可配置计算资源及无处不在的按需访问，因而云计算平台是数字经济的发动机，也是数字经济的基本组织形态。

云计算服务不仅仅是为用户降低不断更新的软件和硬件成本，作为一种平台的新型组织，它还具有以下三个方面的特征。第一，增加了业务灵活性。无论员工是在企业还是出差，只要通过设备连接互联网，就可以访问数据，并处理业务，云计算允许员工在互联网上同时共享文档和文件。第二，提升了用户的敏捷性。云计算是全天候的，可以根据用户的需求变化建立快速的响应机制。第三，可扩展性。云计算允许用户根据业务需求的变化来调整资源。由于云服务的可扩展性，它有助于解决问题和提高客户满意度，云计算能够使资源快速可用，从而消除了容量规划的需求。云计算平台的出现改变了产业组织形态。在工业经济下，企业与市场的组织边界是明晰的，企业在产业组织中的关系是在垂直一体化和非一体化中选择，受到产品标准化程度、资源专用性程度和市场密度等多种因素影响才能形成企业组织均衡。在数字经济条件下，企业内部原来的有形服务（研发、销售等）变成在线服务。这样企业依赖实体网络，通过选择全球数字平台的方式拓展企业的组织边界，而云计算为组织边界的拓展提供了服务和云技术支撑，因而在数字经济条件下，全球数字平台的出现使企业的组织边界受制于云计算平台的服务半径和数据中心的密度。

云计算平台是随数字平台的出现而发展的，许多云计算有关的数字基础设施、数字平台业务和软件业务主要是为自己的数字平台服务，但随着用户需求，特别是平台与用户之间的黏性需求增长，数字平台企业不断开发业务，形成了多样性的服务业务，而这些服务不仅为平台本身提供云计算支撑，而且为平台客户提供服务。例如，亚马逊的云计算部门 AWS，2006 年推出时只提供了一项服务，而目前，其是全球最全面、应用最广泛的云平台，提供超过 175 项功能齐全的服务。从全球云基础设施看，AWS 在全球 24 个地理区域内运营着 77 个可用区，并计划在印度尼西亚、日本和西班牙新增三个 AWS 域，同时再增加 9 个可用区。从云服务技术看，包括计算、存储和数据库等基础设施技术，机器学习、人工智能、数据湖和分析技术以及物联网等新兴技术。从内部市场看，AWS 拥有最大且最具活力的社区，在全球拥有数百万活跃客户和成千上万个合作伙伴。AWS 合作伙伴网络（APN）包括专注于 AWS 服务的数千个系统集成商和成千上万个将其技术应用到 AWS 中的独立软件供应商（ISV）。从云计算安全看，AWS 拥有 230 项安全、合规的监管服务及功能，支持 90 个安全标准和合规性认证，且存储客户数据的全部 117 项 AWS 服务均具有加密此类数据的能力。阿里云内容分发网络（Alibaba Cloud Content Delivery Network）是建立并覆盖在承载网之上、由分布在不同区域的边缘节点服务器群组成的分布式网络，替代传统以 Web Servet 为中心的数据传输模式。其将源内容发布到边缘节点，配合精准的调度系统，将用户的请求分配至最适合的节点，使用户可以以最快的速度取得所需的内容，有效解决互联网网络拥塞状况，提高用户访问的响应速度。阿里云在全球 70 多个国家有 2800 多个全球节点，其中中国有 2300 个，全网带宽输出能力为 130Tb/s。

从云计算市场结构看，全球云计算市场是一个垄断型市场结构。以基础设施即服务为例，2017 年世界前五名的云计算基础设施即服务提供商的市场份额占 72%，到 2019 年超过 80%，其中亚马逊占 45%（见表 6-3）。

表 6-3 全球基础设施即服务市场份额（2017—2019 年）

| 公司 | 2017 年 | | 2018 年 | | 2019 年 | |
|---|---|---|---|---|---|---|
| | 销售额/亿美元 | 市场份额/% | 销售额/亿美元 | 市场份额/% | 销售额/亿美元 | 市场份额/% |
| 亚马逊 | 122.2 | 49.5 | 155 | 47.8 | 204.8 | 46.0 |
| 微软 | 31.3 | 12.7 | 50.4 | 15.5 | 81.4 | 18.3 |
| 阿里巴巴 | 13.0 | 5.3 | 25.0 | 7.7 | 41.4 | 9.3 |
| 谷歌 | 8.2 | 3.3 | 13.1 | 4.0 | 24.1 | 5.4 |
| IBM | 4.6 | 1.9 | 5.8 | 1.8 | 12.7 | 2.9 |
| 其他 | 67.7 | 27.4 | 75.2 | 23.2 | 80.5 | 18.1 |
| 合计 | 247 | 100 | 324.5 | 100 | 444.9 | 100 |

## （三）物联网平台

1995 年，微软创办人比尔·盖茨在出版的《未来之路》一书中提及物联网。1999 年，麻省理工学院的凯文·阿什顿（Kevin Ashton）提出了 IoT 这一术语，以描述使用电子标签跟踪特定对象并使用因特网传输该信息的技术，从而可以更准确地跟踪商品的配送。同年，在物品编码（Radio Frequency Identification，RFID）技术基础上，ufo-ID 公司也提出了“物联网”的概念。2005 年 11 月，世界信息峰会上，国际电信联盟发布了《ITU 互联网报告 2005：物联网》，指出“物联网”时代到来。物联网平台是基于云的本地软件包和相关服务，以支持复杂的物联网服务（IHS，2019 年），其中包括云计算、数据管理、应用程序、连接管理、设备管理、安全管理等组成部分。物联网平台与现场网络紧密结合连接嵌入了传感器（或者传感系统）的物联网设备，通过网络或者直接通过云端与现场网络进行数据传输，为现场网络提供基于云端的智能化设备管理。

### 1. “物联网平台”的基本构成

（1）云计算平台。随着越来越多的组织开始依赖托管和数据储存服务，云数据中心现在已成为常规 ICT 服务交付的主要内容。

（2）数据管理中心。数据管理侧重于从地理空间角度管理应用程序之间的数据流。物联网软件使开发人员能够将物联设备与企业特定的客户和 ERP 数据以及来自第三方的数据（如社交和天气数据）结合起来，以创建更有价值的物联网应用程序。

（3）嵌入物联网平台的海量应用程序。应用程序可帮助物联网开发人员和实施人员快速、高效地进行设计、构建、集成和管理 IoT。除了作为物联网平台的一部分之外，应用支持平台（AEP）通常是独立提供的。它们本质上提供了大多数物联网应用程序所共有的业务，例如定义规则和警报的能力，使开发人员能够专注于市场独有的应用程序差异化方面。物联网平台的软件和服务集成在更大物联网生态系统的环境中。尤其值得注意的是，物联网平台能在一定程度上克服物联网尚未标准化所伴随的一系列兼容困难的问题。

（4）物联网平台的连接管理系统。连接管理是指物联网平台与物联设备的连接。设备通过各种各样的接口与网关相连或者直接连到互联网。连接管理在蜂窝数据环境中的主要作用是为客户提供远程批量配置、远程故障排除、身份验证和安全性、灵活的计费和评级、阈值和警报管理，通过应用程序编程接口（API）和基于 Web 的用户界面将平台的功能集成到客户的现有业务管理系统中。

（5）设备管理。物联网平台使企业能够基于多种技术和协议管理成千上万、数百万甚至数十亿的设备和连接。设备管理、设备云通常由物联网设备供应商（如模块网关/路由器供应商）独立提供，以促进和鼓励客户将这些供应商的设备用于物联网应用的各种功能。这些功能围绕以网络为中心的设备控制、诊断和优化。

（6）与物联网平台相连接的现场网络。现场网络中包括物联设备以及网关，也可在这些位置做边缘存储。

### 2. 连接物联网平台的智能终端（智能工厂与智能产品）具有一些共同特点

第一，通过传感系统采集产品与设备在使用中产生的数据，并将数据传输到云端，再基于云平台对数据进行处理和分析。第二，智能设备、云平台服务与形形色色的数据增值服务通常是由不同企业提供，并且有可能分布在不同国家。第三，智能工厂与智能产品的物联设备嵌入强度越大，则对物联网平台价格越敏感，物联网平台由于基础设施重复建设和分散提供所致的成本会在更大程度上转移给这些企业与产品。第四，是否允许跨境数据流动将决定智能工厂能否与其子公司或者关联企业（如上下游企业）实现数据集成和共享。这些特征意味着，物联网平台对数据跨境流动的需求变得越来越迫切，这既与云服务的外包和全球化提供有关，又与跨国公司在子公司或者关联公司之间集成与共享数据的需求有关。物联设备的数据传输通常可以分为四种，它们分别是“设备到设备”“设备到网关再到云”“设备到云”“云到云”，基于物联网平台的数据流动是后三种模式。

### 3. 基于物联网平台形成的商业模式

第一，基础设施模式。提供给其他公司和产品开发人员，用于设计、构建和运行他们自己的物联网功能的基础设施和工具。第二，存储服务模式。简单的存储服务是以云存储的基础结构为核心，提供许多不同的服务层次。托管通信服务可以对同时产生的数据流进行管理。企业可以利用平台商的托管服务来处理来自数千个并发连接设备的数据流，且随着业务的增长轻松地扩展数据管理能力。第三，运营服务化模式。是以用户对产品的租用取代过去对产品的拥有和操作，收费是以服务的数量和质量为基础的。即企业开始从供应商那里租用数据中心空间即可，不用自己管理的服务形式，这被称为“CoLo”（Co-Location），或者叫“主机托管”。第四，广告模式。平台主导者拥有数据资源，但他们通常并不直接买卖数据，而是基于数据挖掘来开发其他商业价值，广告模式是其中最典型的例子。例如谷歌收集大量用户的搜索习惯和使用情况，它并不直接出售这些数据，而是将从这些数据中挖掘的信息，以定向广告和直接广告形式出售给客户。第五，数据代理模式。销售通过物联网获取的数据也将成为一种商业模式。行动记录数据、分析引擎服务、连接 API 的使用费等都能成为商品。尼尔森（Nielsen）、美国信息资源公司（IRI）、Lispoint、Point2、艾美仕等数据代理公司通过组合、打包和转售数据，建立了蓬勃发展的业务。第六，数据工具开发模式。在物联网系统中引入的互联网设备越多，所产生的数据也就越多。一旦开始收集所有这些数据，不仅需要存储解决方案，而且会需要更先进的系列数据工具。

就贸易形势而言，集装箱模式统治了世界贸易 60 多年，而如今，尤其是后疫情时代，小包裹的贸易模式逐步焕发出活力，成为新兴的贸易模式。就供应链而言，传统供应链较为臃肿，呈现出大批量、低频次、高标准化、低个性化的特点。越来越多的消费者选择更符合自己需求的个性化产品。因此，碎片化、高频次、高时效性成为当今供应链管理的一大特点。尽管当下 B2B 贸易模式仍占据世界贸易的主体地位，但 B2C 所占的贸易份额逐步增加，激活 B2C 贸易的潜力，成为世界各国在后疫情时代经济发展主要考虑的问题之一。

## 第三节　典型数字贸易服务平台

传统贸易中，大型企业在商品交易中占据主导地位，中小企业的活力释放不充分。2018 年，联合国曾在世界中小微企业日中指出，中小微企业是世界经济的中坚力量，对于发展中国家来说，中小微企业扮演着经济基础搭建者的角色。同时，世界 90%以上的企业为中小微企业，它们解决了世界 60%~70%的就业问题。中小微企业的发展对解决世界贫困问题起着至关重要的作用。现如今，随着互联网的发展及在经济领域中的作用，贸易主体正从曾经的大企业逐步向小微企业和个体网商转变，世界各国电子商务交易平台如雨后春笋般快速崛起。

## 一、e-WTP 数字化平台

2016 年，马云在博鳌亚洲论坛提出建立世界电子贸易平台（Electronic World Trade Platorm，e-WTP）的倡议，旨在帮助中小企业、妇女和年轻创业者更方便地进入全球市场。因此，e-WTP 是一项由私营部门牵头并由所有利益相关者共同发起的倡议，旨在通过促进公私对话、分享最佳实践来培育电子贸易规则，并为跨境电子贸易（eTrade）的发展营造更加自由、创新和普惠、高效的政策与国际贸易商业环境。2021 年，e-WTP 在 6 个国家落地实施，分别是中国、马来西亚、比利时、卢旺达、埃塞俄比亚、泰国。

2020 年新冠疫情防控期间，欧洲多国跨境运力受限，而位于欧洲中心位置的比利时列日机场仍保持快速运转，成为欧洲抗疫救援物资中转中心。比利时与阿里巴巴于 2018 年 12 月签订协议，成为欧洲首个，也是当时唯一一个 e-WTP 共建国。合作达成后阿里巴巴旗下的菜鸟网络以列日为中心开展了大量智慧物流基础设施建设和航空、铁路等线路布局。这使得疫情防控期间大量抗疫防护物资得以高效运输，帮助欧洲受疫情影响严重的国家应对危机。基于以上国际背景，e-WTP 的提出既符合时代经济特点，又能解决中小企业国际贸易参与程度的问题。

## 二、eBay

eBay 线上购物、拍卖网站，主要营销模式为 C2C，其次是 B2C，因此全球消费者可以随时随地买卖各地产品，甚至每秒钟都有成千上万的产品进行拍卖及交易。报告显示：eBay 有来自美国、英国、中国、新加坡、泰国等全球 29 个国家的卖家，天天均有涉及几千个分类的成千上万件产品在销售，如今成为全球最大的电子集市。eBay 旗下有三个主要的平台：第一是 PayPal 支付平台，消费者在上面可以进行电子支出；第二是 eBay 网站，是网上交易平台；第三是 GSI 平台，是帮助零售商成为电商，为他们提供电商技术的一个平台。eBay 平台也是全球最大的电子商务平台之一。

## 三、亚马逊

亚马逊公司是美国最大的一家网络电子商务公司，位于华盛顿州的西雅图，是网络上最早开始经营电子商务的公司之一，成立于 1995 年，一开始只经营网络书籍销售业务，现在扩大了范围，已成为全球商品品种最多的网上零售商和全球第二大互联网企业。在公司旗下，有 Alexa Internet、a9、Lab126 和互联网电影数据库（Internet Movie Data Base，IMDB）等子公司。亚马逊作为一个世界级电商平台，目前平台商品数量多达 10 亿，网站月访问量超 1 亿，全球用户 3 亿多，无论是世界各地哪个市场，从流量角度来看，亚马逊都是跨境电商卖家首选平台。

## 四、速卖通

全球速卖通，又称“AliExpress”，在 2010 年正式上线，是阿里巴巴旗下唯一面向全球市场打造的线上交易统一平台，因此被称为“国际版淘宝”。速卖通对于国外消费者，有些国家地区可通过支付宝国际账户进行支付，并会使用国际物流公司发货到消费者。速卖通是阿里巴巴为了帮助中小企业实现与消费者直接沟通，针对批量小但是批次多的销售方式，而全力打造的订单、支付、物流为一体的线上交易国际平台。如今，速卖通已覆盖全球 220 多个国家和地区。现在进入速卖通的商家已超过一亿，也是全球较大的跨境电商交易平台之一。

## 五、Wish

Wish 是 2011 年成立的一家高科技独角兽公司，有 90%的卖家来自中国，也是北美和欧洲最大的移动电商平台。它使用一种优化算法大规模获取数据，并快速了解如何为每个客户提供最相关的商品，让消费者在移动端便捷购物的同时享受购物的乐趣，被评为硅谷最佳创新平台和欧美最受欢迎的购物类 App。Wish 旗下共拥有 6 个垂直类 App：Wish，提供多种产品类别；Geek，主要提供高科技设备；Mama，主要提供孕妇和婴幼儿用品；Cute，专注于美容产品、化妆品、配饰和衣服；Home，提供各种家居配件；Wish for Merchants，专门为卖方设计的移动 App。

## 六、典型平台运行模式对比分析

数字贸易平台最初是从 eBay 个人拍卖网站的 C2C 模式发展而来的，随着业务的发展，批发商、零售商逐渐上网，数字贸易业务逐渐成熟。

### （一）亚马逊全球开店、eBay、全球速卖通、Wish 的第三方平台模式对比

平台月租金或年费及销售佣金是每个平台卖家的固定成本，也是亚马逊、速

卖通、eBay、Wish 等第三方平台的固定收入，在收取方式和费用高低方面，四者有所不同。

通过亚马逊全球开店项目开设店铺需要收取店铺月租金和销售佣金。美国站 39.99 美元/月，欧洲站 25 英镑/月，日本站 4900 日元/月。根据不同商品种类，亚马逊平台会收取不同比例的佣金，一般为订单总金额的 8%～15%。入驻速卖通平台需要缴纳技术服务年费和销售佣金，不同经营大类技术服务年费不同，一般在 10000～50000 元。拥有良好的服务质量及不断壮大经营规模的优质店铺有机会获得年费返还奖励。不同品类，销售佣金不同，一般为订单总金额的 5%～8%。开设 eBay 店铺需要支付店铺月租金，基础、高级、超级店铺月租金依次递增，刊登商品需要支付商品刊登费，不同等级的店铺每月有不同额度的免费刊登数量，免费额度外的部分收费也不同，商品售出后需要支付销售佣金。在 Wish 上创建账户、开设店铺都是免费的，上传商品信息也不用支付任何费用，但会在卖出商品之后收取订单总额的 15%作为佣金。

除平台月租或年费及销售佣金外，各个平台还通过完善自身生态，提供物流、金融、引流推广等服务，收取服务费用。对于中国卖家而言，如果没有可靠的第三方物流，可以选择平台提供的物流解决方案，由后者负责仓储、订单处理、发货及逆向物流。而随着各大平台在全球范围内扩张并自建运营中心，平台也从不断扩张的物流体系中获益。

### （二）Amazon Business、阿里巴巴国际站

阿里巴巴国际站从数据的积累开始，利用数据驱动拓展贸易。阿里巴巴国际站的优势在于：成立时间长，知名度高；买家和卖家数量庞大；功能完善，拥有优质的客户服务和销售系统；生态完善，综合能力强，中小企业发展潜力巨大。劣势在于：诚信通会员扎堆，恶性竞争激烈；排名没有保障，普通用户与付费用户差异明显；采购商良莠不齐，客户含金量低；无效询盘诸多，客人回复率低，价格竞争激烈。

亚马逊的优势在于：庞大忠实且优质的客户群体；打通交易闭环；强大的物流体系 FBA 帮助客户打理发货，可管理后期的仓储、配送、物流，包括处理可能出现的退货问题；利润相对较高。劣势在于：门槛高；本土市场不足。

### （三）天猫国际、考拉、亚马逊海外购

天猫国际、考拉、亚马逊海外购平台特点对比见表 6-4。

表 6-4　平台特点对比表

| 平台 | 天猫国际 | 考拉 | 亚马逊海外购 |
|---|---|---|---|
| 模式 | 第三方为主 | 自营为主 | 自营为主 |
| 品牌数量 | 89 个国家和地区，超 4000 个品类，超 20000 个海外品牌 | 80 多个国家和地区，千余家品牌和优质供货商 | 10000 多个国际大品牌 |
| 保税仓 | 超过 100 万平方米 | 超过 100 万平方米 | 超过 70 万平方米 |
| 供应链 | 海外直供 | 平台优先 | 海外直邮 |
| 关键活动 | “双十一”等 | 3.28 周年庆等 | 黑色星期五、Prime Day 等 |
| 渠道通路 | 官网、移动客户端、线下店 | 官网、移动客户端、线下店 | 官网、移动客户端 |
| 价值主张 | 理想生活 | 我的美好世界 | 纯正海外货、服务本地化 |

# 第七章

# 数字贸易产品开发与创新

数字经济与传统经济相比，产品订购、生产、运输、交易、售后服务的方式都发生了彻底的变革，然而，不变的是，数字经济下的产品供给和需求的主体仍然是生产者与消费者，而数字产品的供求也仍然需要借助市场机制，在价格调节作用下实现均衡。

## 第一节　数字贸易产品特点

数字技术的兴起与大规模运用将会对传统产业各领域产生深远的影响，目前不管是学术界还是业界在数字产品与数字产业的划分上仍存有争议，结合数字经济的时代意义，可以宏观地认为从产品订购到到达消费者的全过程中，订购、生产、传输与交易任一环节中只要有数字技术发挥作用的产品就可被称作数字贸易产品。

### 一、数字贸易的产品类型

#### （一）根据产品用途性质的分类方式

根据数字贸易产品的用途性质，可以将数字产品分为三类，即内容性产品（特指通过网络进行传输和交付的内容产品，之所以与其他服务产品分设一类，是因为这类产品与服务性产品在交付方式、信度和可试性方面存在着差异）、工具类产品和服务性产品（内容性产品之外的其他服务性产品）。其中，工具类产品又可以分为两类，即各种软件和数字服务平台（社交平台和搜索引擎平台等）。数字服务平台不仅对数字产品（包括内容性产品、工具性产品中各类软件）提供平台，而且为货物和服务提供数字化服务。在数字服务主体方面，最主要的服务主体是个人消费者，还包括企业和政府。

#### （二）消除生产与使用物理界限的分类方式

数字产品都是比特流，消除了生产和使用物理界限的前提下，可以将数字产品分为三类：信息和娱乐产品，如纸上信息产品、产品信息、图像图形、音频产品和视频产品；象征、符号和概念，如航班、音乐会、体育场的订票过程，支票、电子货币、信用卡等财务工具等；过程和服务，如政府服务、信件和传真电子消费、远程教育和交互式服务、数字咖啡馆和交互式娱乐等。按照这种分类方式，又可以将数字贸易产品分为有形与无形两种，有形的数字产品是指基于数字技术的电子产品，如数码相机、数字电视机、数码摄像机、MP3 播放器、DVD、VCD

等，又称数字化产品，是指能经过数字化并通过数字网络传输的产品。

## 二、不同国家、地区对数字贸易产品的分类与界定

由于数字贸易产品的概念没有统一标准，世界各国、各地区基于各自发展实际，提出不同的分类标准。

### （一）欧盟

欧盟在 2000 年的欧盟委员会提案中提出，在增值税中应将数字产品视为服务。由此，直至目前在欧盟增值税制度中，数字产品一直被纳入到服务的范畴中。此后，欧盟在 2005 年的增值税议会条例中引入了“数字服务”这一概念。欧盟认为“数字服务”应当满足四个基本要素：必须通过互联网或者电子网络系统传输；本质上是自动提供的；人为干预最小化；离开信息技术将无法提供。另外条例还明确，通过网络邮件提供咨询服务、网络实时教学服务、在线购票服务等不属于数字化服务。对此，在欧盟增值税指令的附录中提供了说明性清单，该清单被欧盟增值税实施条例进一步扩展，分五个类型举例说明了其范围。具体如表 7-1。

除表 7-1 所列的正面清单外，欧盟还在增值税实施条例中列举 9 条负面清单以说明不属于数字服务的例子，主要包括：广播服务；电信服务；订单和加工以电子方式完成的货物；律师或财务等专业人士通过电子邮件提供的意见；课程内容由教师通过互联网或电子网络提供的教学服务；离线数据仓储服务；依赖于直接人工干预的传统拍卖服务（无论出价如何）；在线预订的文化、艺术、体育、科学、教育、娱乐或类似活动的门票；住宿、租车、餐饮服务、客运或类似服务在线预订等。

在条例中虽未说明其理由，但是纳税人基本上可以通过增值税指令中规定的四个基本要素去对照并理解负面清单。比如，对于专业人士通过电子邮件提供的意见而言，因其本质上需要人的高度介入，而此时网络不过是沟通的辅助性手段，因此对于这种情况就可以通过对比四要素中的“人为干预最小化”要素得出其不属于该范围的结论。

一方面，固定构成要素式的定义方式客观上缩小了“数字服务”的适用范围，特别是“本质上是自动提供的”和“人为干预最小化”两要素被认为可能造成了过度的限制，从而违背渥太华税收框架中的灵活性原则以及确定和简化原则。毕竟，即便在正面清单中列举的例子也无法完全排除人为干预，而最小化的界限似乎无法量化。而且，自动提供的本质其实也是人为介入下的自动提供，但对人为介入的程度尚不存在解释说明。

**表 7-1　欧盟关于“数字服务”的说明性清单（正面清单）**

| 类型 1：网站供应、网络托管、程序和设备的远程维护 | | | |
|---|---|---|---|
| 1 | 网站托管和网页托管 | 4 | 以电子方式存储并检索的在线数据仓库 |
| 2 | 自动化、在线和远程维护程序 | 5 | 在线提供请求式磁盘空间 |
| 3 | 远程系统管理 | | |
| 类型 2：提供软件及其更新 | | | |
| 1 | 访问或下载软件（包括采购及会计程序和防病毒软件）以及更新 | 4 | 在网站上在线自动安装过滤器 |
| 2 | 广告拦截软件 | 5 | 在线自动安装防火墙 |
| 3 | 下载驱动程序 | | |
| 类型 3：提供图像、文字和信息以及使用数据库 | | | |
| 1 | 访问或下载桌面主题 | 6 | 在线新闻、交通信息和天气预报 |
| 2 | 访问或下载照片、图片、屏保 | 7 | 由软件根据客户输入的特定数据自动生成的在线信息，例如法律和财务数据（特别是实时更新的股票市场数据等） |
| 3 | 数字化的书籍以及其他电子刊物 | 8 | 在网站或网页上提供横幅广告等广告空间 |
| 4 | 订阅在线报纸和杂志 | 9 | 使用搜索引擎和 Internet 目录 |
| 5 | 网站日志和网站统计信息 | | |
| 类型 4：音乐、电影、游戏（包括机会游戏和赌博游戏）以及政治、文化 | | | |
| 1 | 艺术、体育、科学、娱乐节目和活动 | 6 | 访问网络游戏或其他通过类似的电子网络进行的自动在线游戏（参加者远程参与游戏） |
| 2 | 在计算机和手机上访问或下载音乐 | 7 | 在用户的个人请求下根据用户选择的时间及节目目录收听或观看通过无线电或电视网络、互联网或类似的电子网络传输的无线电或电视节目，例如电视或视频点播 |
| 3 | 访问或下载铃声、片段或其他声音 | 8 | 通过网络或其他类似的电子网络（IP 流）接收不在广播和电视上传播的广播或电视节目 |
| 4 | 访问或下载电影 | 9 | 媒体服务商之外的人通过通信网络提供媒体服务商的音频和视听内容 |
| 5 | 在计算机或手机上下载游戏 | | |
| 类型 5：提供远程教学 | | | |
| 1 | 通过网络或其他类似的电子网络进行的，需要有限的人工干预甚至不需要人工干预的自动化远程教学（网络或其他类似的电子网络仅作为连接讲师和学生的手段的除外） | 2 | 由学生在线完成并无需人工干预而自动标记的作业簿 |

另一方面，采取具有固定构成要素的定义方式有利于应对层出不穷的新型数字产品，理论上只要符合特定的构成要素即可纳入数字产品的范畴进行对待。同时，这也对立法技术提出更高的要求，过于宽松或过于狭窄的定义都有可能引发争议。而事实上，再科学高超的立法技术也无法完全杜绝个案的挑战。可以想见，在欧盟目前采取的高度抽象化和主观化的定义方式之下，需要配合一定的机制高

效地解决具体个案的认定争议。

## （二）日本

日本于2015年消费税改革中引入了“电子服务”这一概念，并在增值税法基本通知中列举清单明确了其范围。与欧盟增值税指令不同的是，日本消费税法中并未列示任何固定的构成要素。根据日本消费税法的规定，“电子服务”是指在资产转让等过程中，通过电子通信线路提供作品（包括与该作品的使用许可相关的交易）以及其他通过电子通信线路提供的服务（使用电话、电信等通信设备传播他人通信的服务除外），但通知转让其他资产等的结果以及附随于其他资产转让等提供的服务除外。

日本消费税法基本通知进一步列示其范围包括：通过网络提供电子书；通过网络提供音乐、视频视听服务；通过网络提供软件使用服务；在网站上为其他企业等提供销售商品的位置的服务；提供在网站上刊登广告的服务；通过电话、电子邮件进行的持续性咨询等六项内容。但不包括：位于国外的进行管理、运用等的资产受托方，将其管理等的状况通过网络或电子邮件报告给委托方；受托开发软件的企业在国外进行软件开发，通过网络或电子邮件向委托方发送软件的完成品等两项。

在执行层面，日本国税厅发布指南进一步细化列示了属于上述范围的典型例子和不属于上述范围的例子。比如在指南中列示属于“电子服务”的例子包括：通过网络提供电子书、电子报刊、音乐、视频、软件服务；云端软件和数据库服务；云端数据存储服务；网络广告的播放与刊载服务；为客户提供网络购物和拍卖网站服务；允许客户通过网络贩卖游戏软件等产品的服务；在线住宿饭店预约网站；在线英语课堂等八项。不属于该范围的例子主要包括：电话、传真、电报、数据传送、网络线路等仅作为信息传输的媒介的；软件制作；境外资产管理；委托境外主体收集和分析信息；境外法律专家在境外进行的诉讼等五项。

值得一提的是，日本国税厅在列示负面清单时详细说明了相应的理由，这有利于纳税人和税务机关理解和执行规则。比如，日本国税厅说明，委托境外主体制作软件时，虽然其成果的受领和制作过程中的指示可能是通过网络进行的，但是在该交易中互联网的使用毕竟附随于软件的制作这一其他类型的资产转让，因此该情况并不属于“电子服务”。这可以与日本消费税法中“附随于其他资产转让等提供的服务除外”的概念表述相印证，客观上起到了解释说明作用。

总体来说，日本对数字产品的定义分为三个层面。首先，在消费税法的层面界定概念，框定一个大范围。其次，在基本通知这一级别的文件中围绕消费税法中的概念列示典型的例子。最后，在执行层面由国税厅发布指南提供更为具体的指引，并为一些容易发生误认的例子做出说明。清单式的方式客观上便于纳税人和税务机关迅速识别一些典型的数字产品并做出判断，从而减少过于抽象的表述可能带来的税收遵从及执法的成本。但是，应用场景在数字产品的界定中需要关注的问题是，面对层出不穷的多样化数字产品，清单能否及时更新并予以覆盖的问题。此外，日本消费税法中关于“电子服务”的定义过于宽泛，难以为纳税人和税务机关对尚未被清单所涵盖的服务提供较为明确的判断依据和指引。

## 三、产品数字化特征

从数字产品的定义中无法直接得出定性的结论，数字产品特征的探讨主要为了与传统产品形式进行区分。依据数字产品的现有研究，可将数字产品的内部与外部特征总结如下：

### （一）外部特征

以无形的数字形态为主。产品是否具有物理外观为区别货物和服务的重要标准和依据。科技却将这一标准打破，具有货物特点的产品也可以是无形的。数字产品既可以物质载体的形式（如光碟、纸张）通过互联网达成协议，在线下完成交付，即电子商务模式；也可脱离储存介质，以数字编码的形式通过互联网完成线上交付。因数字产品不具有实物形态，不需要占据空间，所以便于流通、复制、修改和存储。在生产形式方面，数字产品不同于传统的运输和制造。数字产品一经研发，便可低成本地大量生产和复制，无需入库管理。数字产品贸易将生产和消费直接连接，极为便捷。借助数字技术，将产品数字化，使得数字跨境贸易成本与国内生产销售总成本相差无几，这一特点让数字贸易与生俱来全球化的优势。“可数字化”是指可以通过数字技术将复杂的信息转变为可以度量的数字和数据，数据传输的规制也成为各国在数字产品定性问题上争执不休的焦点所在。例如音乐专辑，传统的音乐专辑是将音乐刻录在磁带等有形媒介上，通过运输在线下完成交易。消费者需要购买专辑及播放设备才能听到特定的音乐。这个过程不仅费时费力，且不利于音像制品的保存，一旦光盘或者磁带损坏，只能报废处理。但数字音乐专辑不同，减少了运输和包装以及商家的中间费用，通过平台购买版权允许用户收费试听和下载，无论是贸易形式还是售价上都更加便利和亲民。再者，无需另行购置播放设备，只要有手机、平板电脑、笔记本电脑等智能产品都可通过连接互联网实现线上收听、购买、下载的功能。数字技术给文化产品的发展带来了革命性的变革，使得文化产业空前繁荣。只需要将“内容”数字化，这类产品就可以通过网络传播到世界上任何一个角落。只需要简单操作，数字产品就可以跨越大西洋、太平洋到达任何一台电脑终端。数字产品的无形性使其在跨境贸易中拥有明显的优势。

### （二）内部特征

数字化的发展，极大地改变了产品的形态和贸易方式，从而推动了文化产业的快速发展。数字文化产品在跨境贸易中占据了大部分份额，文化属性极为显著。不同于一般的消费品，文化产品承载着一国的历史和文化内容，文化产品的传播属于文化的输出，将对受众的价值观和认知产生直接影响。以韩国为例，韩国是世界上最早制定文化产业促进法的国家，《韩国文化内容产业促进法》是全球最早的文化产业促进法，该法明确规定政府对开发、生产和传播数字文化内容的人给予丰厚奖励。《网络数字内容产业发展法》中规定了具体的促进事项，有利于韩国数字内容产业竞争力的提升。韩国政府通过一系列法律为数字文化产品的发展构建了良好的市场环境，重视数字文化产品的跨境贸易，使得韩国文化产品传播范围扩大形成文化优势。数字文化产品的广泛传播产生了强大影响力。文化对国家来说有着独特和重要的意义，包括了语言、文字、历史、民俗等具有共情性和民族认同感的内容。而境外质量参差不齐的文化产品通过数字化在网络空间自由传播将对一国的文化产业和文化市场产生严重打击。20 世纪 90 年代，以“快餐文化”为代表的美国娱乐业兴盛，逐步呈现出“主导全球文化”的态势。在视听领域，由美国 Hollywood 电影公司制作的影片占据欧洲市场的份额超过 80%，而欧洲电影仅占美国市场的 2%。欧洲国家在《跨大西洋贸易与投资伙伴协议》中提出将“电影和数字媒体”排除于贸易谈判之外。电视剧、电影、书刊和音乐恰恰是传播最广和销售最多的数字文化产品，这些产品在跨境数字贸易中最为活跃，因数字产品承载的文化属性，使得国家政府对数字产品的传播极为重视。2000 年，因雅虎拍卖的网址涉及纳粹，引发种族主义不满。巴黎高院裁定雅虎需要采取有效的过滤措施。2013 年斯诺登事件爆发后，更多的国家为了保护本国文化及数据传输的安全开始采取严格的数据本地化措施，跨境数据无法自由流通在一定程度上阻碍了数字贸易自由化发展。数据保护和网站过滤等措施都对美国大型互联网、搜索引擎企业造成了一定的冲击，使得发达国家对此极其不满。

### （三）存货形态无形化

物质产品，包括原材料、产成品、库存商品等都表现为一定的实物形态。但数字化产品的形态是无形的，既没有实物形态的产品，也无需有形的仓储设备，更不存在库存数量的问题。无论是作为“原材料”的数字化产品（如计算机硬件商购买的机载软件），还是作为企业主营业务的数字化产品（如计算机软件、多媒体产品等），数量上都是取之不尽的，可无限供应。因此以传统的会计分类方法为基础进行评估无法真实反映数字化产品的价值。

### （四）生产过程虚拟化

物质产品，即使是跟数字化产品较接近的出版印刷品，其生产过程也表现为产品从原材料形态，经过若干生产步骤最后形成产成品的过程。生产的每个步骤，都是具体明确的。但数字化产品的生产过程是虚拟化的。一般的计算机软件进入市场前要经过两个阶段：一是研制开发阶段；二是制作、附件配备、包装直到入库待售阶段。前者一般为研发阶段，后者为生产阶段。而对数字化产品来说，如果研究开发过程不作为其正常的生产过程，那么数字化产品本身就没有生产过程。数字化产品生产的概念需要重新定义。

### （五）收益模式自由化

物质产品的交易，一般以出售商品的所有权或控制权，以此来获得收入权。因此，物质产品交易采取确定价格的直接收益模式。但数字化产品交易除个别产品，如在线音乐、影视等可采取直接收款的方式外，大都采取先提供产品，由顾客自由决定是否付款以获取进一步的使用权的自由收益模式；或为了扩大市场份额，无需付款，而是采取其他手段实现收益的间接收益模式。

## 四、数字平台服务串联各方要素与服务

数字经济时代下，数字平台规模发展迅猛，成为全球经济发展中的重要力量。我们将平台定义为以数据、技术等新型生产要素为核心开展经营的，生产要素沉淀、分发、流转和交叉融合的处所，具备非竞争性、网络效应、规模效应、范围经济等诸多特点，使数字平台具备众多传统商业没有的优势，如较高的成长天花板、爆发性的成长速度、多边网络效应带来的黏性和重组产业链的颠覆性创新能力。

### （一）数字平台产生背景

不同组织对数字平台的概念做出了界定。联合国 2018 年发布的《数字经济报告》中指出，数字平台是一类基于平台商业模式的数字生产单位，平台为不同端口的用户提供了在线互动的窗口。数字平台不仅是数据的中介，也是数字的基础设施。经济合作与发展组织将在线平台定义为“数字服务，即促进两个或两个以上不同但相互依存的用户（无论是公司还是个人）之间的相互作用，这些用户通

过互联网使用产品或服务”。国家统计局在2018年发布的《“三新”产业统计分类》中，将数字平台产业定义为：“获得电信主管部门批准（具有ICP业务经营许可证），仅为第三方提供服务的互联网平台，不包括企业、事业、机关自营的互联网平台”。帕克等人将其定义为“基于实现价值而创建的外部生产者和消费者之间的互动的商业平台。该平台为这些用户提供了一个开放的、参与式的基础设施，并为它们设置了治理条件”。根据各组织对数字平台的界定，本书将数字平台定义为可以收集、处理并传输进行生产、分配、交换与消费等经济活动信息的共享虚拟平台，它为生产与再生产活动提供基础性的算法、数据存储、工具和规则。

数字平台在前数字经济时代同样以集市等方式存在，但数字经济中的平台型企业无疑具备更大的规模。特别地，广袤的中国市场成功孕育出了众多优秀的平台型企业。中国的平台型企业从门户网站起步，渐渐地，搜索、社交等领域的平台型企业也登上舞台；随后，以电子商务领域为突破，平台型企业开始向物理世界渗透；之后“吃喝玩乐”“衣食住行”等各个领域逐渐都被平台型企业渗透、改造。时至今日，我们看到产业数字化正愈演愈烈，有望成为下一大型平台型企业的摇篮。从中美对比来看，美国是PC互联网时代的全球领先者，而在移动互联网浪潮中，中国凭借广泛的网民基础和出众的网络基础设施建设，已成为全球数字平台经济的第二极。

### （二）数字平台的类型与特点

国际组织和学者对数字平台的分类各有不同，由于在线平台在全球不同的行业领域不断发展，没有一种类型可以覆盖所有的在线平台。所以要根据研究方向选择分类标准。联合国贸易和发展会议建议根据用户是否显性支付，将这类单位分为两类，即存在显性支付的数字平台，与不存在显性支付的其他数字企业。OECD确定了七种主要的数字平台类型，分别为电子商务平台、在线搜索平台、金融科技平台、在线分享平台、在线社交平台、在线匹配平台、在线众包平台。

数字平台型企业的特点。数字平台是生产要素沉淀、分发、流转和交叉融合的处所，而数字平台型企业是平台的提供者，基于数字平台来连接核心价值的创造者和用户。数字平台型企业并非数字经济时代的新鲜产物，在前数字经济时代，同样存在着从集市、商场到对上下游的生产要素起支配作用的区域级别的大型、巨型平台型企业。但在数字经济时代，由于互联网下生产要素流动便利性的迅速提升，我们观察到在全球范围内涌现了一大批更大规模的平台型企业，其对于社会生产活动的影响远超以往，并为众多领域带来了深刻的影响和变革。

数字平台企业是一种建立在虚拟网络上的中介组织，连接了两边或多边的用户，用户之间存在着交叉网络效应，通过搭建平台和基础设施获得收益。数字平台企业有三大特征：提供中介服务；连接几种不同类型的用户；通过数字产品和服务获得收益。

受益于平台的特质，平台型企业往往具有传统企业所不具备的能量。第一，非竞争性。传统企业的经营活动大多依赖于消耗性生产资料，其经济活动的边际成本不能降为零，规模效应也因此受限。而对于平台型企业，数据作为其生产资料几乎没有复制和传输成本，单个用户的使用不影响其他用户的使用，也不会增加企业的供给成本，比如一款网络游戏，当在线娱乐的用户数量增加，新增成本几乎为零。凭借这一特点，平台型企业可以为众多用户服务，其产能以及规模效应往往不具有明确的上限。第二，网络效应。社交平台具备典型的同边网络效应，出于社交需要，用户往往会偏向于加入使用者更多的社交平台，比如海外的Facebook以及国内的微信；同时由于平台沉淀了社交关系，对于单个使用者的切换成本较高，甚至是不可替换的。而电商这样的双边市场具有较强的跨边网络效应，商家数量和种类的丰富能够招徕更多的消费者进入平台购物，而消费者数量的增多又会吸引更多商家的加盟，进而实现跨边的、非直接的网络效应。第三，规模效应。一方面数据具有规模效应，以贝壳为例，在贝壳上的房源信息一旦上架，不管多少使用者去获得这个信息，其成本几乎没有差别。另一方面技术也具有规模效应，以阿里云为例，其平台上的功能一旦被开发出来，无论供多少客户使用，其边际成本都是较低的。反过来看，更大的规模可以给予平台更多的资金支持后续的研发和升级，从而逐渐形成竞争壁垒。第四，范围经济。bilibili 是国内动漫、游戏领域的视频平台，通过对平台上用户观看行为的分析，bilibili 可以很好地掌握当前流行的动漫以及游戏类型，因此之后公司在开展动漫、游戏代理业务时也“如鱼得水”，针对平台上用户的需求选择最合适的内容进行发行。范围经济使得平台型企业能够进入更多的业务领域，进一步助推了大型平台型企业的诞生。

平台的非竞争性、网络效应、规模效应、范围经济赋予了平台型企业向全球辐射的能力。传统企业的发展往往会受到地域、国界的限制，而平台的中心企业受益于经济全球化，能够成长为国家级体量的巨型经济体。

### （三）数字平台型企业的商业模式

数字经济时代的商业模式有两个核心的价值创造要素：平台化和货币化。数字平台企业发挥了数据提供者和数据消费者中间桥梁的作用，数字平台企业具有数据聚集、处理、传输、存储、分析和理解数据的能力，利用自身的数字技术形成数据产品，吸引数据提供者提供基础数据，吸引广告商、第三方公司购买数据产品。数据驱动商业模式主要包含获取数据流、将数据货币化、为第三方公司创造价值、为消费者创造价值这四个模块。数据货币化途径有两类：依托数字技术提供数字服务；依托数字产品吸引流量，通过广告实现商业化。

数字平台企业商业模式中有三个重要主体，分别是用户、数字平台企业以及第三方企业。用户借助数字平台提供的数字产品或服务实现信息共享、查询、购买等需求，直接或间接支付平台费用。用户为平台带来海量数据和流量，为平台进行数据商业化提供初始来源，用户的直接购买为平台带来直接经济收益。数字平台通过一系列价格低廉甚至免费的数字产品和服务吸引用户，利用网络效应积累用户，获得海量数据。大部分数字平台的用户构成比较复杂，通常按照是否产生直接交易将用户分为免费用户和付费用户。第三方企业包括广告商、数据购买方等，这些企业是数字平台企业主要的收入渠道。随着互联网用户的增长和新媒体的普遍推广，平台用户群体庞大，覆盖大部分消费年龄群体。线上平台大数据分析技术将广告定投到目标客户，广告的曝光量和推广效果日益增强，是广告商理想的营销选择。数字平台也利用自己的流量优势和数据处理能力从广告商手中赚取高额广告费。

### （四）数字平台型企业经营现状

以数字平台为基础的经济正在快速上涨。荷兰转型论坛在2018年对领先数字平台公司的研究估计，2017年它们的总市值为7.1亿美元，比2015年估计的4.304亿美元高出65%。7个“超级平台”，即美国的微软、苹果、亚马逊、谷歌、脸书和中国的腾讯、阿里巴巴超过2017年世界总市值的一半，达到三分之二的高值，可见数字平台企业在世界经济中的影响力。2018年和2019年，苹果、亚马逊和微软的市值都超过了1万亿美元。大型科技公司已经渗透到人们生活的许多方面，从购物、出行到社交互动，改变了社会生活方式和全球商业格局。2009年只有微软一家科技公司在市值排名前10位的全球公司中。2019年，该榜单包括5家技术公司，以及亚马逊、阿里巴巴两家大型数字平台企业。2019年，全球平台保持快速增长态势，全球市场价值超100亿美元的数字平台企业达74家，价值总额达8.98万亿美元，同比增长41.8%。全球市值最高的10家公司中，有7家采用了基于平台的商业模式。在这7家数字平台中，有5家是美国公司，2家是中国公司。

当前数字平台的市场处于寡头垄断。在线平台在市值方面排名前七的是阿里巴巴、阿尔法特、亚马逊、苹果、脸书、微软和腾讯。在全球70大数字平台的市值中，美国和中国占90%。大多公司类似苹果、亚马逊、脸书、推特、网飞等实力雄厚占据主导的龙头公司基本来自美国。谷歌占全球搜索引擎份额的90%，脸书控制了全球媒体市场近70%的份额。同时这两家公司共同掌握全球数字广告近65%的市场。全球云服务市场则被亚马逊占据了1/3的份额。目前中国在5G、云计算等领域发展较快，依托庞大的消费者市场在电子商务、社交网络等方面已经处于全球领先地位，同时阿里云、腾讯云也在快速追赶，整体来看中国的数字贸易发展潜力巨大。

### （五）下一代数字平台型企业

产业数字化是下一代平台型企业的摇篮。中国工业基础雄厚，有成型的产业集群，流通行业扎实，在线支付高度普及，为产业数字化提供了良好的发展基础。随着5G、云计算、区块链、人工智能、大数据、物联网等新兴技术的发展，我们认为产业数字化的场景将进一步丰富，有望在新基建的推动下进入新一轮向上周期。下一代巨型平台型企业将是在产业数字化中诞生的，能够提供大规模、高质量、创新性的定制化服务能力的企业。中国的平台型企业也将在这新一轮的发展中，走出国门，服务全球更多的市场。

### （六）数字平台串联各方要素与服务的动能

新兴技术的发展为数字平台串联各方要素与服务提供底层支撑。过去3G/4G移动互联网的发展，通信及流量资费的降低为数字的发展提供了优质的土壤。数字平台以资源作为网络的节点，除了人以外，更包含了众多物理世界的机器和设备，从量级上与传统资源平台相比是几何倍数的升级，因此需要5G+AI+云计算+物联网+区块链等新兴技术的发展作为平台发展动能。缺乏了与之相配套的底层技术，数字平台就如“空中楼阁”；而反过来底层技术的跃进也将为数字平台强本固基。

在数字经济时代下，经济和社会活动不断拥抱数字化，使用新技术、新方法、新模式不断自我革新，涌现出大量数字平台型企业。这些数字平台型企业从互联网的虚拟世界起步，逐渐渗透在消费生活的方方面面（“消费互联网”）。近些年，随着我国数字经济的进一步深化和发展，数字平台经济正加速向生产活动的上游进发，形成了新的“产业互联网”。2018年，互联网平台应用生态带动的就业机会累计增加6000万个，数字平台型企业已经成为我国国民经济中的重要组成部分。在全球范围内，数字平台型企业同样成为经济、社会和政治互动的重要组织形态。全球市值最高的20家企业中平台型企业见图7-1。

时至今日，数字平台型企业发展的方向已经从消费互联网转向产业互联网、产业数字化。产业互联网/产业数字化即是通过结合数字技术、互联网和传统企业，寻求新的管理模式、商业模式、服务模式，创造更高价值。产业数字化不只是企业内部的互联网化、数字化，而是从研发、生产、交易、流通等各个环节以数字技术打通上下游，提升协同能力，延展企业边界，重塑产业链。首先，企业报酬的递增受到协调成本等因素的制约，因此企业存在最优规模。著名经济学家科斯在《企业的性质》中提出利用价格机制是有成本的，企业存在的价值是企业内部的交易成本小于企业外部的交易成本。当企业的边界扩展到内部的交易成本开始大于市场上的交易成本时，企业停止扩张，利润达到最大化。我们认为数字经济时代下，平台上的企业外部交易成本下降，中小型企业（SMB）获得平台赋能后，借助平台独立出来发展的案例层出不穷，比如自媒体等。同时，位居核心的平台型企业能够超越旧时代下常见的企业边界，进一步延伸，协同产业上下游，使得行业进一步集中化，最终形成大型的“社会级商业创新平台”。

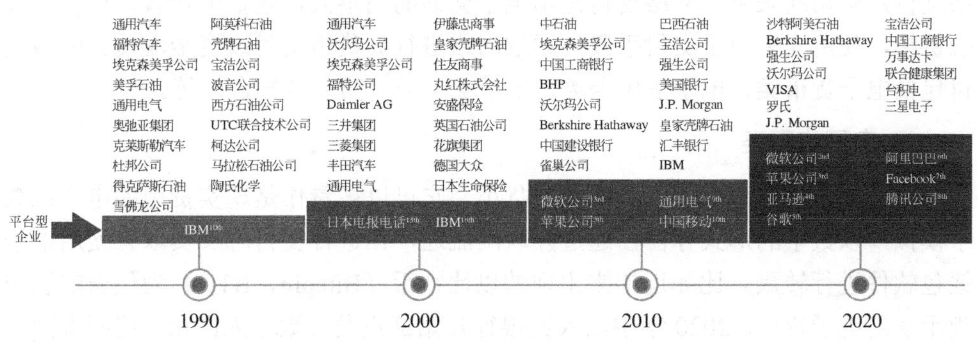


图 7-1　全球市值最高的 20 家企业中平台型企业

# 第二节　数字贸易产品开发的技术基础

贸易是人类社会最重要的经济活动，在数字化技术的带动下，贸易方式也无可避免地发生了颠覆性的变化，目前人类社会正迈入以数字贸易为核心的第四次全球化浪潮中。

## 一、信息技术

纵观人类的发展史，每一次技术革命都会颠覆原有的生产生活方式。由电子计算机的诞生和互联网的普及所带来的信息技术革命更不是一个例外。从 20 世纪 90 年代互联网开始普及到今天，仅仅 20 多年的时间，信息革命已经推动人类社会产生了翻天覆地的变化。数字贸易具有两个层面的含义：一是贸易方式的数字化，即传统的贸易将通过电商平台在互联网上进行；二是贸易对象的数字化，即销售的产品或提供的服务以数字或数据的形式在互联网上提供给消费者。无论从哪个层面来看，都少不了计算机网络这个最基本的基础设施。网络是数字贸易活动的基础，进行数字贸易的各方，包括卖方、买方，还有银行等金融机构都要在网络的平台中密切合作，才能最终实现贸易活动。网络为数字贸易提供了硬件保障和操作环境。

### （一）网络支付

支付在贸易环节中的重要性毋庸置疑，没有支付，贸易就无从谈起。随着贸易模式的数字化，支付方式和手段也必须适应数字化的要求，由传统的现金支付、支票支付等方式转变为基于现代网络技术的数字化支付方式。这种方式被称为网络支付，确切地来讲，网络支付是指电子交易的当事人，包括消费者、厂商和金融机构，使用安全电子支付手段，通过网络进行的货币支付或资金流转。网络支付包括电子货币类、电子信用卡类、电子支票类、第三方平台类等。

#### 1. 电子货币类

电子货币也称为电子现金或数字货币，它可以被看作是现实货币的电子或数字模拟，以数字的形式存在，通过互联网流通，在进行支付时买卖双方使用电子钱包软件进行转账。比如近年来出现的以比特币（Bitcoin，BTC）为代表的加密货币就是电子货币。2020 年中国人民银行开始试点发行数字人民币。这两者同为电子货币，但有着本质的区别，以比特币为代表的加密货币并非国家银行发行，是去中心化的，但数字人民币是中国人民银行发行的、以国家信誉为担保的法定货币。

#### 2. 电子信用卡类

电子信用卡支付是在网上使用信用卡进行支付的方式，在进行支付时需要通过加密连接对信用卡敏感信息，如卡号、卡片验证值（CVV）码、持卡人姓名和住址等进行传输。信用卡发行公司会对在线商家的资质进行审核，在交易时需要认证客户、商家和信用卡发放机构，从而避免欺诈和抵赖的行为发生。目前世界上最大的电子信用卡支付系统有 VISA、MasterCard、American Express 等。近年来，电子信用卡支付成为电子商务在线交易中最重要的支付途径之一。

#### 3. 电子支票类

电子支票和传统支票有着相同的功能，利用纸质支票的电子替代形式，使用数字签名和自动验证技术来确定合法性，然后将钱款从一个账户转移到另一个账户。用电子支票支付，事务处理费用低. 而且因为是账户资金的转移，不涉及透支额度或者预支付，所以成功率高，消费者付款后也很难赖账，因此是非常有效的支付方式。国内各大银行推出的网银本质上就是一种电子支票类支付方式，当用户在线支付时，浏览器需要安装银行为用户生成的电子签名/证书（或使用 U 盾等）进行验证，验证通过即可进行转账。

### 4. 第三方平台类

这一类也是目前互联网上使用最为广泛的支付方式之一，商家和客户的银行信息被托管给值得信任的第三方机构/公司，这些第三方公司向商家提供支付网关，商家通过支付网关来连接第三方支付平台。当要对某交易进行结算时，公共互联网上只传送订单信息、支付确认信息等，无敏感信息的传输，真实的转账由第三方作为中介从支付方账户中获得资金并转移到收款方账户。这种支付类型为个人和大量微小型企业的在线业务提供了可被买卖双方接受的支付方式。目前全世界最大的第三方支付类平台是美国 eBay 公司旗下的 PayPal，除此之外，市场占有率高的还有荷兰的 GlobalCollect，英国的 worldPay、Moneybookers，中国的支付宝（Alipay）、微信支付、e 支付，澳大利亚的 eWAY、Paymate 等。无论哪种支付方式，都需要有特定的电子系统的支持才能实现最终的支付。

### 5. 网络支付涉及的参与者

第一，是客户。一般是指在互联网上利用电子手段进行交易的付款方，他们可以是个人或单位。如果支付方式是类似比特币的加密数字货币，那么客户只需要知道收款方的钱包地址，然后通过向去中心化的、开放式的区块链系统添加记录来完成转账。第二，是商家。可以是个人或实体，一般是电子贸易中的收款方，在以法定货币进行结算的交易中，他们需要根据客户发出的付款信息向金融机构提出结算请求。商家往往会提供自己的网站并为网站配有专有的支付服务器，用于和金融机构进行连接处理业务。第三，是认证中心。是交易各方都信任的第三方中介机构，主要负责对交易中各方身份进行核实认证，当确认身份后会向各方发放数字证书，交易中各方的电子设备通过数字证书确认彼此的身份，从而确保交易安全平稳地进行。第四，是支付网关。是位于银行内部网络和公共互联网之间的一台或一组专有服务器，这些服务器由银行维护，向外界网络提供进入银行内部网络的安全接口。支付网关通常需要对银行内部网络和公共互联网之间交互的数据进行格式（协议）转换，并进行必要的加密解密。外部商家必须通过支付网关才能向银行申请结算交易。第五，是客户银行。是指客户所使用的银行，在交易中通常是支付方。客户银行需要为客户提供支付工具（如电子信用卡、签名证书等），并保证与其他金融机构之间转账的平滑性和成功率。第六，是商家银行。就是为商家提供资金账户的银行，通常商家银行会向商家提供支付网关的链接地址以及凭证信息。当交易发生时，客户向商家的网站提交了订单和支付指令，商家的支付服务器会发起向支付网关的链接，将支付指令递交给银行，发起结算申请，商家银行此刻会向客户银行发出支付授权请求，最终完成转账支付。第七，是金融专网。金融专网是指在银行或第三方金融机构平台内部所使用的专有网络系统，这些系统自身具有很高的稳定性和安全性，并与外界隔离，只能通过特有的接口/网关进行信息交流。

## （二）安全技术

电子支付系统是依赖网络实现的，所以要保证网络本身的安全。关于这一点TCP/IP尽可能保证了网络对信息的传输，但对于安全性则显得有些力不从心。为了让传输的通信数据不被窃听或篡改，安全支付协议在数据传输时采用了HTTPS（Hyper Text Transfer Protocol over Secure Socket Layer，超文本传输安全协议）、SSL（Secure Socker Layer，安全套层）/TLS（Transport Laver Secure，安全传输层）协议SET（Secure Electronic Transaction，安全电子交易）协议。

### 1. HTTPS

HTTPS是对HTTP的改进，HTTP在传输数据的时候是明文传输，通信双方中间的节点很容易对通信内容进行窃听、篡改和冒充。为了提高安全性，HTTPS将传输数据通过SSL/TLS进行加密后，再通过HTTP进行传输。这里TLS是SSL的升级加密协议，现在使用的都是TLS协议，不过很多时候习惯上依然称之为SSR协议。在介绍SSL/TLS之前，我们先了解一下两种常用的加密模式：对称加密和非对称加密。

### 2. 对称加密

指的是对数据的加密和解密都使用相同的密钥。这种加密算法相对简单，加解密速度都比较快，易于使用，加密方使用某个密钥对数据加密，将加密后的数据发送给接收方，接收方收到数据后使用同一套密钥进行解密即可。这种算法只要保证通信双方在交换密钥时不发生泄露即可，因此密钥的交换是确保对称加密算法有效性的关键部分。目前常用的对称加密算法有数据加密标准（DES）、高级加密标准（AES）、RC2、RC4、Blowfish等。

### 3. 非对称加密

指的是对数据加密和解密所用的密钥不同，我们把用于数据加密的密钥称为公开密钥（公钥），公钥可以对外公布，任何人都可以使用公钥对数据进行加密；被加密后的数据只能由专用密钥（私钥）进行解密，而专用密钥则作为机密只能由解密人掌握。非对称加密算法的好处是不用担心密钥的交换，加密密钥本身就是公开的，任何人要给接收人发送加密数据，都可以使用该接收人已公开的公钥进行加密，然后将加密后的数据发送给接收人，接收人则使用只有自己才有的私钥进行解密，而没有私钥的人是无法对数据进行解密的，这便实现了没有密钥交换的加密传输过程。如果私钥拥有者使用私钥进行加密，则任何人都可以使用公钥进行解密。非对称加密算法较为复杂，加解密的速度要远慢于对称加密算法。常用的非对称加密算法有 RSA（Rivet、Shamir、Adelman）和 ECC（椭圆曲线加密）等。

### 4. 算法

在计算机加密领域，常常将对称加密算法和非对称加密算法结合起来使用，从而实现更加高效、完整的加密系统。在这一领域中，还有一项关键技术，我们也有必要进行了解，那就是哈希（Hash）算法。

哈希算法是一种单向算法，也就是说如果我们把它当作一种加路算法来看，那么经过哈希算法加路的数据是无法被解密（还原）回原来的数据的。这样看似哈希算法并没有什么用处，然而哈希算法还有另一个特点：任意信息经过哈希算法处理后都会生成一个特定长度且独一无二的字符串（哈希值）。当这两个特性结合在一起哈希算法就变得非常有用了，常用于不可还原的密码存储和信息完整校验等地方。常用的哈希算法有 MDS、SHTA（安全散列算法）等。

### 5. 数字签名

SSL/TLS 的基本思路是采用非对称加密法，即客户端先向服务器端索要公钥，然后用公钥加密信息，服务器收到密文后，用自己的私钥解密。但这里有两个问题，一个是安全漏洞，另一个是效率问题。安全漏洞：在服务器向客户端传送公钥时依然是明文传送，如果此刻在服务器和客户端之间有一个恶意节点，那么该恶意节点可以轻松地篡改公钥，然后冒充服务器与客户端进行通信。为此我们引入了证书，证书由权威机构对网站（域名）所有者进行验证后颁发，证书中包含站点的公钥，那么浏览器只要确认证书没有问题，也就确认了公钥是没有被篡改过的，以此解决了漏洞问题。效率问题：非对称加密算法的计算量过大，导致通信效率降低，为了提高通信效率，数据的传输改为对称加密算法，对称加密算法中密钥的交换是关键。服务器和客户端相对于双方都不是固定不变的，因此不可能采用事先确定好的密钥，事实上每次客户端和服务器进行会话的密钥都是在确定本次会话时由客户端生成的，被称为“会话密钥”，客户端利用服务器的公钥对会话密钥进行加密，然后发送给服务器，服务器利用自己的私钥解密出会话密钥，此后两者之间使用会话密钥进行对称加密通信。SSL/TLS 巧妙地利用了两种加密算法，既保证了通信双方的安全性，也保证了通信的高效性。

解决公钥传输的问题是通过数字证书来确保公钥的完整性和正确性，在进一步阐明数字证书技术前，我们先来看数字证书的技术基础——数字签名。

数字签名在现代计算机认证技术中发挥着重要的作用。数字签名与传统纸质签名的差别在于纸质签名通过笔迹来判断是否是本人，无法对内容是否修改过进行判断，但数字签名不仅可以判定信息发送方是否为本人，也可以确保信息在传输过程中未被修改过。

数字签名的原理是：发送方首先对要发送的信息进行哈希处理，得到一个唯一的哈希值，这里通常称之为“报文摘要”。然后发送方使用自己的私钥对报文摘要进行加密，形成数字签名。发送方在发送原始信息时会把数字签名附带进来一起发送。接收方收到带有数字签名的信息后使用发送方的公钥进行解密，如果解密不成功，说明发送方可能是冒充的（发送方没有真实的私钥），如果解密成功则会得到报文摘要，这时接收方对收到的信息同样进行一遍哈希处理，产生自己计算出来的报文摘要，这两个报文摘要进行对比，如果两个报文摘要绝对一致，说明收到的信息和发送方发送的信息一致，未被修改过；但若不一致，则说明收到的信息并非发送方的原始信息。

### 6. 数字证书

其本质就是一个带有一些借助信息的经过数字签名的公钥。当某个商家开始开启自己的电子商务网站，那么在支付页面必须使用 HTTPS 来进行数据传输，也就是说商家必须先拿到含有自己网站（域名）公钥的数字证书。这里签发和管理数字证书的机构被称为认证机构（Certificate Authority，CA），CA 往往是一些具有一定资质、公信力好的大型企业、非营利组织或网络管理机构，每个 CA 都有自己的根证书。当一家企业向某个 CA 申请自己域名的数字证书后，该 CA 会检查申请者身份的合法性，以及是否对申请域名具有使用权等信息，核实无误后，CA 会为该域名发行一个属于自己根证书下的数字证书。在申请的过程中，企业往往需要递交相关的身份证明材料并支付一定的费用。企业拿到数字证书后便可安装到自己的企业服务器上，开启安全超文本传输协议。

在客户端层面上，浏览器在出厂前会预置好各大 CA 的根证书，因此当浏览器遇到有这些根证书签发的数字证书后会默认接受该证书的合法性。普通用户在浏览时遇到无资质的企业或个人发行的证书时，浏览器会发出警告信息，阻止用户继续访问网站，从而保护普通用户。

数字证书的用途不仅仅是开启网站的 HTTPS 服务，它还被广泛应用于发送安全电子邮件、网上签约、网上缴费、网上炒股、网上报关等方面。

#### 7. SET 协议

SET 协议是由 MasterCard 和 VISA 联合微软、IBM 等公司于 1997 年推出的一套专注于信用卡在线支付的安全通信协议。其使用的技术与 SSL/TLS 类似，也是基于数字签名、数字摘要、数字证书等技术，但 SET 协议比 SSL/TLS 复杂得多。SSL/TLS 提供了从客户端到服务器端的安全连接传输，适合于各种网络应用环境，而 SET 协议则是专注于保障网上购物信息的安全性。SET 提供了消费者、商家和银行之间的认证，确保了交易数据的安全性、完整可靠性和交易的不可否认性，特别是具有保证不将消费者银行卡号泄露给商家等优点，因此它成为目前公认的信用卡/借记卡网上交易的国际安全标准。但由于其复杂的设计，当前互联网上 SET 协议并未被真正普及开来。随着电子商务、数字贸易的发展，SET 协议的后发趋势不可小觑。

### （三）EDI 技术

电子数据交换（Electronic Data Interchange，EDI）系统就是指能够将订单、发货单、发票等商业文档在企业间通过通信网络自动地传输和处理的系统，通信网络是实现 EDI 的手段。EDI 涉及很多部门和行业，如相关企业、银行、保险、海关和交通运输等，最早是在贸易伙伴之间建立专用网。

#### 1. EDI 的特点

EDI 的使用对象是不同的组织；EDI 传输企业间的报文，是企业间信息交流的一种方式；EDI 所传送的资料一般是业务资料，如发票、订单等，而不是指一般性的通知；EDI 传输的报文是格式化的，是符合国际标准的，这是计算机能够自动处理报文的基本前提；EDI 使用的数据通信网络一般是增值网、专用网；数据传输由收送双方的计算机系统直接传送、交换资料，不需要人工介入操作。EDI 与传真或电子邮件的区别是：传真与电子邮件，需要人工阅读判断处理才能进入计算机系统，人工将资料重复输入计算机系统中，既浪费人力资源，也容易发生错误，而 EDI 不需要将有关资料人工重复输入系统。

#### 2. EDI 的工作原理

首先，发送方将要发送的数据从信息系统数据库中取出，转换成平面文件，并将平面文件翻译为标准 EDI 报文，并组成 EDI 信件；其次，发送方将 EDI 信件传送到接收方的 EDI 信箱，接收方从 EDI 信箱收取信件；最后，接收方将 EDI 信件拆开并翻译成平面文件，接收方将平面文件转换并传送到信息系统中进行处理。

### （四）第五代通信技术——5G

由计算机和网络的应用所引发的信息革命已经给人类社会带来了巨大的变革，改写了人类生活的方方面面，创造了一个又一个新行业。计算机和通信领域从未停止过前进的步伐，近年来不断有重大的新技术出现或产生重大突破，如云计算、大数据、人工智能、5G、物联网和区块链等。这些新技术所产生的生产力将远远高于人类社会以往任何时代所具有生产力的总和。它们必将对数字贸易产生重大影响，甚至将是未来数字贸易的主要技术引擎。

第一代通信技术（1G），在 20 世纪 80 年代开始部署，是模拟通信技术。其表现出来的特点是系统总体容量低，接入设备数量比较有限；终端设备体积大，第一代手持电话“大哥大”便是 1G 的终端设备；1G 网络功能单一，只解决了语音通话问题。

第二代通信技术（2G），从 20 世纪 90 年代开始部署。在进行语音传送的技术上，其通过窄带分组数据通信实现了慢速的数据业务，也就是我们常看到的 GSM（全球移动通信系统）和 EDGE（增强型数据速率 GSM 演进技术），我国的手机便是在 2G 时代开始迅速普及。

第三代通信技术（3G），于 2000 年左右开始部署。从 3G 开始，移动通信进入分组交换的时代，不仅通话技术的安全性有了提高，数据传输的速度更是有了大幅的提升。3G 的网络速度从 2G 的 384Kb/s（理论最高值）提升到了 42Mb/s（HSPA+理论最高值）；同时网络延时也从 600ms 降低到了 200ms。3C 使用的制式标准主要有 WCDMA（宽带码多分址）和 CDMA2000，3G 带动了移动宽带的发展。

第四代通信技术（4G），就是目前广泛使用的 LTE 技术，于 2010 年左右开始部署。4G 的网络速度在理论上达到了 1Gb/s，延时降低到了 10ms 的级别。4G 的 LTE 技术在系统容量、数据传输稳定性和速度几个方面都有了极大的提升。在 4G 时代，移动互联网产业达到了前所未有的高度，手机变成了人们生活必不可少的工具。

从前四代的发展历程来看，基本上每 10 年移动通信技术就会更新换代，每次更新换代都会在网络的系统容量、带宽和网速（延时）上有一次重大的提升。从 4G 的部署到今天，又一个 10 年过去了，如今第五代通信技术已经完成技术标准制定并开始部署。相较于前四代通信技术，5G 的设计初衷已不再局限于仅为人们提供更好的无线上网业务体验，而是要利用 5G 网络系统将社会上所有有数字化需求的物体进行连接，进而成为一个为数字化社会服务的基础网络。显而易见，这样的设计初衷对网络的容量、带宽和网速提出了极高的要求，目前的 5G 设计标准达到了每平方公里可以接入上百万台设备；带宽理论值达到了10Gb/s，是LTE的100倍，用户体验到的网速也可达100Mb/s～1Gb/s，是4G的10倍以上；网络延时被降低到了小于1ms，同时支持500km/h以上高速移动下终端的稳定连接。不仅如此，为了将5G网络系统打造成一个为数字化社会服务的基础网络，5G网络需要整合新的无线技术和已有的3G、4G网络技术，可以使用现有的3G、4G网络基础设施，实现新旧技术共存，从而满足不同的需求，成为一个真正意义上的融合网络。

根据国际电信联盟（ITU）的定义，5G面向的三大应用场景分别是“大带宽”（eMBB）、“大规模连接”（mMTC）、“超低时延和高可靠”（URLLC）。基于这三项基本应用，5G可以满足人们在工作、生活、休闲和交通等各个领域的多样化业务需求，即便是在具有超高流量密度、超高连接数密度、超高移动性特征的场所（如机场、高铁站、高速公路、高密度住宅区、办公区等），依然可以确保网络接入设备在数据传输上的高带宽、低延时和稳定可靠，从而实现超高清晰视频、虚拟现实云桌面等应用。5G还将渗透到物联网以及各种行业领域，与工业设施、医疗仪器、交通工具等深度融合，有效满足工业、医疗、交通等垂直行业的多样化业务需求，实现真正的“万物互联”。下面我们介绍一下5G网络的关键技术点。

频段：在无线电波通信中，频率越高，能使用的频带越宽，频带越宽，能实现的传输速率也就越高。在1G、2G、3G、4G的发展过程中，使用的电波频率是越来越高的。5G在无线通信技术中首次采用了全频段接入，也就是说5G系统可以同时使用低频段和高频段进行数据传输，其中低频段是指6GHz以下的频段，这和以往的2G、3G、4G差别不大，但高频段通常是使用频率在24GHz以上的频段。为了便于5G设备的全球漫游，在对5G无线电波频段进行选定时努力做到了将5G的频段定义在目前各个国家均未使用的统一的频段上。

## 二、数字技术

大数据的概念可以追溯到20世纪80年代。它最早出现在天文学和遗传学领域，在这些领域中，信息的爆炸性增长首次出现。然而，专家和学者们普遍认为，对于什么是大数据并没有准确的定义。广泛接受的大数据定义是描述其特征。大数据是一种对数据进行思考和行动的方式。它包含复杂的算法和决策理论，可以帮助我们更好地了解世界。可以将其理解为包含所有数字资源的大型复杂数据集。大数据与传统的小数据不同，不仅在于它所拥有的数据量和种类，还在于它在海量数据之上依靠超级计算所能带来的潜在巨大价值。大数据算法的出现，使每一个数据都可以交叉连接，打破了原有的限制，大大增强了数据的相关性，从而使数据活起来，产生智慧，在互联网上散发出活力和光彩。根据应用领域的不同，可以分为互联网大数据、物联网大数据、金融大数据和生物医学大数据等。

2011 年，麦肯锡首先提出“大数据时代已经到来”，在对大数据的研究报告中指出：数据已然成为当前时代发展的主旋律，渗透到各行各业之中，并成为企业生存发展不可或缺的生产要素。同时，其还进一步指出，大数据将会掀起一场新生产力增长和消费者盈余的浪潮。阿里巴巴创始人马云在演讲中提到，未来的时代不会是 IT 时代，而是 DT 的时代，核心就是数据技术。大数据，是在一段时间内传统软件工具无法收集、捕获、处理的数据集合，是一项重要的、先进的数据资产，需要新的处理模型才能拥有更大的决策、洞察力和流程优化能力。“大数据”的发展可分为四个主要阶段，即 1980—2008 年，“大数据”时期；2009—2011 年，“大数据”热门阶段；2012—2016 年，“大数据”时代特征阶段；2017 年至今，“大数据”爆发期阶段。

### （一）大数据的特征

面对世界日益呈现的不确定性和复杂性，大数据为我们提供了新的解决方案。大数据中包含的信息可以帮助我们消除不确定性。与传统数据相比，大数据具有显著的特点。它改变了人类对数据和信息的看法。它是一个“4V”数据库，即 Volume、Variety、Velocity、Value，分别代表数据的体积、数据的多样性、数据的速度和数据本身的价值。

Volume 指的是数据非常大的规模。它是区别于小数据最明显的特征。它可以在短时间内收集和存储大量数据。据悉，大数据技术已使京东每天产生超过 500TB 的信息交易，Facebook 每天分享超过 40 亿条信息，视频软件平均每秒上传超过 30min 的视频，而随着 5G 的到来，数据量将进一步增加到 EB 甚至 ZB 级别。

Variety 是指大数据包含各种各样的数据类型和来源。数据的多样性使人们能够在复杂的大数据组合中找到普遍规律，而不是一味追求准确性。

Velocity 指的是产生和处理数据的速度。速度、及时性和效率是大数据能力的保证，也是大数据的显著特征。它能够在短时间内收集海量的信息，并以最快的速度匹配用户需要的数据，例如，淘宝网可以在几分钟内产生数百亿交易。

Value 代表了数据的价值。价值是数据的核心。它是对数据进行过滤、聚类和匹配的能力，以找到相关性，并从冗余和杂乱的数据中提取信息和知识，产生不可替代的实用价值。例如，谷歌可以通过分析和整合数亿网民的在线浏览记录，准确预测流感趋势；网络商家可以根据人们的在线轨迹实现精准的广告投放；系统软件可以利用大量的售票记录预测航班价格的波动，等等。

## （二）大数据的价值

大数据的价值体现在以下几个方面：为大量消费者提供产品或服务的企业可以利用大数据进行精准营销；中小企业可以利用大数据做服务转型；传统企业面对互联网的压力，必须转型，与时俱进，充分利用大数据的价值。

然而，“大数据”在经济发展中的巨大意义并不意味着它可以取代对社会问题的所有理性思考。著名经济学家路德维希·冯·米塞斯曾经警告说：“因为今天，有很多人忙于无益的数据积累，以至于失去了对描述和解决问题的特殊经济意义的理解。”这的确是值得警惕的事情。

在这个快速发展的智能硬件时代，困扰应用开发者的关键问题之一是如何在功率、覆盖范围、传输速率和成本之间找到微妙的平衡。企业组织可以利用相关数据和分析来帮助他们降低成本，提高效率，开发新产品，做出更明智的商业决策等等。例如，通过结合大数据和高性能分析，以下内容可以为企业带来好处：及时从根本上解决故障、问题和缺陷，每年可能为企业节省数十亿美元；为成千上万的送货车辆绘制实时交通路线，以避免拥堵；分析所有库存量单位（Stock Keeping Unit，SKU），以实现利润最大化，对库存进行定价和清理；根据客户的购买习惯，为其提供可能感兴趣的推送优惠；从大量客户中快速识别金牌客户；利用点击流分析和数据挖掘，规避欺诈。

## （三）大数据分析

大数据分析，是指对收集到的数据进行分析、发现规律、形成知识、进行预测并得出结论的整个过程。大数据分析是数据到知识再到创造价值的核心环节。广义的大数据分析包含数据的收集清理分析、可视化、分析结果的应用等各个环节的完整流程。狭义的大数据分析指上述流程中的数据分析部分。与传统数据分析不同，大数据分析结合了传统统计分析方法和计算分析方法，在大量数据中发现模式、相关性和其他信息，帮助企业更好地适应变化并作出更好的决策。

从对分析结果的展示和描述方式来看，大数据分析可以分为定性分析和定量分析。定性分析专注于用语言描述分析结果。例如，牛仔裤销量分析表明 12 月份销量不像 11 月份那样高。仅仅用“不像 11 月份那样高”来表述分析结果，但并没有提及具体数字。所以定性分析的结果是描述性的，是用语言对结果的描述。定量分析则是用形式化方法（符号表示）描述从数据中挖掘到的模式和关系。由于是定量表示，因此很容易推广应用到整个数据集上。定量分析的结果是数值型的，可以提供准确的数值比较。

从分析的深入程度来看，大数据分析可以分为描述性分析、诊断性分析、预测性分析和规范性分析四类。

描述性分析描述数据的基本特征，能够回答“发生了什么”这类问题。相关问题可以是以下几种：过去一年的出生率是多少？接种疫苗的人数是多少？晚高峰时间段的平均通勤时间是多少？描述性分析采用的常见技术包括数据的聚类、主成分分析（Principal Components Analysis，PCA）、相关性分析、概率密度估计等，分析的结果可能是大量数据的统计特性，如均值、中位数、标准差、方差、峰度、偏度、分布函数等。描述性分析的结果经常需要以报表或图表的形式可视化。

在描述了已发生的事实后，需要深入探讨为什么会发生，这就是诊断性分析。诊断性分析从描述性分析中获取与事件相关的信息来回答特定问题，最后得到事件发生的原因。这些问题可以是以下几种：为什么春节后住院病人的数量呈上升趋势？为什么某个地区发货总是很慢？为什么商品 4 月的销量大大低于 3 月的销量？诊断性分析比描述性分析提供了更有用的信息，因此需要更加复杂的算法和技术的支撑。为了提升诊断效果，往往也需要对数据进行很好的组织和标注。

预测性分析试图回答“可能发生什么”问题。这种类型的分析利用从数据中习得的规律和知识，对未来的趋势进行预测。预测性分析常常基于合理假设提出一些数学模型，利用已有数据求解这些数学模型，并把模型推广应用在新数据上。常见的数学模型有用于预测数值的逻辑回归和用于预测轨迹的基于神经网络的自回归。保证模型具有良好的泛化性能，预测性分析前也需要对数据进行精心筛选、规范化和标注。预测性分析常常能够回答类似下面的问题：如果一个消费者购买了商品 A，那么他购买商品 B 的概率有多大？如果住宅成交价格连续 7 个月上扬，那么继续上扬的概率有多大？如果 CT（电子计算机断层扫描）影像 A 和影像 B 中的病灶都是良性病变，那么 CT 影像 C 中的病灶是恶性病变的概率是多大？

规范性分析建立在预测性分析的基础上，基于对已有观测数据的描述、数据内在关系的挖掘和蕴含规律的认知，进一步规范需要做出的反馈，帮助大数据分析用户进行更加合理的决策。规范性分析比其他三种分析的价值都高，也具有更大的难度，所以规范性分析要求最高级别的训练集。规范性分析已经在不少行业得到了成功应用。例如在旅游业中，在线票务网站、酒店预订网站纷纷采用规范性分析，通过对旅行要素、订单和客户变量的多次复杂迭代，从而优化其定价和销售策略。

### （四）大数据分析的影响

大数据及大数据分析对现代社会的方方面面产生了巨大影响。在科学研究方面，大数据已经成为除实验、理论、仿真三种范式之外的第四范式，使得在大量已知数据的基础上，通过计算得出之前未知的理论。在思维方式方面，大数据具有“全样而非抽样、效率而非精确、相关而非因果”的显著特征。由于数据存储和处理能力的飞跃，科学分析可以直接针对全样数据进行分析而不是抽样数据。抽样带来的随机误差将不存在，因而大数据分析将注意力放在提高效率上。在社会发展方面，大数据决策成为一种新的决策方式，有力促进了信息技术和各行业的深度融合。在人才培养方面，大数据的兴起将在很大程度上改变我国高校信息技术相关专业的现有教学和科研体系。

### （五）大数据分析在数字贸易中的应用

进入数字时代，数字贸易已经成为全球贸易的重要组成部分，并深刻影响着全球价值链变动轨迹，更影响着国际贸易模式以及国际贸易模式变化下的国际贸易流向和流量。

#### 1. 大数据分析体现在管理流程数字化

首先，决策管理方面。基于大数据的决策管理能让贸易主体在进行决策之前有效预测将来哪些行为可能会获得成功，优化成果并解决特定的业务问题。传统的决策管理主体往往是业务专家和精英高管。随着大数据的兴起，数据渐渐成为真正的决策主体，因为数据中隐含了规律和知识。同时，决策管理的方法也从“经验决策”转变为“数据决策”。其次，滚动预测方面。预测是根据已有的经验和知识决定未来行为的过程。传统的商务智能（Business Intelligence，BI）中，对数据的挖掘往往不能做到实时。而在商业活动中，7×24 小时的业务运营造就了一个瞬息万变的环境，风险、波动和不确定性持续出现。为了抓住机遇，很多企业从静态的预测模型转向利用时序数据的动态预测模型，这就是滚动预测。滚动预测可以提供更短的迭代时间、更高的预测精度、更短的决策周期，使企业能够应对持续变化的环境。最后，预测分析与自适应管理方面。为了应对复杂的商业环境，企业员工需要具备更高的技能，各级管理人员需要针对自己的工作内容作出更好的决策。这就需要持续对计划周期进行管理，利用滚动预测及时报告关键指标，以实现自适应管理。大数据在数字贸易各个环节中无处不在，因而大数据分析也在各个相关领域逐渐得到应用。在制造业中，工业大数据有效改进了产品故障诊断与预测工艺流程，优化了过程能耗和供应链管理。在电子商务中，大数据技术可以分析客户行为，进行商品推荐和有针对性的广告投放。在物流管理中，大数据技术优化了物流网络，提高了物流效率，降低了物流成本。

#### 2. 大数据分析的原则

数字贸易中，企业的运转节奏加快，需要对频繁出现的新问题、新数据进行及时的整理、分析，并快速对经营过程作出调整。为此，企业需要有专门的大数据分析人员，建立合适的预测分析模型，搭建符合开放标准的软硬件分析平台，运用先进分析理念和技术。总体而言，企业若要利用大数据分析创造商业价值，需要遵循如下 6 项原则。

（1）明确分析的指标。单一指标无法对业务发展进行准确衡量。比如我们衡量一个淘宝店的业务发展，用一个核心指标——上月收入 500 万元。只考虑这个指标，我们会认为这个店的发展还是不错的，但是加上上个月收入 1000 万元这个指标，我们对业务发展情况的认知就会完全不同。因此，需要使用一系列的指标作为分析依据。大数据分析总是在特定的指标体系下推进的。在电子商务中常使用的指标包括用户存量、用户访问次数、访问频率、转化率等。然而，还有一些潜在指标在识别上具有一定难度，需要认真考虑那些对商业决策产生影响的因素。

（2）用系统的观点组织分析流程。数据分析的最终目的是产生商业价值，所以数据分析的结果需要由信息技术团队负责生产部署。然而这部分人员通常不是数据分析师、统计人员或者机器学习专家，而这些人员正是负责进行分析模型搭建的专业人员。建模和部署工作跨越了组织边界，彼此之间可能会存在信息不对称及信息割裂等问题。所以，建模和部署、评估是一项系统工程，不同团队之间应该进行深度合作。建模要依据业务需求来开展，而模型部署也要充分听取数据科学家的意见。

（3）快速迭代。大数据分析旨在快速实现价值。瞬息万变的商业环境不允许我们耗费大量时间打造“完美的”分析模型以供使用，数据分析通常是以建模—部署—评估—反馈—建模的闭环模式持续改善。分析团队需要消除项目周期中不必要的耗时步骤，在短时间内快速迭代，持续提高模型的分析预测效果，从而不断提高商业价值。

（4）持续学习。大数据的来源、类型与格式层出不穷，现代分析团队可能需要不断尝试新的理论、方法、技术和工具来进行数据的挖掘，这就需要保持学习能力。比如，我们可能需要为新的数据类型寻找合适的处理手段，我们往往需要为新的问题寻求建模方案，我们也常常把解决已有问题的经验迁移到新的问题域中去。同时，为了实现数据分析过程的快速迭代，分析团队需要有近乎实时在线学习的能力。

（5）选择合适的架构。在大数据出现之前，数据分析工作已经经历了长足的发展，尤其是以商务智能系统为主的数据分析，已经有了非常成熟和稳定的技术方案与生态系统。但 BI 系统更多以分析业务过程中产生的密度高、价值高的结构化数据为主，对于非结构化和半结构化数据的处理非常乏力。所以以 Hadoop 体系为首的大数据分析平台逐渐表现出优异性，围绕 Hadoop 体系的大数据架构也日益成熟。例如，专门处理流数据的流失架构，同时兼顾流失处理和批处理的Lambda 架构，消除 Nifield 架构。Lambda 架构冗余部分的 Kappa 架构，将机器学习和数据处理糅为一体的需要根据具体的业务需求选择合适的架构。

（6）构建人力因素。随着数据分析走向成熟，它在组织中的应用广度和影响范围有所增加。不再只有一个类型的角色需要建立、使用和理解分析方法，有多种不同角色都需要具有不同的分析技能和责任。大数据分析组织需要了解团队成员具有怎样的技能，以及需要什么样的技能和人才来实现业务目标。通过拓宽和提升兴趣、意识和专业分析技能，可以保持团队参与度并激发创新。

## （六）企业运营中的大数据分析价值

企业是数字贸易的重要主体。根据大数据分析在企业经营过程中不同层次和角度的运用，可以将大数据分析归结为 5 类：战略分析、管理分析、运营分析、科学分析和客户分析。

（1）战略分析。在企业管理和营销领域，战略分析被认为是一种科学的分析工具，可以明确企业的发展方向，统一达成目标，清晰业务模式，建立正确的决策机制，使企业核心竞争力不断提升。战略分析针对高层管理人员的决策支持需求，解决战略级的问题，这些问题具有四个鲜明特点，即风险性、全局性、长期性、不确定性。风险性指的是企业战略方向错误将带来严重后果。全局性指的是企业战略需要把握全局，根据总体发展制定措施。长期性是指在一定时间内企业战略不会轻易发生变动。因为战略问题往往是不可重复的，在大多数情况下，企业解决了一个战略问题，就不会再考虑同样的另一个。不确定性是指企业管理人员对于战略问题并未达成共识，有很多不确定因素会影响决策。

（2）管理分析。为中层管理者的需求服务的数据分析属于管理分析，这种分析更加关注具体功能问题。当前商务智能系统已经有了成熟的报表功能、仪表盘和多维数据获取工具，但企业分析团队往往要为不同部门经理分别准备分析报告。这是由于缺乏一致的评估标准，所以单个项目或产品的经理难以展现各自的项目或产品的优势。在各自的评估标准下，每个项目都是最优的。需要领导者建立一致认可的评估标准，大数据管理分析才能发挥应有的作用。

（3）运营分析。运营分析是为提高业务流程效率或效益而进行的分析。在业务流程开始前就应该有数据分析的计划，在流程中不断监控数据指标并调整运营方案，以期达到运营目的。运营分析大体上包含 5 个步骤：梳理业务流程，确立评估指标，进行指标预测，监控指标状况，作出运营决策。大多数运营分析可以归为三类，即：通过得到更优的决策改善业务流程；通过自动化技术提高事务处理的速度，提高业务流程的效率；借助业务预测系统规划影响运营的一些关键因素。

（4）科学分析。战略、管理和运营分析针对的用户群体是管理者，而科学分析的目的主要是知识发现，通常由数据分析人员使用统计方法并采用机器学习技术从数据中挖掘出新的知识，这些知识对企业的战略、管理和运营分析起到重要支撑作用。由于知识产权的高回报率，企业在知识分析（如生物技术制药和临床研究）方面的投资在分析总支出上往往占据很大比重。

（5）客户分析。客户分析是针对最终消费者消费的产品进行细分的分析。客户分析的目的是区分产品和替代品，以便于企业在市场上创造更大的价值。目前有三种不同类型的面向客户的分析，即预测服务、分析应用和消费分析。

## （七）大数据分析的生命周期

数字贸易行业中的大数据分析总是和特定的商业活动密切相关，可以采用项目的方式来组织、管理、实施和评估大数据分析业务。大数据分析项目在起始时，需要对业务问题进行评估，以辨别这是不是一个大数据分析的问题，然后将业务需求转化为易于理解和沟通的形式并制定合适的评估指标。接下来，需要明确分析过程所使用的数据以及获取数据的渠道，然后对数据进行预处理。数据分析的核心环节是对预处理过的数据进行特征的提取和数学建模，利用模型进行一系列的分析预测活动。分析预测的结果需要以可视化的形式直观展示。基于对指标的评估，这一过程可能会有反复和迭代。最后将优化后的分析结果进行部署和应用。下面我们将从 6 个方面来展开讨论大数据分析的生命周期。

### 1. 商业案例评估

每一个大数据项目的生命周期都起始于一个商业案例，这个案例一般应有清晰的理由和动机，也有明确的目标。对这种案例进行评估，首先就要确定相关需求是不是真正的大数据分析问题。为此，这个案例所涉及的问题必须直接与一个或多个大数据的特点相关。案例评估的作用还包括将业务问题转化为易于理解和沟通的形式，具有明确的标准，并可通过工具和数据科学技术解决。大数据分析通常将业务问题转化为一系列假设，并探讨在现有数据的情况下如何运用技术手段来验证这些假设。为此，还需要有具体的评估指标。如果关键指标不容易获取，也要让这个项目变得“SMART”，即 specific（具体的）、measurable（可衡量的）、attainable（可实现的）、relevant（相关的）和 timely（及时的）。商业案例评估的另一个目的是确定执行这个项目的基本预算。相关软件工具、硬件资源、人力资源都要提前规划，以对预期投入和收益进行衡量。

### 2. 数据标识

大数据分析项目中，理解好数据才能很好地使用数据。数据标识的作用是标识项目分析所需要的数据集及其他相关资源。大数据的特点之一是多样性，围绕同一业务问题，可能会有多种不同的数据集从不同的角度进行标识和描述。因而，标识种类众多的数据资源可能会提高找到隐藏模式和相互关系的概率。例如，为了提高洞察能力，尽可能多地标识出各种类型的相关数据资源非常有用，尤其是当需要探索的目标不是那么明确的时候。

### 3. 数据的获取与预处理

数据的获取是指从真实世界对象中采集原始数据的过程。根据数据源特征的不同，数据采集大致采用如下几种方法：基于传感器的数据采集、基于系统日志的数据采集、基于网络爬虫的数据采集和基于“众包”的数据采集。传感器用于测量物理环境并将其转化为可读的数字信号。传感器包括声音、振动、视觉、电流、压力、温度和距离等类型，是采集物理世界信息的重要途径。对系统日志进行记录是广泛使用的数据获取方法之一。系统日志由系统运行产生，以特殊的文件格式记录系统的活动。系统日志包含了系统的行为、状态以及用户和系统的交互信息。网络爬虫是指搜索引擎中自动漫游、下载和存储网页内容的程序。爬虫会下载网页上的文本、图像，保存网页的链接，分析网页包含的 URL。“众包”是指将数据收集的任务通过众包平台分发给大量的普通用户来完成。这些普通用户并非专家，但通过大量参与的用户仍然可以获得有价值的数据。例如，可以利用用户的移动设备作为基本采集单元实现数据采集。

由于传感器、数据源和采集方法的原因，获取的数据往往具有不同的组织形式，并含有被污染的和没有价值的数据，因此需要进行数据的过滤和集成。数据的过滤就是指去除对分析任务没有价值的数据。数据的集成是将从多种来源获取的，反映同一实体对象的具有不同格式、性质的数据，通过某种一致的、精确的和可用的标识方法做整合的过程。根据数据集成方式的不同，其分为传统数据集成和跨领域的数据集成。传统数据集成利用模式匹配、数据映射、语义翻译等手段通过统一模式访问多个数据集中的数据。传统数据集成的主要目的是数据共享，在商务智能等领域已有广泛应用。同时，不同领域的数据集与某些共同对象存在隐含的关联性。然而，对不同领域的数据进行集成不能简单地通过模式匹配等手段实现。因此，需要采用其他方法进行跨领域的数据集成。常用的方法有基于阶段的方法、基于特征的方法和基于语义的方法。

获取并集成后的数据需要经过一些变换，将数据转换成可用于大数据分析和可视化的格式，这就是数据的预处理。数据的预处理首先要完成数据的变换，常用的变换方法包括简单函数变换（乘方、开方等）、数据标准化处理（0-1 标准化、归一化等）、数据编码、数据的平滑去噪等。另外，需要采取措施保证数据的质量和可用性。可以从如下四个方面入手提升数据质量：数据的一致性、数据的精确性、数据的完整性和数据的时效性。常用的技术包括异常检测与修复、缺失值填充、实体识别以及真值发现。

4. 数据的分析

数据分析的作用是根据预处理好的数据，提取其特征并对特征的性质进行描述、刻画、分析、建模，进而获取关于事物发展方向的预测性信息以帮助决策。根据业务需求的不同，数据分析也分为不同的层次，包含描述性分析、诊断性分析、预测性分析和规范性分析。

描述性分析是指通过某些指标对已有数据的属性和分布特性进行客观反映。统计特征提取与无监督的机器学习是描述性分析常采用的方法。常用的统计特征包含均值、中位数、方差、标准差、概率密度函数、累计分布函数、偏度、峰度、协方差等。无监督的机器学习是指在没有关于数据的类别和其他语义标签的情况下学习数据标识方法的一种技术。最典型的无监督技术就是聚类技术，即通过对原始数据的分析自动将数据划分至若干簇（子集），使得每一簇内的数据具有最大的相似度，而不同簇内的数据具有最小的相似度，在聚类结束后，可以利用每个簇的中心作为代表性元素构建数据的表示方法。

诊断性分析是指通过分析回答特定问题，以揭示某种现象背后可能的原因。一般而言，诊断性分析需要依赖复杂的数学模型以有监督学习的技术实现，因而要求数据有完整的标签信息。根据问题的深入程度，诊断性分析可以分为初等分析和高级分析。初等分析解决事物的分类、对象的检测、身份的识别等问题，常采用回归分析等技术。回归分析可以发现变量之间的关联关系，然而难以直接揭示导致关联关系的深层次的因果关系。高级分析则融合不同来源数据深入提取语义信息，在此基础上进行一定的因果推理，从而帮助我们找出原因。典型的诊断性分析技术包括自然语言处理、多模态融合分析，相关应用包括视觉问答、细粒度的对象描述等。

对未来的趋势进行预测。规范性分析是利用从数据中习得的规律和知识，并在此基础上结合人的经验进行决策。预测性分析常常基于合理假设提出一些常见的数学模型，利用已有数据求解这些数学模型，并把模型推广应用在新数据上。模型有用于预测数值的逻辑回归、用于预测轨迹的基于神经网络的自回归。由于需要保证模型具有良好的泛化性能，预测性分析也需要数据集有完整和高质量的标签信息，数学模型也采用有监督的方式进行学习。

### 5. 数据的可视化

数据可视化阶段使用数据可视化技术和工具，通过图形表示分析结果。可视化技术使得数据分析的结果不仅仅能被数据分析人员理解，还能被用户直观地了解，从而能让用户提出有效反馈意见，参与数据分析过程。在已有数据分析结果的前提下，数据可视化要进行视觉编码和可视化生成，其中视觉编码是关键环节。视觉编码是指将数据映射为位置、尺寸等视觉感知维度，从而进行最终显示。

根据数据的复杂程度，可以将数据可视化方法分为三类，即单变量可视化、多变量可视化和复杂数据可视化。

单变量可视化是指用图形化手段显示单个属性或单个变量分布情况。有代表性的单变量可视化编码技术包括直方图、四分位图（箱型图）和分布图。直方图是了解某个数值出现频率的最基本的可视化编码技术之一，它通过绘制某一范围区间出现的数值的频率来显示数据的分布状况。根据不同客户的需求，直方图可以采用柱状图、饼状图等具体形式进行可视化生成。箱型图显示连续变量分布的四分位数、中位数和异常值等信息，由均值和标准差叠加。另外，箱型图还会显示变量分布的均值、标准差和异常值，分别用位于矩形内的实心点、短线和位于矩形外的空心圆圈表示。分布图显示连续随机变量的正态分布函数，由均值和标准差决定。多变量可视化在同一可视化视图中考虑多个属性之间的相互关系。常用的多变量可视化技术有散点图、散布矩阵、气泡图和密度图。数据通常由笛卡儿坐标系中的点表示，不同的坐标轴则表示数据的不同属性。可以通过分析散点图中的数据得出属性之间的关系。多变量散点图是简单散点图的增强形式，是在图表中同时表示两个以上维度之间的相互关系。有时需要考虑所有属性之间的相互关系，这时可以通过散布矩阵将所有属性组合并将相应的反应属性关系的散点图排列在矩阵中。气泡图是散点图的增强，可以描述数据点的大小，数据点的尺寸反映了除坐标轴外的某种其他属性值。密度图也类似于散点图，但增加了背景颜色和数据点颜色属性。通常，背景颜色反映数据集的某种属性，数据点的颜色反映数据点的类别信息。

除了单变量和多变量可视化，还可能需要对具有复杂结构特点的复杂数据进行可视化。复杂数据包括具有大量属性的高维数据（图像特征），彼此之间具有组织结构关系的网络数据（社交媒体网站中的好友关系）和层次化数据（服务器文件组织结构目录），具有时空依赖关系的时空数据，交通领域中的对象轨迹数据，信息的文本数据（广泛存在于网页、社交媒体中）等类型。时空数据的可视化可以采用位置动画、路径可视化、时空立方体、时间轴可视化等方法。针对文本数据，通常需要利用聚类、主题模型等挖掘手段进行编码，再用已有技术进行可视化。

### 6. 分析结果的应用

大数据分析结果可以用来为商业使用者提供商业决策支持，分析结果可以应用于业务流程的各个层次。例如，可以为高层管理人员提供战略决策支持，可以针对某一个具体问题进行专案分析和相关决策支持，可以为中层管理者提供关于具体功能问题的解答，可以致力于提高企业整个业务流程效率，可以发现新的知识，也可以针对最终消费者细分产品提供决策支持。

尽管模型在数据分析与可视化的过程中已经经过了评估，但仍然需要在分析结果的应用过程中，对数据分析模型进行进一步评估，从而进一步确定分析结果的意义和作用，发现潜在问题并对数据分析模型做出适当的调整。有时，数据分析功能可以和商业应用程序结合，以便创建能持续更新的应用程序，以及为每个用户或使用场景定制应用程序。有时，数据分析所发现的模式和知识相对比较稳定，但在大多数情况下，模式的变化是频繁的。例如，在电子商务中，经常会有新的商品和新的规则，这意味着关于数据分析得到的知识是有时效性的。当这些知识不再有效时，需要用新的数据来重新训练分析模型，以实现模型更新。在个别情况下，为适应市场的变化，业务需求也可能会发生变化，这时就需要调整数据分析的目标，并最终根据业务需要更新模型。

在部署应用大数据分析结果时，应遵循相应的法律法规和伦理原则。第一，遵循无害性原则，即大数据技术应用应以人为本，服务于人类社会发展和人民生活。第二，遵循权责统一原则，即坚持诚信，承诺维护和保护个人的权利与利益。第三，遵循隐私自主原则，即数据的存储、删除、使用、知情等权利应充分赋予数据的生产者。

现实应用中，除了遵循这些原则，还要采取必要措施，消除大数据异化引起的伦理风险。其主要措施包括：①通过技术进步消除大数据分析应用的负面效应，从技术企业或政府层面提高数据安全管理水平。②加强数据保护激励机制，实现激励式监督。需要对企业、政府在收集信息过程中可能涉及个人隐私和商业利益或公共利益权衡的问题，进行一些行为的限制，企业间的数据共享和政府与企业间的数据共享应该要让公众有知情权和信息授权，只有这样才能更好地实现公私共同监管和个人信息开放、共享。隐私信息涉及人们生活的安宁、自由和人格尊严，个人数据涉及个人身份和相关资料信息。除此之外，对个人数据和隐私信息的收集、分析所产生的结果也属于个人数据和隐私信息范畴。应适时调整对于传统隐私观念和隐私领域的认知，培育开放共享的大数据时代精神，使人们的价值观理念更契合大数据技术发展的文化环境，实现更加有效的隐私保护。

## （八）云计算

云计算是 20 世纪 80 年代大型计算机—客户端—服务器转型之后的又一次重大变革。美国国家标准与技术研究院定义云计算是一种按使用量付费模式，提供可用、方便和按需的网络访问。它主要依托互联网技术，向客户端提供动态、可扩展、虚拟化的数字资源，具有分布式计算、并行计算、效用计算、网络存储、虚拟化和负载均衡的特点，并融合了传统的计算机和网络技术。

更简单的云计算技术已经普遍应用于今天的互联网服务，最常见的是互联网搜索引擎和网络邮件。搜索引擎最著名的是谷歌和百度，在任何给定的时刻，任何使用过移动终端的人都可以在搜索引擎上搜索他们想要的任何资源，通过云共享数据资源。网络邮箱也是如此。在过去，发送和编写电子邮件是一个相对麻烦和缓慢的过程，但随着云计算技术和网络技术的推广，电子邮箱已经成为社会生活的一部分，只要在网络环境中，就可以实时实现电子邮件的接收和发送。事实上，云计算技术已经融入当今社会的生活中。

自谷歌在 2007 年首次定义云计算以来，云计算的定义尚未统一，各种研究提供了不同的见解，但大量的研究者从各自的角度分析了云计算。国家标准和技术研究所（NIST）指出，云计算是一种模型，能够有效地访问一组共享计算资源，特别是网络或服务，并且可以快速访问一系列计算资源。也就是说，根据客户的需求，利用网络上的虚拟化技术来创建平台或软件等服务，同时将各种计算资源整合在一起进行进一步的工作。

### 1. 从用户角度来看，云计算的特点

（1）良好的计算和存储能力。对于云计算平台，尤其是像 Microsoft 或谷歌这样拥有大量服务器的平台，使用各种服务器构建的系统有无限的空间以及高效的速度，允许用户在不同的时间或地点从自己的设备访问系统，并处理所需的服务。

（2）虚拟化技术。各种数据平台通常以“一虚拟多”的形式存在，然而，这并不是云计算中最有效的虚拟化模式。“多虚拟一”或“多虚拟多”模式更符合云计算的特点，云计算包括大量物理服务器，从物理服务器创建一个或多个服务器，方便云计算的处理。当前云计算平台的显著特点是可以通过软件或各种协议来调度各种资源。用户在虚拟平台的帮助下满足自己的需求，而不需要完全理解程序的工作原理。云计算根据用户的需求匹配适当的资源，并且从用户的角度来看，只需要一个可访问的设备。

（3）高度可靠和安全。在狭义上，当我们谈论云中的信息安全和可靠性时，通常考虑的是服务器和存储设备的可靠性，是否有持续供电、冷却系统辅助等。

但从更广泛的意义上说，即使资讯中心的环境和内部要素是稳定的，自然灾害如地震、火灾等也会对资讯安全构成威胁。然而，在云平台下，这种风险的强度降低了，无论是私有云还是公共云，部署在不同的区域，一个节点或节点的一部分可以故障，而不会造成整体服务的中断。在云平台下，信息具有多副本容错功能。各节点的操作同构交换也保证了高度的稳定性和安全性，使得云系统比以往的信息中心更加稳定和安全。

（4）自动按需服务。通过收购云存储空间，企业不需要把重点放在网络空间的运维上，全部交给 IT 运营商。对于终端客户来说，服务只会按需购买。可以看出，云平台具有高度可用性。交易就像每月买电一样简单，都是自己完成的。呈现给客户的页面也简单易用，最大限度地提高了易用性，减少了平台中客户与运营商之间的尴尬沟通。

（5）灵活的扩张。当网络系统遇到大量访问和烦琐的数据存储类别时，“云”可以动态伸缩，以满足不断增长的客户基础的需求。

（6）节省成本和提高效率。信息中心的建设、网络路径的部署、服务器和存储设备的购买和配置都需要耗费大量的人力物力。在云计算中，资源已经可用，只需要评估和支付费用。这大大降低了成本，提高了能源效率，并提供了高的性能价格比。

### 2. 实现云计算的关键技术

（1）架构。云计算的实现需要创造一定的环境和条件，尤其是架构必须具备以下几个主要特点。首先，要求系统必须是智能的、自主的，在减少人工操作的前提下，自动处理平台能够智能响应需求。因此，云系统要有自动化技术的嵌入。其次，面对变化信号或需求信号，云系统要有敏捷的响应能力，所以对云计算架构有一定的敏捷性要求。同时，云计算也面临着巨大的挑战，因为服务水平和增长率变化很快，嵌入式集群和虚拟化技术可以应对这种变化。

云计算平台的架构由用户界面、服务目录、管理系统、部署工具、监控和服务器集群组成。

① 用户界面。它主要用于云用户的信息传输，是双方互动的界面。

② 服务目录。顾名思义，它提供了一个用户选择的清单。

③ 管理系统。这是指对具有高应用价值的资源的管理。

④ 部署工具。能够根据用户要求有效地部署和匹配资源。

⑤ 监控。主要是对云系统中的资源进行管理和控制，制定措施。

⑥ 服务器集群。服务器集群包括虚拟服务器和物理服务器，属于管理系统。

（2）资源监控。首先，云系统上的资源数据非常大，资源信息更新速度快。

为了获得准确可靠的动态信息，需要采取有效的方式来保证信息的快速性。云系统可以有效地部署动态信息，具有资源监控的功能，有助于管理资源的负载和使用。其次，资源监控作为资源管理的“血液”，对整个系统的性能起着关键作用。一旦系统资源监管不到位，信息不可靠，其他子系统引用的错误信息势必会对系统资源的分配产生不利影响。因此，实施资源监控迫在眉睫。在资源监控过程中，只要在每个云服务器上部署 Agent，就可以进行配置和监管活动，如通过监控服务器连接云资源服务器，然后以循环使用的资源为单位发送到数据库，由监控服务器综合数据库的信息对所有资源进行有效分析，评估资源的可用性，实现资源信息的效益最大化。

（3）自动化部署。科学的进步发展有利于半自动化的操作，实现了脱离工厂或易于安装和使用。基本上，计算资源的可用性正在向自动部署转变。云资源的自动部署是指不同厂商根据脚本调整自动配置设备和工具，降低人机交互比例，提高响应效率，避免超负荷的人工操作，最终促进智能部署。自动部署是指将计算资源从原始状态自动安装和部署到可用状态。在计算中，虚拟资源池中的资源被划分、部署和安装，为用户提供各种应用服务，包括存储、网络、软件和硬件。部署系统资源有很多步骤。自动部署主要使用脚本调用，自动部署和配置各厂家的设备管理工具。这就保证了实际调用可以在无声中实现，减少了沟通成本和时间成本，使部署过程不再依赖人工操作。此外，数据模型和工作流引擎是自动化部署管理工具的重要组成部分。一般来说，数据模型的管理是指在数据模型中定义具体的硬件和软件。而工作流引擎是指通过触发和调用工作流，以提高智能部署为目的，将不同的脚本流在工作流数据库中进行更加集中和高重用率的应用，减少服务器的工作量。

### 3. 云计算应用的完善措施

设置适当的访问权限，确保用户的信息安全。目前，云计算机服务是由供应商提供的。为了保证信息安全，供应商应根据用户的需求设置相应的访问权限，以保证信息资源的安全共享。在开放的互联网环境下，一方面，供应商要做好访问权限的设置，加强资源的合理共享和应用；另一方面，要做好加密工作，从供应商到用户都要加强信息安全保护，重视网络安全建设，切实保障用户安全。因此，云计算机技术的发展应加强安全技术体系的建设，在合理设置访问权限的情况下，提高信息保护水平。

加强数据和信息的完整性，促进存储技术的发展。存储技术是云计算技术的核心。加强数据信息的完整性是云计算技术发展的一个重要方面。首先，云计算资源在云系统中是以离散方式分布的，因此要加强云系统中数据资源的安全保护，保证数据的完整性，提高信息资源的应用价值。其次，加快存储技术的发展，特别是在大数据时代，云计算技术的发展，应重视存储技术的创新建设。最后，优化计算机网络云技术的发展环境，通过技术创新、理念创新，进一步适应新的发展环境，提高技术的应用价值，这是新时期计算机网络云计算机技术发展的重点。

建立和完善法律法规，提高用户安全意识。随着网络信息技术的不断发展，云计算的应用越来越广泛。建立健全法律法规是为了更好地规范市场的发展，加强对供应商和用户行为的规范和管理，为计算机网络云计算技术的发展提供良好的条件。此外，用户应提高安全保护意识，在获取信息资源时遵守法律法规，规范操作，避免因信息安全问题造成严重经济损失。因此，新时期计算机网络云计算技术的发展应立足于现实，通过法律法规的不断完善，为云计算机技术的发展提供良好的环境。

#### 4. 云计算服务的类别

云平台主要有三种类型：一是公共云；二是组合云；三是私有云。划分其类型的标准是功能服务是否开放和透明。

私有云，也被称为专有云，是专门为特殊用户建立的，其特点是服务质量和安全可靠性基础最强。与公共云相比，私有云的客户可以访问整个云平台设施，控制功能程序的运行位置，并决定哪些客户可以使用云平台。公司建立私有云的基础是他们拥有相关的云基础设施。

在公共云平台中，终端客户不知道还有哪些客户在同时使用资源；公共云是基于广泛的用户和网络访问的。云的核心特征是：第一，信息共享；第二，访问方便；第三，安全可靠的数据；第四，低成本，甚至是免费服务。

如上所述，私有云和公共云的组合被广泛使用。这种模式被广泛认为是云平台技术发展的主要方向。当安全和稳定是主要关注点时，企业通常将数据和信息存储在私有云中。此类企业通常也需要访问公共云资源。这样一来，结合了公有云和私有云的优势和特点的组合云可以提供一种专门的方法。对于客户来说，这可以更加的可靠、经济。

### （九）物联网

物联网又被称为物物相联的网络，是由被识别的虚拟主体或对象构成的网络，在网络中，被识别的信息被填充在功能空间中，人与人通过智能端口进行沟通与交流。物联网现已在全球范围内使用，并且被赋予了标准化技术，任何物件都有自己的特殊代码以供人辨认。通过各式尖端信息技术数据可以实现智能监管，由此将所有物品用一张看不见的网连接起来。物联网技术是同步的、智能的、信息化的，是信息技术快速发展的时代产物。

物联网是在利用各类通信与传感技术之后而构建的能够对“物”进行感知、识别、管理的网络。借助物联网，可直接加强企业组织架构的联系，扩展各层架构的业务范围。借助于物联网中的各类传感、通信技术，不仅能够对“物”的信息（如位置、声光电、生物等信息）进行实时监控、跟踪，也能赋予“物”类似于人类的智慧。在物联网领域，不仅可以对“实物”进行感知、识别，如各类办公设备、机动车、家居用品、数码设备，同时也能对“虚拟物”展开管理。在物联网时代，因为“物”的介入，在原有的交互形式上新增了人-物、物-物间的交互。在物联网技术出现之前，人只能通过物理层面对“物”进行单向处理，“物”无法主动向人展示信息。但在物联网时代，借助定位、识别、传感技术，“物”也能主动向人发送信息，进而创建了人-物、物-人互相交互的关系。在“物”介入之后，企业的管理方式、组织结构都出现了对应的变化。在进行组织决策前，企业还需要考虑“物”的存在，以此提高“物”同决策的匹配程度。借助各类物联网技术，“物”变得智能化，可以主动向人或系统发送物自身或运输过程的信息，也能作为组织的一员影响到决策，进而创建更加多元化的交互方式。

“物”在物联网环境下拥有了类似于人的智慧，既能够向个体传送识别到的数据，也能智能化处理信息，产生新的信息。首先，物联网的特征体现了互联网的共性特征。例如，互通互联，即时交互，无地域限制的交互等。其次，感知识别与通信。为了采集到物自身及其运输状态的信息，会使用到扫描器、感应器、定位器。这样，“物”便可以主动向系统发出各种信息，继而实现人-物之间的互通互联。最后，智能化。“物”具有主动可控性，无需在网络平台上加以管理。例如，在各种传感器采集到数据之后，便会利用通信协议上传到信息管理平台。

经过智能化的研究，便可得到最终决策。在自组网环境下，终端无需将数据上传至平台也能完成各项决策活动。

物联网让人、机、物能够在任何地点与时间进行互通，创造了新的万物互联形式，物联网系统主要包括四层。

（1）感知识别层。本层由各种物理感应装置构成，如扫描器、定位装置、各类传感器。通过这些感应装置，可以快速地自动采集到“物”的各类信息，如种类、重量、运输状态等。感知装置让物的物理信息得以转换为线上数据，加强了对物的管理。在现实工作中，人们会通过在“物”上贴标签、安装感应元件的方式读取“物”的信息。例如，常见的二维码、条码、感应磁条等。在实现技术上，则包括了 Wi-Fi 技术、无线传感器、自动识别技术等。

（2）网络传输层。在各类传感器采集到“物”的基本信息之后，为了将物理信息转为线上信息，便需要进行数据传输。在数据传输到平台之后，人们便可以随时掌握“物”的状态。例如，电商将商品数据上传到电商平台之后，消费者就能够及时掌握“物”的物流状态。在传输物联网的数据时，互联网是基本交互方式。此外，也会使用到4G、5G技术。随着网络通信模式的革新，未来可选择的物联网传输方式将更具多样化。

（3）信息处理层。在成功上传了各类数据之后，为了有组织地进行数据识别与管理，降低工作难度，需要利用信息处理层实现对大规模数据的智能处理。在处理方式上，主要包括了存储、协同、挖掘、计算等活动。因为处理方式过于复杂，所以需要多个平台协助完成。例如，通过安全平台防止信息被窃取，利用各类支撑平台实现对信息的聚合处理，方便无缝接入各种经集成之后的数据资源。在处理技术上，则会应用到云计算、中间件技术、数据存储技术。其中，云计算具有可靠性高、按需部署、动态可扩展的特点，并广泛应用到医疗、金融、存储等领域。

（4）综合应用层。物联网最顶层为综合应用层，囊括了物联网的不同应用领域。例如，智能交通与家居、公共安全、环境监测与保护、智能医疗等。在不同的应用领域，下面3层技术的实现方式可能会存在差异，但都是物联网得以在现实应用的必不可缺的架构。

物联网从识别层至应用层，各层在功能上具有独立性，但也在相互配合的情况下发挥着物联网的功能。除应用层，人们可以根据实际情况对各层的技术进行优化、筛选，进而得到理想的物联网系统。

物联网是诸如因特网和传统电信网络之类的信息载体，使得能够执行独立功能的所有普通对象实现联通，被称为世界信息产业的第三次浪潮。Peter T. Lewis在1985年提出物联网这个概念。比尔·盖茨在1995年出版的《未来之路》一书中也提到物联网。1998年，麻省理工学院提出了物联网的概念，后来被称为EPC系统。1999年，Auto-ID公司在物品编码（RFID）技术领域提出了物联网的概念。2005年，国际电信联盟指出“物联网”时代的到来。目前，美国、欧盟、日本和韩国等国家和地区正在大力对物联网进行深入探索和研究；中国也在密切关注和重视物联网的研究。物联网将现实世界数字化，将分散的信息拉近，并集成了对象和对象的数字信息。在运输物流、工业制造、健康医疗、智能环境（家庭、办公室、工厂）、个人和社会等领域，它具有非常广阔的市场和应用前景。

## 三、人工智能

人工智能是研究和开发用于模拟、扩展人类智能的理论、方法、技术和应用系统，以试图理解智能的本质，并产生新的智能机器。

## （一）发展历程

1956 年，由 McCarthy、Minsky、Rochester 和 Shennong 领导的一群具有前瞻性的年轻科学家通过探讨机器模拟智能问题，提出“人工智能”一词。1997 年，IBM 的“深蓝”电脑击败了人类世界国际象棋冠军。2016 年，谷歌的“Master”以 60 比 0 的比分击败了国际围棋大师李世石。2017 年，在美国举行的国际消费电子展（CES）将人工智能主题推向了高潮。当前，人工智能在众多科学家的努力下实现了重大的技术突破，成了当代一种前沿科学。自人工智能诞生以来，理论和技术日趋成熟，应用领域不断扩大，主要成果已经涉及人机对弈、模式识别、自动工程、知识工程等。可以想象，未来人工智能带来的技术产品将成为人类智慧的“容器”。

## （二）人工智能的应用

### 1. 无人驾驶汽车

无人驾驶汽车是智能汽车的一种，也称为轮式移动机器人，主要依靠车内以计算机系统为主的智能驾驶控制器来实现无人驾驶。无人驾驶中涉及的技术包含多个方面，例如计算机视觉、自动控制技术等。美国、英国、德国等发达国家从 20 世纪 70 年代开始就投入无人驾驶汽车的研究中，中国从 20 世纪 80 年代起也开始了无人驾驶汽车的研究。

2005 年，一辆名为 Stanley 的无人驾驶汽车以平均 40km/h 的速度跑完了美国莫哈维沙漠中的野外地形赛道，用时 6 小时 53 分 58 秒，完成了约 282km 的驾驶里程。Stanley 是由一辆大众途锐汽车经过改装而来的，由大众汽车技术研究部、大众汽车集团下属的电子研究工作实验室及斯坦福大学一起合作完成，其外部装有摄像头、雷达、激光测距仪等装置来感应周边环境，内部装有自动驾驶控制系统来完成指挥、导航、制动和加速等操作。2006 年，卡内基梅隆大学又研发了无人驾驶汽车 Boss，Boss 能够按照交通规则安全地驾驶通过附近有空军基地的街道，并且会避让其他车辆和行人。

近年来，伴随着人工智能浪潮的兴起，无人驾驶成为人们热议的话题，国内外许多公司都纷纷投入到自动驾驶和无人驾驶的研究中。例如，Google 正在积极研发无人驾驶汽车（Google Driverless Car），百度也已启动了“百度无人驾驶汽车”研发计划，其自主研发的无人驾驶汽车 Apollo 还曾亮相 2018 年央视春晚。

但是最近两年发现，无人驾驶的复杂程度远超几年前所预期的，要真正实现商业化还有很长的路要走。

### 2. 人脸识别

人脸识别也称人像识别、面部识别，是基于人的脸部特征信息进行身份识别的一种生物识别技术。人脸识别涉及的技术主要包括计算机视觉、图像处理等。

人脸识别系统的研究始于20世纪60年代，之后，随着计算机技术和光学成像技术的发展，人脸识别技术水平在20世纪80年代得到不断提高。在20世纪90年代后期，人脸识别技术进入初级应用阶段。目前，人脸识别技术已广泛应用于多个领域，如金融、司法、公安、边检、航天、电力、教育、医疗等。

### 3. 机器翻译

机器翻译是计算机语言学的一个分支，是利用计算机将一种自然语言转换为另一种自然语言的过程。机器翻译用到的技术主要是神经机器翻译技术（Neural Machine Translation，NMT），该技术当前在很多语言上的表现已经超过人类。

随着经济全球化进程的加快及互联网的迅速发展，机器翻译技术在促进政治、经济、文化交流等方面的价值凸显，也给人们的生活带来了许多便利。例如我们在阅读英文文献时，可以方便地通过有道翻译、Google翻译等网站将英文转换为中文，免去了查字典的麻烦，提高了学习和工作的效率。

### 4. 声纹识别

生物特征识别技术包括很多种，除了人脸识别，目前用得比较多的有声纹识别。声纹识别是一种生物鉴权技术，也称为说话人识别，包括说话人辨认和说话人确认。声纹识别的工作过程为，系统采集说话人的声纹信息并将其录入数据库，当说话人再次说话时，系统会采集这段声纹信息并自动与数据库中已有的声纹信息做对比，从而识别出说话人的身份。

相比于传统的身份识别方法（如钥匙、证件），声纹识别具有抗遗忘、可远程的鉴权特点，在现有算法优化和随机密码的技术手段下，声纹也能有效防录音、防合成，因此安全性高、响应迅速且识别精准。同时，相较于人脸识别、虹膜识别等生物特征识别技术，声纹识别技术具有可通过电话信道、网络信道等方式采集用户的声纹特征的特点，因此其在远程身份确认上极具优势。

目前，声纹识别技术有声纹核身、声纹锁和黑名单声纹库等多项应用案例，可广泛应用于金融、安防、智能家居等领域，落地场景丰富。

### 5. 智能客服机器人

智能客服机器人是一种利用机器模拟人类行为的人工智能实体形态，它能够实现语音识别和自然语义理解，具有业务推理、话术应答等能力。

当用户访问网站并发出会话时，智能客服机器人会根据系统获取的访客地址、IP和访问路径等，快速分析用户意图，回复用户的真实需求。同时，智能客服机器人拥有海量的行业背景知识库，能对用户咨询的常规问题进行标准回复，提高应答准确率。智能客服机器人广泛应用于商业服务与营销场景，为客户解决问题、提供决策依据。同时，智能客服机器人在应答过程中，可以结合丰富的对话语料进行自适应训练，因此，其在应答话语上将变得越来越精确。

随着智能客服机器人的垂直发展，它已经可以深入解决很多企业的细分场景下的问题。比如电商企业面临的售前咨询问题，对大多数电商企业来说，用户所咨询的售前问题普遍围绕价格、优惠、货品来源渠道等主题，传统的人工客服每天都会对这几类重复性的问题进行回答，导致无法及时为存在更多复杂问题的客户群体提供服务。

### 6. 智能外呼机器人

智能外呼机器人是人工智能在语音识别方面的典型应用，它能够自动发起电话外呼，以语音合成的自然人声形式，主动向用户群体介绍产品。

在外呼期间，它可以利用语音识别和自然语言处理技术获取客户意图，而后采用针对性话术与用户进行多轮交互会话，最后对用户进行目标分类，并自动记录每通电话的关键点，以成功完成外呼工作。

从2018年年初开始，智能外呼机器人呈现出井喷式兴起状态，它能够在互动过程中不带有情绪波动，并且自动完成应答、分类、记录和追踪，助力企业完成一些烦琐、重复和耗时的操作，从而解放人工，减少大量的人力成本和重复劳动力，让员工着力于目标客群，进而创造更高的商业价值。当然智能外呼机器人也带来了另一面，即会对用户造成频繁的打扰。基于维护用户的合法权益，促进语音呼叫服务端健康发展，2020年8月31日工信部下发了《通信短信息和语音呼叫服务管理规定（征求意见稿）》，意味着未来的外呼服务，无论人工还是人工智能，都需要持证上岗，而且还要在监管、监视下进行，这也对智能外呼机器人的用户体验和服务质量提出了更高的要求。

### 7. 智能音箱

智能音箱是语音识别、自然语言处理等人工智能技术的电子产品类应用与载体，随着智能音箱的迅猛发展，其也被视为智能家居的未来入口。究其本质，智能音箱就是能完成对话环节的拥有语音交互能力的机器。通过与它直接对话，家庭消费者能够完成自助点歌、控制家居设备和唤起生活服务等操作。

支撑智能音箱交互功能的前置基础主要包括将人声转换成文本的自动语音识别（Automatic Speech Recognition，ASR）技术，对文字进行词性、句法、语义等分析的自然语言处理（Natural Language Processing，NLP）技术，以及将文字转换成自然语音流的语音合成（Text To Speech，TTS）技术。

在人工智能技术的加持下，智能音箱也逐渐以更自然的语音交互方式创造出更多家庭场景下的应用。

### 8. 个性化推荐

个性化推荐是一种基于聚类与协同过滤技术的人工智能应用，它建立在海量数据挖掘的基础上，通过分析用户的历史行为建立推荐模型，主动给用户提供匹配他们的需求与兴趣的信息，如商品推荐、新闻推荐等。个性化推荐既可以为用户快速定位需求产品，弱化用户被动消费意识，提升用户兴趣和留存黏性，又可以帮助商家快速引流，找准用户群体与定位，做好产品营销。

个性化推荐系统广泛存在于各类网站和App中，本质上，它会根据用户的浏览信息、用户基本信息和对物品或内容的偏好程度等多因素进行考量，依托推荐引擎算法进行指标分类，将与用户目标因素一致的信息内容进行聚类，经过协同过滤算法，实现精确的个性化推荐。

### 9. 医学图像处理

目前人工智能在医疗领域的典型应用就是医学图像处理，它的处理对象是由各种不同成像机理，如在临床医学中广泛使用的核磁共振成像、超声成像等生成的医学影像。传统的医学影像诊断，主要通过观察二维切片图去发现病变体，这往往需要依靠医生的经验来判断。而利用计算机图像处理技术，可以对医学影像进行图像分割、特征提取、定量分析和对比分析等工作，进而完成病灶识别与标注，针对肿瘤放疗环节的影像的靶区自动勾画，以及手术环节的三维影像重建。

该应用可以辅助医生对病变体及其他目标区域进行定性甚至定量分析，从而大大提高医疗诊断的准确性和可靠性。另外，医学图像处理在医疗教学、手术规划、手术仿真、各类医学研究、医学二维影像重建中也起到重要的辅助作用。

### 10. 图像搜索

图像搜索是近几年用户需求日益旺盛的信息检索类应用，分为基于文本的和基于内容的两类搜索方式。传统的图像搜索只识别图像本身的颜色、纹理等要素，基于深度学习的图像搜索还会计入人脸、姿态、地理位置和字符等语义特征，针对海量数据进行多维度的分析与匹配。

该技术的应用与发展，不仅是为了满足当下用户利用图像匹配搜索以顺利查找到相同或相似目标物的需求，更是为了通过分析用户的需求与行为，如搜索同款、相似物比对等，确保企业的产品迭代和服务升级在后续工作中更加聚集。

## 四、区块链

区块链是计算机技术的一种新的应用模式，如分布式数据存储、点对点传输、共识机制和加密算法。从狭义的角度而言，区块链是一种以时间序列为核心，存储、处理数据块的一种链式数据结构，具有防篡改性和加密性，能够保障数字信息安全；从广义的角度而言，区块链技术是一种以块链式结构存储与处理数据，以分布式节点存储、处理、产生、更新数据，以加密技术保护数据，以及利用自动脚本代码在全新的分布式基础架构和计算方法中编程和操作数据的智能合约。

### （一）区块链的特点

虽然不同报告中对区块链的介绍措辞不尽相同，但“去中心化、开放性、自治性、信息不可篡改和匿名性”这五个基本特征得到了共识。

#### 1. 去中心化

是指由于区块链使用分布式核算和存储，不存在中心化的硬件或管理机构，任意节点的权利和义务都是均等的，系统中的数据块由整个系统中具有维护功能的节点来共同维护。

#### 2. 开放性

是指区块链系统是开放的，除了对交易各方的私有信息进行加密，区块链数据对所有人公开，任何人都能通过公开的接口，对区块链数据进行查询，并能开发相关应用，整个系统的信息高度透明。

#### 3. 自治性

是指建立在规范和协议的基础上。区块链采用协商一致的规范和协议（如公开透明的算法），使系统中的所有节点都能在去信任的环境中自由安全地交换数据，让对“人”的信任改成对机器的信任，任何人为的干预都无法发挥作用。

#### 4. 信息不可篡改

即一旦信息经过验证并添加到区块链，就会被永久地存储起来，除非同时控制系统中超过51%的节点，否则单个节点上对数据库的修改是无效的。正因为如此，区块链数据的稳定性和可靠性都非常高，区块链技术从根本上改变了中心化的信用创建方式，通过数学原理而非中心化信用机构来低成本地建立信用，出生证、房产证、婚姻证等都可以在区块链上进行公证，拥有全球性的中心节点，变成全球都信任的东西。

5. 匿名性

是指节点之间的交换遵循固定算法，其数据交互是无须信任的，交易对手不用通过公开身份的方式让对方对自己产生信任，有利于信用的累积。

## （二）区块链的发展趋势

### 1. 区块链成为全球技术发展的前沿阵地，开辟国际竞争新赛道

区块链将成为进一步提速数字经济发展的新型关键基础设施，引领全球新一轮技术变革和产业变革，成为技术创新和模式创新的“策源地”。世界主要发达国家将进一步加大对区块链技术的关注度，密集出台相关政策规划，加大产业扶持引导，提升本国区块链技术和产业的竞争力。

### 2. 数字货币泡沫逐步冷却

随着区块链技术概念的传播普及，越来越多的人将认识到比特币并不等同于区块链，各种空气币将逐步被淘汰，区块链技术创新将回归到更加理性的轨道。去中心化、多方协同、防篡改等技术特征将受到相关行业领域的高度重视，部分创新能力较强的行业结合行业特征改造后的区块链应用将不断涌现。

### 3. 区块链技术体系逐渐清晰，跨领域集成创新程度进一步加大

随着应用场景的不断拓展，区块链技术本身也将不断演进变化，在共识机制、分布式账本、智能合约等关键核心技术的基础之上，区块链技术将加快与云计算、大数据、人工智能等前沿技术的深度融合与集成创新。区块链技术将进一步加快物流、信息流、资金流融合，切实发挥出推进实体经济转型升级和创新发展的巨大作用。

### 4. 区块链将是一种改变生产关系的基础设施，基于价值的可编程社会将成为现实

区块链将推动人类社会建立基于加密算法而无须人工干预的新型信任机制，越来越多的经济社会事务和中介机构将会被程序代码和算法所替代。人们将更愿意以共同参与、公平可见、基于技术的机制来构建信任、传递价值、开展合作，人与人之间、产业上下游之间将形成更加平等的生产合作关系，共建、共享、共治的平台经济将更好地解决多元主体之间的共赢合作和利益分成等问题。

# 第三节　数字服务贸易产品创新

在数字化的浪潮面前，传统企业不必恐惧互联网企业的技术优势。只要抓住交付基础设施、API 和架构治理、数据自服务、创新实验基础设施和监控体系、用户触点技术这五个支柱，逐步建设自己的数字平台，不断提升 IT 效能、构建本行业的数字化生态系统、养成创新实验的习惯，传统企业就可以用数字技术激活自己多年积累的核心资产，在新的竞争环境中找到自己的一席之地。

## 一、5G 网络服务拓展类型创新

以 5G 为代表的新一代信息通信技术与工业经济深度融合，为工业乃至产业数字化、网络化、智能化发展提供了新的实现途径。

### （一）5G 在工业领域的应用

5G 在工业领域丰富的综合应用场景，将为工业体制改革带来巨大潜力，使工业智能化、绿色化。“5G+互联网产业”项目的行业应用层面，从生产的外围环节逐步延伸到研发设计、生产、质检、故障运营、物流运输、安全管理等核心环节，在电子设备制造、装备制造、钢铁、矿山、电力等五大行业率先发展，已培育出帮助企业降低成本、提高质量、保障生产安全的十大典型应用场景，包括协同研发设计、远程设备控制、设备协同作业、柔性制造、现场辅助装配、机器视觉质检、设备故障诊断、工厂智能物流、无人智能检测、生产现场监控等。

### （二）车联网与自动驾驶

5G 远程信息技术促进汽车和交通应用服务智能化升级。5G 网络的大带宽、低延迟特性，支持车载 VR 视频通话、现实世界导航等实时业务的实现。C-V2X 具有低延迟、高可靠性和广播传输（包括直接通信和 5G 网络通信）的特点，车辆可以实时广播自身定位、运行状态等基本安全信息，交通管理和指令信息可以通过红绿灯或电子标志进行广播，支持交叉口碰撞预警、交通灯引导等应用的实现，大幅提升车辆驾驶安全和行驶效率。5G 网络可支持港口岸桥区域、自动装卸区域和港口区域的车辆无人驾驶应用，显著降低自动引导运输车辆控制信号的时间延迟，确保无线通信质量和运行可靠性，使智能货物数据传输系统实现 24 小时全程实时在线监控。

### （三）教育领域

5G在教育领域的应用主要围绕智慧课堂及智慧校园两方面开展。5G+智慧课堂，凭借5G低时延、高速率特性，结合VR/AR/全息影像等技术，可实现实时传输影像信息，为两地提供全息、互动的教学服务，提升教学体验；5G智能终端可通过5G网络收集教学过程中的全场景数据，结合大数据及人工智能技术，可构建学生的学情画像，为教学等提供全面、客观的数据分析，提升教育教学精准度。5G+智慧校园，基于超高清视频的安防监控可为校园提供远程巡考、校园人员管理、学生作息管理、门禁管理等应用，解决校园陌生人进校、危险探测不及时等安全问题，提高校园管理效率和水平；基于AI图像分析、地理信息系统（GIS）等技术，可为学生出行、活动、饮食安全等环节提供全面的安全保障服务，让家长及时了解学生的在校位置及表现，打造安全的学习环境。

### （四）医疗领域

5G通过赋能现有智慧医疗服务体系，提升远程医疗、应急救护等服务能力和管理效率，并催生5G+远程超声检查、重症监护等新型应用场景。

5G+超高清远程会诊、远程影像诊断、移动医护等应用，在现有智慧医疗服务体系上，叠加5G网络能力，极大提升远程会诊、医学影像、电子病历等数据传输速度和服务保障能力。在抗击新冠疫情期间，解放军总医院联合相关单位快速搭建5G远程医疗系统，提供远程超高清视频多学科会诊、远程阅片、床旁远程会诊、远程查房等应用，支援湖北新冠感染危重症患者救治，有效缓解抗疫一线医疗资源紧缺问题。

5G+应急救护等应用，在急救人员、救护车、应急指挥中心、医院之间快速构建5G应急救援网络，在救护车接到患者的第一时间，将病患体征数据、病情图像、急症病情记录等以毫秒级速度无损实时传输到医院，帮助院内医生做出正确指导并提前制定抢救方案，实现患者“上车即入院”的愿景。

5G+远程手术、重症监护等治疗类应用，由于其容错率极低，并涉及医疗质量、患者安全、社会伦理等复杂问题，其技术应用的安全性、可靠性需进一步研究和验证，预计短期内难以在医疗领域实际应用。

### （五）智慧城市领域

5G助力智慧城市在安防、巡检、救援等方面提升管理与服务水平。在城市安防监控方面，结合大数据及人工智能技术，5G+超高清视频监控可实现对人脸、行为、特殊物品、车辆等的精确识别，形成对潜在危险的预判能力和紧急事件的快速响应能力；在城市安全巡检方面，5G 结合无人机、无人车、机器人等安防巡检终端，可实现城市立体化智能巡检，提高城市日常巡查的效率；在城市应急救援方面，5G 通信保障车与卫星回传技术可实现救援区域海陆空一体化的 5G 网络覆盖；5G+VR/AR 可协助中台应急调度指挥人员能够直观、及时了解现场情况，更快速、更科学地制定应急救援方案，提高应急救援效率。目前公共安全和社区治安成为城市治理的热点领域，以远程巡检应用为代表的环境监测也将成为城市发展的关注重点。未来，城市全域感知和精细管理成为必然发展趋势，仍需长期持续探索。

### （六）信息消费领域

5G 给垂直行业带来变革与创新的同时，也孕育新兴信息产品和服务，改变人们的生活方式。在 5G+云游戏方面，5G 可实现将云端服务器上渲染压缩后的视频和音频传送至用户终端，解决了云端算力下发与本地计算力不足的问题，解除了游戏优质内容对终端硬件的束缚和依赖，对于消费端成本控制和产业链降本增效起到了积极的推动作用。在 5G+4K/8K VR 直播方面，5G 技术可解决网线组网烦琐、传统无线网络带宽不足、专线开通成本高等问题，可满足大型活动现场海量终端的连接需求，并带给观众超高清、沉浸式的视听体验；5G+多视角视频，可实现同时向用户推送多个独立的视角画面，用户可自行选择视角观看，带来更自由的观看体验。在智慧商业综合体领域，5G+AI 智慧导航、5G+AR 数字景观、5G+VR 电竞娱乐空间、5G+VR/AR 全景直播、5G+VR/AR 导购及互动营销等应用已开始在商圈及购物中心落地应用，并逐步规模化推广。未来随着 5G 网络的全面覆盖以及网络能力的提升，5G+沉浸式云 XR、5G+数字孪生等应用场景也将实现，让购物消费更具活力。

### （七）金融领域

金融科技相关机构正积极推进 5G 在金融领域的应用探索，应用场景多样化。银行业是 5G 在金融领域落地应用的先行军，5G 可为银行提供整体的改造。前台方面，综合运用 5G 及多种新技术，实现了智慧网点建设、机器人全程服务客户、远程业务办理等；中后台方面，通过 5G 可实现“万物互联”，从而为数据分析和决策提供辅助。除银行业外，证券、保险和其他金融领域也在积极推动“5G+”发展，5G 开创的远程服务等新交互方式为客户带来全方位数字化体验，线上即可完成证券开户审核、保险查勘定损和理赔，使金融服务不断走向便捷化、多元化，带动了金融行业的创新变革。

## 二、区块链服务

### （一）金融领域

区块链在国际汇兑、信用证、股权登记和证券交易所等金融领域有着潜在的巨大应用价值。将区块链技术应用在金融行业中，能够省去第三方中介环节，实现点对点直接对接，从而在大大降低成本的同时，快速完成交易支付。

比如 VISA 推出基于区块链技术的 VISA B2B Connect，它能为机构提供一种费用更低、更快速和安全的跨境支付方式来处理全球范围的企业对企业的交易。要知道传统的跨境支付需要等 3～5 天，并为此支付 1%～3%的交易费用。VISA 还联合 Coinbase 推出了首张比特币借记卡，花旗银行则在区块链上测试运行加密货币“花旗币”。

### （二）物联网和物流领域

区块链在物联网和物流领域也可以有机结合。通过区块链可以降低物流成本，追溯物品的生产和运送过程，并且提高供应链管理的效率。该领域被认为是区块链一个很有前景的应用方向。

区块链通过节点连接的散状网络分层结构，能够在整个网络中实现信息的全面传递，并能够检验信息的准确程度。这种特性一定程度上提高了物联网交易的便利性和智能化。区块链+大数据的解决方案就利用了大数据的自动筛选过滤模式，在区块链中建立信用资源，可双重提高交易的安全性，并提高物联网交易便利程度，为智能物流模式应用节约时间成本。区块链节点具有十分自由的进出能力，可独立参与或离开区块链体系，不对整个区块链体系有任何干扰。区块链+大数据解决方案就利用了大数据的整合能力，促使物联网基础用户拓展更具有方向性，便于在智能物流的分散用户之间实现用户拓展。

### （三）公共服务领域

区块链在公共管理、能源、交通等领域都与民众的生产生活息息相关，但是这些领域的中心化特质也带来了一些问题，可以用区块链来改造。区块链提供的去中心化的完全分布式 DNS 服务通过网络中各个节点之间的点对点数据传输服务就能实现域名的查询和解析，可用于确保某个重要的基础设施的操作系统和固件没有被篡改，可以监控软件的状态和完整性，发现不良的篡改，并确保使用了物联网技术的系统所传输的数据没有经过篡改。

### （四）数字版权领域

通过区块链技术，可以对作品进行鉴权，证明文字、视频、音频等作品的存在，保证权属的真实性、唯一性。作品在区块链上被确权后，后续交易都会进行实时记录，实现数字版权全生命周期管理，也可作为司法取证中的技术性保障。例如，美国纽约一家创业公司 Mine Labs 开发了一个基于区块链的元数据协议，这个名为 Media Chain 的系统利用 IPFS 文件系统，实现数字作品版权保护，主要是面向数字图片的版权保护应用。

### （五）保险领域

在保险理赔方面，保险机构负责资金归集、投资、理赔，往往管理和运营成本较高。通过智能合约的应用，既无需投保人申请，也无需保险公司批准，只要触发理赔条件，即可实现保单自动理赔。一个典型的应用案例就是 Lender Bot，它是 2016 年由区块链企业 Stratumn、德勤与支付服务商 Lemonway 合作推出，它允许人们通过 Facebook Messenger 的聊天功能，注册定制化的微保险产品，为个人之间交换的高价值物品进行投保，而区块链在贷款合同中代替了第三方角色。

### （六）公益领域

区块链上存储的数据，可靠性高且不可篡改，适合用在社会公益场景。公益流程中的相关信息，如捐赠项目、募集明细、资金流向、受助人反馈等，均可以存放于区块链上，并且有条件地进行透明公开公示，方便社会监督。

# 第八章

# 数字营销

随着以互联网为代表的技术的发展，营销环境发生了巨大的变化，营销思维也经历了变迁。菲利普·科特勒将营销的演化划分为五个阶段，从 1.0 时代以产品为核心，到 2.0 时代消费者导向，发展为 3.0 时代品牌导向，再到 4.0 时代数字导向，最终到 5.0 时代科技为人性服务。

# 第一节　数字营销概述

传统的国际贸易中，主要通过人员推销、广告营销、市场推广、商品交易会等方式传播和营销商品，而在数字贸易中，企业通过互联网平台、社交媒体等快速有效地将商品信息传递给消费者，消费者也可以通过搜索引擎迅速找到全球各类商品信息。

## 一、数字营销的概念与特点

数字贸易通常是通过联合运营模式，倡导企业以统一的标准搭建全球公共数字贸易平台，并以消费收益调动消费者参与的积极性。平台不提供商品，通过供求双方互动电子信息通道达成数字化信息的高速交换，将数字化信息作为交易标的，在完成商品服务交易时实现收益。

### （一）数字营销的概念

随着物联网、大数据、云计算、人工智能等技术的发展，营销的思想和环境发生了巨大的变化，从单向思维模式的传统营销过渡到以数据为指导的数字营销。关于数字营销的定义，国内外学者都提出了自己的见解，尚未形成统一的概念。与此同时，随着时代与互联网新技术的变迁，数字营销的内涵和外延也在不断升级。美国的市场营销协会将数字营销定义为：数字营销是使用数字技术来营销产品和服务，包含了很多互联网营销的技术与实践，但它的范围更广泛，还包括手机及数字展示广告等数字媒体。

国内学者阳翼认为数字营销是使用数字媒体推广产品和服务的营销传播活动，主要包括社会化媒体营销、移动营销、微电影营销、虚拟游戏营销、搜索引擎营销（Search Engine Marketing，SEM）和电子商务营销六种方式。周茂君认为数字营销是利用网络技术、数据技术和通信技术等技术手段，借助各种数字媒体，针对明确的目标用户，为推广产品或服务、实现营销目标而展开的精准化、个性化、定制化的实践活动，它是数字时代与用户建立联系的一种独特营销方式。

数字营销不仅仅是一种技术手段的革命，而且包含了更深层的观念革命。它是目标营销、直接营销、分散营销、客户导向营销、双向互动营销、远程或全球营销、虚拟营销、无纸化交易、客户参与式营销的综合。数字营销赋予了营销组合以新的内涵，其功能主要有信息交换、网上购买、网上出版、电子货币、网上广告、企业公关等，是数字经济时代企业的主要营销方式和发展趋势。

### （二）数字营销的特点

数字营销是企业营销战略思维的升级，基于数字技术的应用建立内容平台和数字平台，利用数字营销的新工具和新方法实现与目标用户的及时有效沟通。与传统营销相比，数字营销具有深度互动性、目标精准性、平台多样性以及个性化、一体化、成本优势。

#### 1. 深度互动性

互动性是数字营销的本质特征，随着数字媒体的发展，消费者参与营销传播变得非常容易。数字营销将不受货架和库存的限制，提供巨大的产品展示和销售的舞台，给客户提供几乎无限的选择空间。比如百事可乐的“把乐带回家”系列微电影，将互动视频技术融入里面，微电影结合互动播放功能推出《家有一宝》互动版，让用户参与视频互动环节体验“看剧寻宝”。

#### 2. 目标精准性

由于数字技术的应用，企业可以更广泛地收集和分析消费者信息，从而能精准地描绘消费者画像，满足消费者的潜在需求。与此同时，大数据技术为企业广告精准投放提供了良好的基础。营销产品的种类、价格和营销手段等可根据客户的需求、竞争环境或库存情况及时调整，网络能超越时空限制与多媒体声光功能范畴，并助力销售模式不断创新。

#### 3. 平台多样性

除了传统的网站、App、微信和微博等平台，数字营销的平台逐渐多元化，如近几年来发展势头比较猛的短视频、直播等。对于企业来说，面对这么多平台，需要站在全局的角度考虑如何整合多平台，实现全方位传播。

#### 4. 个性化

随着人们生活水平的提高，在消费升级的背景下，个性化、定制化越来越受到消费者的青睐。在大数据分析的基础上，企业更容易洞察消费者的个性化需求。数字营销根据客户的需求提供个性化的产品，并跟踪每个客户的购买习惯和偏好，推荐相关产品。数字营销的一对一服务给了顾客更多的自由去考虑和避免冲动购物，让他们在做出决定之前可以进行更多的比较。在线服务可以是一天 24 小时，而且快得多。公司不仅可以提供售后服务，还可以在客户咨询和购买过程中提供及时的服务，帮助客户完成购买。通常售后服务成本占开发成本的 67%，提供在线服务可以降低这一成本。

#### 5. 一体化

前后台紧密整合，是快速响应客户个性化需求的基础。从产品信息到付款、售后服务一步到位，也是一种全渠道营销。另外，企业可以利用互联网将不同的传播和营销活动统一起来进行设计规划和协调实施，避免传播不一致带来的负面影响。

#### 6. 成本优势

在网上发布信息，成本有限，产品将直接推向消费者，可以缩短配送链，发布信息的人可以自主请求，拓宽销售范围，这样可以节约推广成本，从而降低成本，使产品具有竞争力的价格。访问的对象主要是对这类产品感兴趣的客户，受众精准，避免了很多无用的信息，节省了成本。还可以根据订单状态调整库存水平，降低库存成本。

基于这些特点，数字营销提供了许多前所未有的竞争优势。能够将产品介绍、促销、客户意见调查、广告、公关、客户服务等各种营销活动整合成单一的、一对一的沟通方式，真正达到营销组合所追求的整合效果。这些营销活动不受时间和地点的限制，而是将文字、声音、视频、网络和视听相结合，以动态或静态的方式呈现。这些特性的结合造就了无数的经销商和商业代表。

## 二、数字营销的发展历程

数字营销的发展历程大致可以分为四个阶段，分别是数字营销 1.0、数字营销 2.0、数字营销 3.0、数字营销 4.0。各个阶段随技术水平的更新迭代，数字营销重心及关键特征也不断升级。

### （一）数字营销 1.0：基于 Web1.0 的单向营销

1994 年 10 月，美国的 Wired 杂志推出 hotwired.com 网站，在主页上刊登了 AT&T 等 14 个客户的横幅广告，互联网上的第一个广告由此诞生。它标志着互联网网站也可以成为广告媒体，而电视、报纸、广播、杂志等则成为传统媒体。同时，网络广告第一次使得广告效果可以测量，可以记录点击过该广告的人数，让更多的投资者看到了互联网的商业价值。同年，雅虎（Yahoo!）成立，次年 Yahoo! 开始销售广告，1997 年仅广告业务就为 Yahoo!创造了超过 7000 万美元的收入。我们可以发现 1994 年是营销发展历程中非常重要的年份，因为可以认为从 1994 年开始，数字营销进入 1.0 时代。这一阶段的数字营销主要基于 Web1.0 技术，主要的特征是互联网只是信息发布的简单平台，网页的内容主要是网站的运营人员或网络营销人员创作的，而用户只能单纯地通过浏览器获取信息。因此，营销信息的传递是单向的。

### （二）数字营销 2.0：基于 Web2.0 的互动营销

与 Web1.0 不同，Web2.0 时代用户不仅局限于浏览，他们还可以自己创建内容并上传到互联网上。Web2.0 的特点是个性化、去中心化、交互性等。Web2.0 的发展和不断渗透，彻底重新定义了数字营销。Web2.0 的典型应用就是 SNS（Social Network Site），即“社交网络”或“社交网”“社会化网络”。SNS 实际上是由电子公告栏系统（Bulletin Board System，BBS）和博客（Blog）演化而来，国内的开心网、人人网、豆瓣、知乎、微博、微信，国外的 Facebook（脸书）、YouTube、Twitter 等，其实都是 SNS 社交网络的范畴，只是在不同的时代背景或文化背景下发展进化，形成了各具特色的网络新形态。这个阶段从 2002 年开始，被称为数字营销 2.0。

### （三）数字营销 3.0：基于大数据的精准营销

随着信息技术的高速发展，尤其是以互联网、物联网、信息获取、社交网络等为代表的技术日新月异，数据的来源及其数量正以前所未有的速度增长，“大数据”一词越来越多地被提及。“大数据”这一概念不仅指规模庞大的数据对象，也包含对这些数据对象的处理和应用活动，是数据对象、技术与应用三者的统一。随着大数据在各行业的应用，数字营销迎来新的阶段。

与前面两个时代相比，数字营销 3.0 时代的最大特征是企业利用大数据技术，可以在合适的时机，通过合适的渠道，在合适的场景，把合适的产品，提供给合适的用户，从而可以获取更精准、可衡量和高投资回报的营销沟通。2013 年被很多专家称为“大数据元年”，从这一年开始数字营销进入 3.0 时代。

### （四）数字营销 4.0：基于 AI 的智慧营销

近年来，人工智能技术的逐渐成熟给营销领域带来了极大的变革。基于 AI 的智慧营销本质上是在人工智能的基础上，利用自然语言、机器学习及知识图谱等技术，对营销中的关键环节如数据处理、内容投放以及效果监测等进行赋能，从而对投放策略进行优化，做到投放更有针对性。比如京东智联云的 AI 技术为用户多元购物体验赋能，京小智的智能客服可以智能生成数百万营销文案，每天相当于超过 500 个文案编辑人员的工作量。基于 AI 的智慧营销的核心是帮助营销行业节约成本、提高效率、拓展更多营销渠道。

需要注意的是，数字营销的四个发展阶段不是后者推翻前者，而是不断迭代升级。当迈入一个新阶段，前一个时代的数字营销并未消失，而是与后一个时代的数字营销共存互补。

### 三、数字技术、数字媒体与数字营销

5G、人工智能、云计算、物联网等新一代数字技术的发展，推动着媒体格局、传播技术、受众对象等的深刻变化，带来了媒体领域前所未有的革命。在此背景下，数字媒体应运而生。数字媒体指的是以二进制数形式记录、处理、传播、获取过程的信息载体，这些载体包括感觉媒体、逻辑媒体和实物媒体。感觉媒体一般指数字化的文字、声音、图形、图像、动画和视频影像等。逻辑媒体指的是表示感觉媒体的各种编码等。实物媒体指的是存储、传输、显示逻辑媒体。根据拉斯韦尔的“5W”理论，数字媒体具有传播者多样化、传播内容海量化、受传者个性化、传播渠道交互化、传播效果智能化五大特点。而数字技术的广泛应用使得数字媒体的优势极大发挥。

数字技术的诞生，正在改变我们信息的收集方式、生产方式、分发方式，甚至改变了我们的生活方式，传统媒体与新兴媒体之间的界限也变得越来越模糊。数字媒体和数字营销是相伴而生的，数字媒体为数字营销提供了新的舞台，而数字营销的发展又反过来加速了数字媒体平台的繁荣和发展。因此，数字技术、数字媒体和数字营销是递进关系。

## 第二节　数字营销战略

数字营销商需要从战略上谋划，如何收集和利用如今已经多到泛滥的数字数据。以前习惯于从家人或朋友处了解产品并获得建议的消费者，开始阅读在线评论，在网站上对产品特性和价格进行比较，并通过社交网站对各种选择进行讨论。这种信息流不仅增强了消费者的能力，而且还使营销部门在消费者积极地了解产品种类并对选择进行评估时，能够参与消费者的对话。

## 一、数字营销战略实施背景

数字营销战略指可以通过在线渠道实现的组织具体目标。在一个许多消费者在移动设备上交易的时代，执行良好的数字营销战略对组织成功至关重要。审查组织媒体资产的现状很重要。通过宏观视角查看，意味着营销人员需要评估其组织的自媒体、付费和免费的媒体。

### （一）审查组织内容

自媒体：媒体代表一个组织在其完全控制下拥有和运营的任何通信渠道。从网站和博客到播客和视频频道，组织可以利用自有媒体来适应任何营销战略。

付费媒体：付费媒体是指向第三方支付报酬换取传播资源的媒体。从赞助内容到有影响力的营销和数字广告，付费媒体在许多数字营销战略中都很普遍。

免费媒体：免费媒体由与公司或品牌完全分开的第三方拥有。在数字世界中，这种类型的曝光通常以奖项、推荐信、评论或用户提交的内容的形式出现。

最终，数字营销战略将寻求最大限度地发挥自由、付费和免费媒体在数字世界中的影响。因此，这些营销战略将包括多种渠道和方法，涵盖网站内容和博客以及在线广告、推荐信和评论。归根结底，数字营销战略将根据相关业务和行业的类型进行更改。

### （二）调整数字营销战略

科特勒将营销分为营销 1.0、营销 2.0、营销 3.0、营销 4.0 以及最新的营销 5.0。营销 1.0 就是工业化时代以产品为中心的营销，营销 1.0 始于工业革命时期的生产技术开发。当时的营销就是把工厂生产的产品全部卖给有支付能力的人。这些产品通常都比较初级，其生产目的就是满足大众市场的需求。在这种情况下，企业尽可能地扩大规模、标准化产品，不断降低成本以形成低价格来吸引顾客，最典型的例子莫过于当年只有一种颜色的福特 T 型车——“无论你需要什么颜色的汽车，福特只有黑色的”。

营销 2.0 是以消费者为导向的营销，其核心技术是信息科技，企业向消费者诉求情感与形象。20 世纪 70 年代，西方发达国家信息技术的逐步普及使产品和服务信息更易为消费者获得，消费者可以更方便地对相似的产品进行对比。营销 2.0 的目标是满足并维护消费者，企业获得成功的黄金法则就是“客户即上帝”。在这个时代里，企业眼中的市场已经变成有思想和选择能力的聪明消费者，企业需要通过满足消费者特定的需求来吸引消费者，正如宝洁、联合利华等快速消费品企业开发出几千种不同档次的日化产品来满足不同人的需求。

营销 3.0 是合作性、文化性和精神性的营销，也是价值驱动的营销。和以消费者为中心的营销 2.0 时代一样，营销 3.0 也致力于满足消费者的需求。但是，营销 3.0 时代的企业必须具备更远大，服务整个世界的使命、远景和价值观，它们必须努力解决当今社会存在的各种问题。换句话说，营销 3.0 已经把营销理念提升到了一个关注人类期望、价值和精神的新高度，它认为消费者是具有独立意识和感情的完整的人，他们的任何需求和希望都不能忽视。营销 3.0 把情感营销和人类精神营销很好地结合到了一起。在全球化经济震荡发生时，营销 3.0 和消费者的生活更加密切相关，这是因为快速出现的社会、经济和环境变化与动荡对消费者的影响正在加剧。营销 3.0 时代的企业努力为应对这些问题的人寻求答案并带来希望，因此它们也就更容易和消费者形成内心共鸣。在营销 3.0 时代，企业之间靠彼此不同的价值观来区分定位。在经济形势动荡的年代，这种差异化定位方式对企业来说是非常有效的。因此，科特勒也把营销 3.0 称为“价值观驱动的营销”（Values-Driven Marketing）。

营销 4.0 是菲利普·科特勒观点的进一步升级。在丰饶的社会中，马斯洛需求中的生理、安全、爱和归属感、尊重的四层需求相对容易被满足，但是客户对于处于较高层级的自我实现形成了一个很大的诉求，营销 4.0 正是要解决这一问题。随着移动互联网以及新的传播技术的出现，客户能够更加容易地接触到所需要的产品和服务，也更加容易和那些与自己有相同需求的人进行交流，于是出现了社交媒体，出现了客户社群。企业将营销的中心转移到如何与消费者积极互动、尊重消费者作为“主体”的价值观，让消费者更多地参与到营销价值的创造中来。而在客户与客户、客户与企业不断交流的过程中，由于移动互联网、物联网所造成的“连接红利”，大量的消费者行为、轨迹都留有痕迹，产生了大量的行为数据，我们将其称为“消费者比特化”。这些行为数据的背后实际上代表着无数与客户接触的连接点。如何洞察与满足这些连接点所代表的需求，帮助客户实现自我价值，是营销 4.0 所需要面对和解决的问题，它是以价值观、连接、大数据、社群、新一代分析技术等为基础进行的。

## 二、数字经济的营销 4.0 内涵

营销 4.0 是一种结合企业与用户线上和线下交互的营销方式。在数字经济中，仅仅依靠数字交互是不够的，事实上，随着世界的网络化，线下交互代表着截然不同的特性。营销 4.0 也结合了风格和实质。诚然，随着技术的迅速革新，品牌的灵活性和适应性意义重大，但其实体的特征却变得愈发重要。在一个日益透明化的世界中，真实是企业最难能可贵的财富。最后，营销 4.0 利用了机对机连通性和人工智能来提高营销效率，利用人对人连通性促进用户的参与。

### （一）从传统市场向数字市场转变

首先，从细分和选择到用户社区确认机制。传统意义上，营销的起始点通常是市场细分，即根据客户的地理、人口、心理和行为特征，将市场划分为同质的群体。市场细分后通常进行目标市场选择，即挑选品牌心中契合的、有吸引力的一个或者多个用户群。细分和选择都是品牌战略中的根本部分，使资源分配和定位更为高效，并帮助营销人员为不同的客户群体提供不同的产品和服务。

但是，细分和选择也证明了这种客户和企业之间的关系是垂直的，就像猎人和猎物的关系一样。细分和选择是不征求客户意见的，来自营销人员单方面的决定。客户是决定市场细分群体的变量，其参与仅局限于市场调研时的信息输入，这种输入通常领先于市场细分和选择的进度。用户作为目标，常常受到无关信息的打扰和冒犯，许多人将品牌发送的单方向推送视为垃圾短信。

在数字经济中，用户同各个垂直社区的其他用户形成社会互联。在今天，社区就是新的市场群体，而不同于其他群体的是，社区是用户在自我定义下形成的。用户的社区不受到垃圾信息和无关广告的影响，事实上，它能抵制企业强行闯入社区关系的企图。

品牌想要与社区的用户有效交流，就必须请求许可。塞斯·高汀提出的“许可市场”理论，围绕着请求用户许可进行营销信息推送这一观点展开。但是，品牌在请求许可时，应该是真诚的帮助者，而非带着诱饵的猎人。同脸书上的机制一样，用户可以选择“确认”或“忽略”好友请求。这展示了用户和品牌间的水平关系，然而有很多企业仍然可以采用原有的细分、选择和定位策略，前提是其营销过程必须是透明的。

其次，从品牌定位和差异化到品牌特质和品牌密码解读。传统意义上，品牌是名字、标志和标语等一系列内容的组合，是品牌产品和服务相互区别的手段，也是公司品牌活动中产生的价值的载体。近些年来，品牌也成为品牌服务用户体验的一种体现。因此，由于企业活动的方方面面都与品牌有着密不可分的关系，品牌就成了企业战略的平台。

品牌的概念与品牌定位密切相关。自 20 世纪 80 年代起，品牌定位就成为客户心意的攻坚战。想要实现品牌成功，就必须有清晰和持续的定位，以及支持定位的差异化标准。品牌定位是营销人员为赢得用户心意，做出的具有说服力的承诺。想要展示品牌的真实特性，赢得用户的信任，营销人员必须信守这种承诺，用差异化的营销手段巩固其承诺。

在数字经济中，用户如今可以衡量甚至审视企业所做出的品牌定位承诺。由于社交媒体兴起所产生的透明性，品牌无法再做出虚假且无法证实的承诺。品牌可以随意地自我定位，但前提是必须具有服务社区的意识，让品牌定位优先于公司定位。

在今天，过去那种传统的依靠重复持续的品牌认证和定位，已经不足以实现成功了。随着新型技术的出现、产品周期的缩短和趋势的迅速变化，品牌只有具有动态性，才能在各种环境下适应自如。然而，其中不该变化的，是品牌的特性和密码。品牌特性是品牌存在的理由，只要品牌的密码能岿然不动，其外部的特征就可以随意变化。举例来说，谷歌和 MTV 有着数不清的品牌变体，谷歌称为“涂鸦”，而谷歌和 MTV 这样的品牌仍然能在变数中巩固统治地位。

## （二）从售卖“4P”到商业化“4C”

市场营销组合是满足消费者需要的营销经典工具。它有“4P”因素：产品、价格、渠道和促销。产品通常基于客户需求和市场调查进行研发，企业控制着品牌决策中从概念到生产的大部分环节。企业结合成本、竞争和客户价值等方面的定价策略，为品牌定出一个合理的价格。而在客户价值定价过程中，用户的购买付费意愿，是用户与定价环节的最大联系。

当企业决定了所提供的内容，即产品和价格后，就该决定如何实现，即渠道和促销。企业需要确定产品分销的渠道，让用户获得可行方便的购物体验；还需要采取广告、公关和促销手段，将产品信息传达给目标用户。当企业将营销组合的四个要素合理地设计和结合后，用户就会被产品价值主张所吸引，产品的销售也就变得更容易了。

在互联互通的时代，营销组合的概念变得更加需要用户的参与。4P 元素的营销组合如今应该被重新定义为 4C 元素——共同创造、通货、公共活动、对话。

### 1. 在数字经济中，共同创造是一种新产品开发的战略

通过在创意阶段使客户参与其中共同创造，企业能提高产品开发的成功率。共同创造还使得客户可以定制个性化的产品和服务，并创造更高级的价值主张。

数字时代的定价也在从标准化逐渐迈向一种动态的状态。动态的定价是根据市场需求和能力设定可以变化的价格，这种手段在住宿和机票行业中已经应用了很久。但技术的革新也将它代入了其他行业中，比如线上零售商就通过收集大量数据，实现大数据分析，为不同用户提供合适的价格。有了动态定价，企业可以根据购买历史、购物商户位置和其他用户信息为不同用户定下不同的价格，从而优化产品盈利。在数字经济中，价格就像通货，根据市场需求不断

地波动。

#### 2. 渠道的概念变化

在分享经济中，最重要的分销概念就是人对人分销。Airbnb、优步、Zipcar和Lending Club这样的企业分别改变了旅店、出租车、汽车租赁、借贷等产业，为用户带来了其他用户获得产品和服务的便捷渠道。3D打印技术的兴起将在不久的将来极大地促进这种分销机制。想象一下，客户想要购买某种商品，只需等待几分钟就能看到3D打印的商品摆在面前。在互联的世界中，客户对于产品和服务的需求都是即时的，这只有通过用户个体间的高度连通才能实现，而这一点也正是公共活动的本质。

#### 3. 促销的概念变化

传统的促销一直是单方面的活动，也就是企业向用户推送信息。而在今天，社交媒体的蓬勃发展使客户可以回应这些单方面的信息，让他们与他人交流这些信息。猫途鹰和Yelp这样的用户评分系统的出现，为用户提供了平台，让他们彼此交流和评价自己接触过的品牌。

企业如果有了互联的4C营销组合，就更可能在数字经济中存活下去，但销售的模式也要改变。传统情况下，客户是销售技巧的被动接受者，而在互联的世界里，双方都必须积极地积累商业价值。客户的参与程度越高，企业的商业化对于客户来说就越透明。

### （三）从客服环节到合作用户关怀

在购买前，客户被视作目标，而一旦他们决定购买，在传统的客服活动中他们就变成了上帝。而转向客户关怀的视角，企业对客户就一视同仁了，他们不是以服务为目的，而是通过倾听、回应和持续地跟进双方关注的内容，表现对客户的真切关怀。

在传统的客服关系中，客服人员有责任根据严格的规章制度和标准的操作规程完成客户服务。这种情况常常让客服人员在面对有争议的事项时进退两难。在互联的世界里，合作是客户关怀的关键，当企业邀请客户使用自助服务设施参与进程时，就会产生合作。

## 三、营销战略STP的升级

在营销学中，市场细分（Market Segmentation）、目标市场（Market Targeting）、市场定位（Market Positioning）是企业营销战略的核心三要素，简称STP。市场细分指的是企业通过市场调研，根据消费者特征、需求、欲望、行为、习惯和场景等方面的差异，把整体市场划分为若干个同质化市场的分类过程。目标市场选择就是企业在各个细分市场中选择要重点服务的市场的过程。市场定位就是使品牌和产品差异化，从而在目标客户心智认知中占据一个与众不同的、有意义的地位的过程。

随着数字技术的应用与发展，传统的营销战略 STP 也发生了迭代升级。从市场细分维度来看，企业营销人员可以基于位置服务（LBS）的数据采集技术采集大量的位置信息、行为数据等，再利用数据挖掘算法对细分模型进行建模，从而可以细分出更小、同质性更高的细分群体，且能反映用户需求的动态变化。比如短视频平台在内容分发方面，通过人工智能和算法的迭代，根据用户基本信息、评论、点赞、观看时长等行为数据以及所识别的内容属性（如内容的标题、描述、发布位置、评论中的关键词等），分别给用户和内容打上“兴趣标签”，再对内容和消费者进行匹配，从而实现“千人千面”。从目标用户选择战略来看，因为可以实现“超细分”和“动态化”，目标市场小众化成为市场新趋势。从定位来看，科特勤咨询机构（KMG）认为定位是价值链定位、业务模式定位以及品牌心智定位的有机结合，而不仅仅是传统定位指的品牌心智定位。价值链定位指的是企业进入哪些领域竞争，价值链如何分布与延伸，资源如何在每个模块上进行合理分配。业务模式定位解决的是“我究竟是什么”的问题，可以将企业分为价值点企业、价值链企业、平台型企业以及生态型企业。价值点企业是指那些聚焦在价值链某一环节的企业，如 ffit8 公司从更加小巧便捷、更具时尚感的蛋白棒入手，聚焦解决“未来的年轻人吃什么”的问题。价值链企业指的是整合价值链上下游资源，实现产业链整体布局的企业，如海尔智家整合了供应链资源，连接了产业上下游，实现生态收益共享。平台型企业采用平台经济与共享经济的理念，搭建资源平台帮助供求双方实现交易，如美团外卖等。小米则是生态型企业的典型代表，利用自身的平台资源，通过“投资＋孵化”的方式培育扩增生态链产品，从而完成生态经济的可持续发展。

## 四、数字营销 4R 模式

4R 是由美国学者唐·舒尔茨（Tang Schultz）提出的营销理论，在此基础上科特勤咨询机构依据数字化背景提出了最新的 4R 营销理论，分别是消费者数字画像与识别（Recognize）；数字化覆盖与到达（Reach）；建立持续关系的基础（Relationship）；实现交易与回报（Return）。

### （一）消费者数字画像与识别（Recognize）

以前对目标消费者的整体分析，大多通过样本推测与定性研究，而数字化时代最大的变化在于可以通过大数据追踪消费者的网络行为，如对 Cookie 的追踪，软件开发工具包（Software Development Kit，SDK）对移动数字行为的追踪，支付数据对购物偏好的追踪等等，这些行为追踪的打通可以形成大数据的用户画像，这些技术手段与营销思维的融合是数字时代最大的变化。比如，智能音箱在前两年很热，但是大部分做智能音箱的中国企业都没能打开这个市场。最早做智能音箱的亚马逊也一度认为，数据音箱的目标客户是白领。结果，第一轮天使用户出现之后，通过数据反馈才知道，美国最早期的用户群是家庭主妇。她们在做饭和在花园里面享受阳光的时候，会通过智能音箱播放音乐、菜谱或者与它对话。基于这个数据，亚马逊迅速调整了自己的市场营销战略，重新调整了进入智能音箱市场的战略。

### （二）数字化覆盖与实现（Reach）

触达消费者的手段在数字时代发生了变化，如 AR、VR、社交媒体、App、搜索、智能推荐、O2O、DSP 等各种触达手段。但是，这些手段很多是前数字化时代所不具备的，所以，一个非常核心的问题就出现了：什么是好的触达消费者？有一种触达叫作基于社群的触达。

比如一家高科技公司最核心的问题是如何找到第一批种子用户——这些种子用户又叫作天使用户，创新之父杰弗里·摩尔认为是创新者，或者叫早期的采用者。因此，对于高科技产品来讲，核心点在于找到同类高科技企业的产品社群在什么地方。比如，大疆无人机的社群在哪里？有多少？逐步进入这些社群，就相当于利用数据化的手段，在别人的池塘中寻找自己的目标客户。所以，社群是有效接触到客户的手段。

### （三）建立持续关系的基础（Relationship）

如何在解决上述营销投资后转化客户资产，最关键的一步在于你的数字营销是否与客户建立了持续关系的基础，而很多社群的建立，可以保证企业在“去中介化”的情境中与客户直接发生深度联系、互动、参与。比如，如何构建流量池、客户池，如何构建私域流量等等，均属于这个范畴。因为好的营销和坏的营销最重要的一点是有没有客户资产。

举一个反例，百雀羚创造了一个非常著名的营销案例。一个内容营销广告，在整个互联网中的点击量超过了一亿，仅微信中的点击量就超过了 4000 万，但是其成交量却极低。这到底是一个好的营销案例，还是一个坏营销案例？其实，不管其目的和手段正确与否，至少有一个环节它没有做，就是把这4000万的阅读量，哪怕只是把其中1%转化成私域流量，也就有了40万用户，这是一个最大的失误。它没有了解到，好的数字营销和坏的数字营销当中有一条金线，是用数字化去建立客户持续交易的基础。

### （四）实现交易与回报（Return）

营销不仅是一种投资，也可以得到直接回报。很多企业建立了社群，吸收了很多品牌粉丝，但是如何变现呢？硅谷提出了一个很核心的词语叫作“黑客增长”，其核心理念就是通过数据监测客户。进入到你的电商平台，或者是你的数据化平台的每一个页面当中，考虑如何优化，如何改善，并指向公司业务的成交。比如，可采用社群资格商品化、社群价值产品化、社群关注媒体化、社群成员渠道化、社群信任市场化等操作框架，来变现客户资产。

在数字时代下，品牌营销最大特点就是消费者逐渐成为企业的一部分，运用数据智能来做消费者运营——“洞察消费者心理”“影响消费者行为”“衡量消费者变化”，实现数据赋能的消费者运营。也就是说企业只有以消费者为中心，精准价值主张、重塑营销模式才能走得更远。

## 五、营销策略在数字经济中的应用

近些年的营销学论文都将客户描述成最重要的参与者，但他们忽略了客户人性的一面。这种人性在数字时代尤为明显，因为客户并不完美，常常受到商业骗局的困扰，所以会选择建立社区强化自身地位。

### （一）人本营销

营销人员需要顺应发展趋势，创造像人一样的品牌——可亲的、可爱的，但也是脆弱的。品牌应该不再那么令人生畏，而应该真实、诚信、承认缺点、避免装作完美。人本品牌的核心价值是把客户当作朋友，并旨在成为他们生活的一部分。

#### 1. 人本营销的意义

在营销3.0中，将人本营销视作消费者为中心的营销（营销2.0）和产品为中心的营销（营销1.0）的下一阶段。在人本营销中，营销人员眼中的客户是心智、心灵和精神完整的人，他们不仅会满足客户的功能和情感需求，还会服务于他们的潜在需求和渴望。

在迈向数字时代的营销 4.0 时，以人为本变得更重要。营销人员需要进一步去感受这种营销，试想一下，假如人工智能和机器人像智能手机一样进入人类的日常生活，产生自动化工厂、无人汽车、声控家居机器人、机器人医生和机器人律师等新兴事物，世界将会怎样？许多专家学者都认为到 2025 年就会出现这样的景象。而在这种情况下，客户将比以往更加急切地寻找自身的定位，并提出这样的疑问：数字世界里的人类意味着什么？

人本营销仍然会是数字时代打造有吸引力的品牌的关键，因为人性化的品牌将会脱颖而出。首先挖掘客户最潜在的渴望和需求，这要求我们仔细地研究和倾听“数字人类学”的诉求。而当客户的人性面已经被挖掘时，就需要探索品牌的人性面了。品牌需要体现人本的属性，进而吸引客户，并打造人与人的连通关系。

### 2. 数字人本营销的方法

已经被营销人员普遍使用的几种方法包括社群聆听、建立网络志和重点调查。

首先，社群聆听。这是对互联网，尤其是社交媒体和线上社区中品牌风评的主动观测，通常采用社交媒体监测软件对社交对话中大量未处理的信息进行过滤，选出有用的客户情报。大数据分析是其常用的分析手段。

社群聆听是一种对内容营销的评价，旨在对品牌传播的内容展开的对话进行评估。它也是一种社交销售中发现机会、了解前景的实用工具。社群聆听也常被用于客户社交关系管理，对对话中的抱怨、负面情绪和其他可能导致品牌危机的内容进行确认。如果营销人员能够跟进有关他们和竞争对手品牌的社交对话，社群聆听就会成为竞争情报的有效工具。

除了这些应用外，社群聆听在市场调查中也至关重要。在传统的市场调查中（比如面对面访谈、电话调查、线上调查等），客户往往不会告诉营销人员他们的真实想法和做法，实际上就算他们想，也往往无法清楚地传达。还有，传统的小组式市场调查方法（比如焦点小组）常常无法捕捉客户所在社区中发生的社交动态，而社群聆听却能做到这一点，它能让客户更顺理成章地同其他客户谈论自己的所想所为。客户所在环境中发生的自然对话让他们得以表达自己最深的渴望和需求，因此，社群聆听真正地捕捉到了各个社区的市场动态。

其次，建立网络志。网络志是关注互联网的人种志，它由罗伯特·柯兹奈斯（Robert Kozinets）提出，利用人种志方法研究人在数码部落和线上社区的行为。网络志和人种志相似，希望通过“无声”的方式进入人类社区，在不引人注目的前提下进行研究。

许多情况下，网络只是社群聆听的下一阶段。社群聆听能有效地帮助网络志研究者确认需要参与的社区，这些有着丰富研究资源的社区通常是由客户本身，而非企业所主导的，其关注的主题是特定的，流量和活跃人数都十分可观。多数情况下，网络志研究者必须最终展现其目的并征求社区成员的同意。

社群聆听通常使用社交媒体监控软件自动形成数据评估，而网络志要求研究者综合自己的研究成果。网络志要求研究者反思观察到的内容和作为社区一分子的个人感受。因此，网络志要求研究者能与客户形成高度的共鸣，以及并非所有人都具备的一系列技能。

最后，重点调查。这是人性化设计（HCD）的先导，是由 IDEO 和青蛙这样的设计公司引领的，在调查中涉及人的观点和共鸣研究的一种方法。它通常包括对客户社区的观察和投入，其目的是发掘客户的潜在需求。重点调查不同于社群聆听和网络志，需要的是亲身调研、对话、头脑风暴，还要联合研究者和社区成员，共同形成最贴合的观点。因此，重点调查是最接近传统人种学的方法。

为了保证一个综合且丰富的人文研究视角，研究过程通常需要多学科团队的参与，包括心理学家、人类学家、产品设计师、工程师、营销者等。团队成员通常亲自参与到客户社区，观察他们的悲喜。每一个成员都有不同的背景，其结论也各自不同，因此团队成员需要利用一系列头脑风暴整合自己的发现。通过这种方法形成的观点通常以产品展示、用户体验、品牌活动等形式给用户带来惊喜。

### （二）数字人本营销的品牌属性

人本营销至关重要的第一步，是通过数字人种学了解客户的人性面，以及展现品牌人性化的特点来吸引客户。

斯蒂芬·桑普森（Stephen Sampson）在《无冕之领袖》（Leaders without Titles）一书中，将那些尽管地位不优于他人，但拥有吸引他人的六种特质的人称为有远见的领袖。这六种特质包括体力、智力、社交能力、热情、个性和道德。这六种品质塑造完整的人格，使人们成为道德模范。品牌想要不逾矩地做客户的朋友，就必须也具备这六种属性。

第一，物质性（对应体力）。身体条件出众的人往往比他人有着更强的营销力，因此，想要影响顾客，品牌也要有物质上的吸引力，这种吸引力能让不够完美的它们脱颖而出。

对品牌来说，物质吸引力可以来自精心设计的标识和别出心裁的广告语等。谷歌和 MTV 的动态标识组合就让它们不再依赖于静态的文字，变得更加灵活。

应用谷歌涂鸦这一概念，谷歌总能用全新的标识纪念不同的人和事件。物质的吸引力也可以是精美的产品设计和优秀的客户体验设计。以苹果公司为例，苹果公司不仅在产品设计方面领先他人，在用户界面设计上也是首屈一指。它的用户界面设计十分简洁，即使不是资深网民也不会被难倒；它的商店设计也同样是零售行业的榜样。

第二，智力。智力是人类获得知识、思考、产生想法的能力，它与打破常规的思维方式和创新能力密切相关。而有着“高智力”的品牌要有创新性，还应该能发掘不同以往商家和客户所见的服务和产品，进而展现其有效解决客户问题的能力。

特斯拉在启用著名发明家尼古拉·特斯拉的名字时，就承诺将尊重其名字，不断创新。果然没有让人们失望，特斯拉靠着电动汽车、汽车分析和自动导航技术，成为创新领域的排头兵。特斯拉的智力性让它无须广告就能吸引大批粉丝。优步和 Airbnb 这样的新兴企业也通过提供连接客户和服务供应商的服务，展现了其优秀的智力性。优步和 Airbnb 作为共享经济的两大拥护者，是客户心中的智能品牌。

第三，社交能力。拥有良好社交能力的人在与人交往时充满自信，言谈举止间都展现优秀的交流技巧。与之相似，有着强烈社会性的品牌敢于和客户展开对话，听取客户的意见，了解客户间的对话；它们也承担责任、回答问询并处理意见。这些品牌往往能通过多种媒体渠道定期与客户沟通，它们在社交媒体上推送的内容吸引了客户的关注。

举例来说，Denny 餐厅就打造了一个可亲、有趣、招人喜爱的品牌社会形象，定期在推特上推送幽默的评论和笑话，让人们喜爱并转发，这让品牌显得十分人性化。Denny 餐厅成为人们可以亲近的朋友，也就自然获得了很多良好的口碑。Zappos 也是一个十分社交化的品牌，它让客户可以连着打几个小时的电话给客服热线，讨论鞋子和其他的事情，它最长的客服电话时间为 10 小时 43 分钟。

第四，热情。能够用热情感动他人、影响他人的人都是十分有营销力的人。唤起共鸣的品牌自然会获得客户的青睐，它们有时通过振奋人心的消息推送与客户达成情感联系，有时则用诙谐的一面吸引客户。

多芬就是一个情感充沛的品牌。作为一个人性化的品牌，多芬通过鼓励女性热爱自己、赏识自己，回答了关于自信心的社会问题。多芬用超过十年的大众营销，成功地与全世界的女性达成了情感共鸣。

多力多滋（Doritos，百事的一款薯片产品）则在其超级碗 50 周年“超声”广告特辑中做了截然不同的示范。广告中的女性正在做孕期超声检查，而她的丈夫却在吃多力多滋薯片，广告最终以婴儿出生就想吃薯片的结局结束。其反响也十分两极化，有的人认为它十分好笑，有的人则认为这令人不适。此外，一项人脸识别技术表明，广告最易让人有情感共鸣，且这种情感是多种多样的。

第五，个性。个性鲜明的人往往有着自我认知，清楚自己擅长什么，也承认自己仍然需要学习，并展示了自信和自我提升的动力。同样，有着强烈个性的品牌清楚地明白自己的立身之本，但它们也不害怕去展露缺点并为自己的行为负担全部责任。

举例来说，巴塔哥尼亚（Patagonia，美国户外品牌）拥有象征社会和环境适应力的品牌精神，并力图减少商业运作对环境和社会产生的负面影响。它的“足迹记事”让客户可以追溯产品的原产地，见证产品的社会和环境足迹。品牌有信心去诚实地展示商业进程的瑕疵和对环境仍存在的伤害，但也会展示自己改善的决心。

达美乐比萨公司是另一个例子。2010 年，品牌大胆地承认其产品的不足。在广告中，他们公开分享了客户对产品的反馈，并改善了比萨配方，重新把它们呈现给差评者。这种勇于承担责任的态度，使品牌显得更加人性化。

第六，道德。道德良好是指品格高尚且有诚信。品格良好的人有能力分辨是非，更重要的是，他们有勇气去做正确的事。与此相似，品格优良的品牌是价值驱动的，将道德准则考虑在商业决策的每个环节中。事实上，有的品牌将有道德的经商之道视为核心竞争力，即使消费者行为不当，这些品牌也能坚守承诺。

比如说联合利华，在 2010 年启动了联合利华可持续发展计划，旨在到 2020 年将商业规模翻一番，同时将环境足迹（对环境的负面影响）减一半；并将改善数百万人的生活质量，提升超过 10 亿人的幸福感。这种自上而下的企业道德准则激发了企业创造更多人性化品牌的决心。比如家乐（Knorr）帮助尼日利亚对抗营养不良问题，和路雪（Wall）在印度鼓励小型企业创业，以及奥妙（Omo）在巴西开展节水活动。

## 第三节　数字品牌营销

数字品牌（Digital Brands）是通过数字媒体进行品牌表达的形式，包括通过数字媒体进行品牌建立、维护和扩大的过程。简略地说，就是品牌的数字媒体表现形式。数字品牌所做的承诺并不局限于互联网，而媒体的互动能力，使数字化品牌更容易递送他们的承诺。

关于数字品牌营销尚没有形成统一的概念界定。余晓莉认为数字品牌营销主要探讨的是如何利用数字技术进行品牌管理。谷虹从交互展示、游戏玩乐、移动定位、搜索应答、电子商务、协同创新及社交情感七个方面介绍了品牌智能的核心理念，通过将品牌隐喻成生命展示数字时代品牌营销的核心理念和具体操作方法。周茂君则认为数字品牌营销是品牌主利用数字传播渠道推广自身品牌，实现品牌信息的精准送达，和用户之间进行深度互动，从而增强用户对品牌的好感度，引导销售的所有营销传播活动。本书认为数字品牌营销是以数字技术为基础，以数字媒体为载体，通过重构品牌和用户良好关系，以实现品牌智能化升级为目的的营销传播活动及过程。随着数字技术的应用，数字品牌营销呈现出以下几个新的特征。

## 一、数字品牌的即时交互性

数字媒体自身最大的特点就是即时交互性，利用数字媒体渠道在品牌和用户之间架起了沟通的桥梁。品牌传播过程不再是单向信息推送，而是双向甚至多元的沟通形式。比如网易云音乐在 2019 年推出的基于 AR 技术“小纸条”的功能，用户可以基于地理位置启用虚拟留言墙，在墙上进行留言、评论、点赞以及分享喜欢的音乐等，开启了虚拟空间互动新社交体验。

## 二、数字品牌的关系建立

数字媒体平台为数字品牌和消费者之间建立更稳定的良好关系提供强大的基础和便利的条件。一个重要的切入点就是品牌人格化，打造品牌拟人化形象。比如购买过完美日记产品的消费者，大多都会加上一个名叫“小完子”的微信好友，“小完子”通过在微信群或者朋友圈发布高质量美妆内容，进行抽奖、开展优惠活动与消费者互动交流。通过打造“小完子”这个统一的人设，很好地与消费者建立了信任关系。

## 三、数字品牌的多元性

数字营销平台的多元化为品牌的传播提供了很好的土壤，品牌方可以结合目标用户特点，通过多渠道进行传播，使创意传播进一步放大。比如搅拌机品牌 Blendtec 就在 YouTube 上投放了一系列题为“Will It Blend”的视频。在视频中，创始人穿着白色的实验室工作服，将一些出人意料的东西如 iPhone 等放到公司的高功率搅拌器中，然后开启了电源。这个系列的视频将该品牌的产品成功地打造成一个无所不能的搅拌“金刚”，展示了其强大的搅拌功能。这种低成本的表演方式、创意性十足的表演内容，迅速吸引了观众的注意力，使 Blendtec 的销售额猛增了 700%。

## 四、数字品牌的可定制性

基于大数据技术的应用，和过去相比，品牌更充分地挖掘消费者的需求，为消费者提供个性化的服务，从而提升消费者的体验，提高对品牌的满意度。在互联网行业，各平台基于用户的海量数据可以为用户提供个性化的服务，比如淘宝的推荐系统就实现了千人千面，简单来说搜索同一关键词，搜索结果将根据不同消费者的特征，将产品进行个性化展示投放，从而使消费者能在海量商品信息中更快更好地找到自己感兴趣的产品。

# 第九章

# 数字贸易发展的国际经验

面对数字贸易发展的新机遇，世界主要国家和地区纷纷提升相关发展战略定位。从全球数字经济与贸易发展情况来看，美国、欧盟、日本等发达经济体加快推动数字贸易规则体系的建立，已对发展中国家形成较大挑战。但全球数据治理的整体方法最终应该为发展中国家的人民和企业从数字经济中提高可持续发展的收益和经济效益。现有信息还表明，在新冠疫情防控期间，国际带宽的使用加速，这种流量在地理上集中在两条主要路线上：北美和欧洲之间，以及北美和亚洲之间。在参与和受益于数据驱动的数字经济的能力方面，有两个国家脱颖而出：美国和中国。他们拥有占世界一半的超规模数据中心，94%的人工智能初创企业，世界上的 5G 采用率最高。在过去的 5 年，吸引了 70%的世界顶级人工智能研究人员，创造了 90%的市值。从规模看，美国在数字贸易领域具有其他国家无法比拟的巨大优势，可数字化服务出口排名全球第一，达到 5341.8 亿美元。从增速看，印度、日本、中国等亚洲国家数字贸易增速分别为 11.4%、9.0%和 8.6%，居全球前列，发展极具活力。据世贸组织预计，到 2030 年数字技术将促进全球贸易量每年增长 1.8%～2%。随着新一代信息技术的发展与全球价值链的深度融合，数字贸易已经成为驱动全球经济增长的新引擎。

## 第一节　美国数字贸易发展经验

美国等发达国家凭借其超前的数字技术水平在数字经济发展上取得了一定成绩，成为全球数字贸易的领头国家。2016 年，美国数字经济成为世界第一，规模逾 10 万亿美元，占美国 GDP 的 58%。相同地，美国数字贸易也显现出巨大的潜力，美国近十年间数字贸易出口增长率为 26%左右，增速已然超过传统商品贸易与服务贸易。此外，美国在数字技术方面也具有强大的实力，单从云计算服务市场规模来说，美国占据全球云计算行业规模的 60%左右，四家全球最大的云计算服务提供商（亚马逊、微软、IBM 和谷歌）都是美国企业。

### 一、美国数字贸易发展历程

基于完善的数字产业体系、发达的网络基础设施和较强的科技创新能力，目前，美国仍然是世界数字贸易第一大国。

#### （一）坚实的数字经济基础

早在 1991 年，美国数字技术就开始了它的“商业化”之路，由此美国迎来了历史以来最快的经济增长期。此中，美国的经济增长可能还受到许多其他因素的催化，但互联网在其中发挥了至关重要的作用。而互联网行业本身也在飞快发展，从 1995 年至 2000 年，美国互联网行业的年均增速为 1.79%。随着互联网技术与行业的发展、成熟，其对于经济的影响也越来越大，1998 年、1999 年美国商务部发布的关于互联网技术发展对经济影响的报告都被命名为《新兴的数字经济》，2000 年，该报告被命名为《数字经济 2000》，该报告显示，美国 70%的经济增长是由数字信息网络贡献的。因此可以认为，美国从 2000 年开始了数字经济。近年来，美国逐步将数字贸易与数字经济分开进行研究，并于 2013 年 7 月和 2014 年 8 月分别发表了《美国的数字贸易》和《全球经济》两篇研究报告，详细阐述了数字贸易增加美国产出和消费者福利等问题。

### （二）数字贸易产品迭代快

近年来，美国通过与其他国家进行区域合作，缔结区域自由贸易协定和制定新的数字贸易规则，促进了数字贸易的发展。随着数字商务在美国的扩展，一些主要在线公司正在扩大其业务并延伸其范围，与更广泛的经济领域相重叠。随着这些公司业务的扩大，它们能够提供广泛的产品和服务，从实物商品到数字商品和服务，如电子邮件、语音、即时通信、娱乐、社交网络、信息检索和电子商务等已经成为美国的主要公司（包括亚马逊、苹果、Facebook、谷歌和微软）提供的服务，美国互联网技术和数字商务的发展扩大了这些巨头提供的在线产品和服务的范围以及扩宽了在线业务类型。

## 二、美国数字贸易发展的动因

在由美国次贷危机引起的经济危机中，数字贸易作为经济增长的新动力，不仅未受到影响，而且还呈现出增长的态势。2009 年 5 月 18 日，美国国际数据公司（Internet Data Center）和美国易安信（Egan Marino Company）公司联合发布了题为《经济紧缩，“数字宇宙”膨胀》的报告。该报告指出，尽管受经济危机的影响，2008 年下半年全球经济形式开始不断恶化，许多线下销售额不断下降，但与之相反的是，全球数字化信息总量依然呈现出快速增长势头。

### （一）经济全球化的助力

经济全球化早已成为世界经济发展的必然趋势，世界各国纷纷采取各种措施，顺应这一开放的经济潮流。例如，通过签署区域自由贸易协定，降低关税，采取贸易和投资便利化措施，不同国家的公司可以积极参与国际经济合作，增加国家间的贸易量，促进其经济发展，改善社会福利。这种开放的经济发展政策有利于数字贸易的进一步发展。

### （二）产业结构数字化发展趋势

随着时代的需要和经济的发展，传统产业和数字技术的融合越来越容易实现。在数字技术促进相关产业发展的同时，随着数字技术的不断普及，传统产业的计算机化和智能化程度也在不断提高。服务业在各国经济增长中的比重明显上升，而运输业、旅游业等传统产业的比重则逐年下降，说明随着互联网技术的发展，服务贸易结构正在向信息化方向转变。在服务行业中，随着数字经济的发展，金融和咨询等知识密集型服务正逐渐成为促进国民经济增长的主要部门。其中，以知识密集型服务业为代表的信息服务业，将信息和知识等无形服务的贸易结合起来，创造出一些具有数字特征的信息产品，可以在全世界范围内传播，而不需要实体场所，这是数字产品的重要优势。在某种程度上，目前数字贸易的显著发展是先进产业结构发展的结果，为数字贸易提供了良好的平台。

### （三）数字技术的推动

美国的数字商务由于两个主要因素而迅速发展：电信基础设施的发展和互联网技术的不断创新。例如，15 年前，移动电话价格昂贵，普及率仍然很低，存储容量有限，智能化程度不高，适用的软件也相对有限。现在，1000 美元就能买到智能手机（考虑到价格上涨），手机普及率很高，存储容量提高了几倍，而且有各种各样的手机应用。数据处理能力的提高和更高性能的软件也刺激了程序员对新软件的开发。此外，互联网技术的发展促进了计算机与计算机之间的连接，特别是信息传输技术的数字化，使许多有形物体变成了可以通过互联网传播的数字产品。技术发展，如电子商务中的支付系统，使数字产品在互联网上交易成为可能，这些创新促进了数字产品市场的形成。数字技术的这些发展和创新是数字商务发展的基础和动力。

### （四）数字经济创造的新需求拉动

随着产业结构的转型和现代化以及数字信息技术的快速发展，市场需求也在发生变化，其主要原因如下。首先，在互联网经济下，社会生产力提高了，消费者可获得的产品种类增加了，消费者获得信息的渠道也增加了，消费者获得信息的途径也多样化了。因此，消费者要求更多的个性化产品，传统工业时代的标准化大规模生产已不再满足现代市场需求。为了在这种外部环境中生存和发展，公司需要用一对一的小批量生产来取代传统的大规模生产，以抓住市场机会。其次，在互联网时代，人们通过智能设备获取信息，同时在互联网平台上留下他们需求的痕迹。公司通过不同的渠道收集消费者的需求，并利用这些信息来设计和制造满足个人需求的产品。在这样的双向商务中，消费者的效用在很大程度上得到了满足，公司可以节省运营成本，实现利润最大化。最后，从消费者的角度来看，数字商务给他们的生活带来了极大的便利，但也提高了消费者对产品质量和售后服务的期望。消费者在使用产品的过程中表达他们的需求，这往往导致新技术和新产品的出现。而新技术和新产品的出现又给市场带来了新的商业机会，反过来又吸引了大量资本进入这些领域，为数字商业的发展创造了一个良性循环，大大促进了其繁荣。

### （五）全球贸易治理新规则的推动

经济全球化增强了各国之间的经济联系，使各国之间的联系日益紧密，这种关系的变化对世界经济的发展提出了新的要求。与此同时，随着经济全球化而崛起的新兴经济体对传统的贸易治理规则提出了挑战。美国为了巩固其在世界上的经济地位，试图建立新的国际贸易规则，构建新的国际经济秩序。为此，美国放弃了依靠 WTO 推动全球化的战略，积极建立专属的自由贸易区。首先，推动跨大西洋贸易与投资伙伴关系协定（TTIP）、双边投资协定 2012 模式（BIT2012）和服务贸易协定（TISA），试图建立新的贸易规则体系，并在未来的贸易协定谈判中发挥主动作用。其次，努力成为新贸易规则的制定者，引领新规则的构建，重塑不对称规则的优势，为美国投资进入全球市场打开大门，保持美国在全球经济中的领先地位。数字贸易已成为美国实现上述目标的突破口，全球贸易治理新规则的制定促进了美国数字贸易的发展。

## 三、美国数字贸易发展的策略

美国作为全球数字贸易强国和引领者，主导着全球数字贸易规则制定，并已经形成体现美国数字贸易发展比较优势的数字贸易规则体系。

### （一）注重培养数字技术人才

在美国，数字贸易和技术创新的兴起，增加了对高技能专业人员的需求。数字技术人才的短缺不仅阻碍了数字技术领域的增长和发展，也会影响美国经济的整体健康。这种人才市场不匹配的根本原因是：一方面，劳动力市场没有跟上技术创新的步伐；另一方面，由于行业的性质，数字部门需要太多的专业化。在美国，为解决人力资源短缺的问题，采取了培训和引进并行的方法。

首先，政府支持。美国政府采取了两项措施来解决目前人力资源短缺的问题，其中之一就是直接参与人力资源培训。例如，美国商务部技术办公室投资建立了一个可搜索的数字技术培训数据库，人们可以通过该数据库获取和学习与数字技术有关的材料。另一项措施是建立一个国家数字技术工人培训中心，由政府出资，与教育部门联合运营。

其次，企业的人力资源开发计划。数字化人才的过度短缺导致聘用数字化人员的成本上升。一些大公司为数字技术人员建立了内部培训中心，以减少利用数字技术人员的成本。一些计算机公司也在输出数字人才，建立自己的网络学院，以改善他们在互联网上的形象，建立网络营销系统，提高公司的知名度。

政府、企业和教育部门已经推出了培训计划，但数字技术人员的培养需要时间，而且在短期内没有效果。因此，除了在美国的培训项目外，来自国外的数字人才正在进入美国的高科技人才市场：1990 年的 H-IB 签证计划导致了来自国外的数字人才的增加，现在超过三分之一的工程师来自硅谷。此外，美国公司正在重新分配劳动力资源，在海外建立子公司，并在全球劳动力市场上将业务外包。对外国数字技术人员的使用包括在国外设立永久性办公室，将某些数字技术任务外包，并通过互联网进行远程联网。

### （二）政府促进数字贸易发展的政策导向清晰

自 1998 年以来，美国商务部每年都会对互联网的发展进行分析，并编撰和出版一份关于信息技术发展状况及其对经济发展影响的报告。该报告发表于 2000 年，被重新命名为《年数字经济 2000》。换句话说，自 2000 年以来，美国已经在数字经济领域占据了领先地位。除了外部环境的影响，美国数字信息网络产业的蓬勃发展，另一个不可忽视的因素是美国政府在数字经济发展中的领导作用。

首先，1993 年，美国政府正式确定并实施了信息高速公路计划，并开始制定发展数字经济的长期计划和战略计划。国家信息基础设施（NII）已经按照既定计划有序、稳定地发展。

其次，美国政府为数字商务的发展提供了有利的法律和政策环境。从 1996 年美国国会通过《电信法》开始，就出台了一系列政策和法规来促进数字商务的发展，包括《全球电子商务框架》（1997 年）和《电子签名法》（2000 年）。这些法规为美国数字经济的快速发展提供了重要保障，并为未来的市场发展、技术投资和技术人才的引进铺平了道路。

宏观经济环境再次促进了美国数字信息产业的快速发展。对美国经济形势的分析表明，自 20 世纪 80 年代以来，美国积累了一些结构性矛盾，导致美国经济在20世纪90年代初开始下跌，陷入困境。在克林顿政府时期，为了解决这些经济遗留问题，美国实施了紧缩政策以减少预算赤字。一方面，健康的财政预算促使大量投资用于推广数字信息网络技术，这促进了数字交易的建立。另一方面，国家财政问题的有效解决使国家经济举措能够利用财政和价格政策等杠杆，促进数字技术相关产业的大规模商业投资。国家资本和社会资本共同促进了数字贸易的发展，为数字贸易提供了有利的经济环境，也促进了美国整体经济的积极发展。

最后，美国政府的技术和产业政策促进了数字商业的发展。20世纪90年代初，美国率先整合国内资源，将军事技术（如GPS、移动电话、互联网）应用于人们的生活。近年来，美国的科学和工业政策开始优先考虑发展数字信息网络技术，以发展数字贸易和提高国际竞争力。美国的一系列政策有助于将国家和社会资源向数字商务的发展倾斜，吸引了大量的优质资源，促进了数字商务的快速发展。

### （三）不断提高创新能力促进数字贸易发展

创新的速度和美国开发新技术的能力是决定美国在21世纪国际市场地位的关键因素。美国的经济发展不仅取决于资源和产品的竞争，也取决于关键产业的发展和创新能力。只有不断提高研究、开发和创新能力，才能拥有知识产权，控制核心技术。数字贸易的发展是建立在这些基础上的。

首先，制度创新是技术创新的驱动力。一方面，政府需要协调各级政府机构和研究机构的资源，建立国家信息技术创新体系，系统地加强国家研发和创新能力。另一方面，政府需要从政策上支持所有相关企业，激发各企业的创新能力，为培养具有创新能力的人才提供良好平台。通过这种方式，政府、企业和人力资源可以共同合作，最大限度地提高创新潜力和能力。

其次，建立有效的创新激励机制。在美国市场经济中，财产激励和合法权益的保护是激励机制最重要的内容。人们只有在从创新能力中获得巨大利益的情况下，才能充分实现创新动机，发挥其全部创新潜力。美国在数字内容产业方面领先世界，因为它有高度发达的创新激励制度。公司的股票期权补偿计划在美国得到了有效的实施，股票期权的激励作用对于刺激美国的数字创新增长几乎是必不可少的，也是美国数字经济超过欧洲的关键因素之一。

最后，知识产权保护正在得到加强。美国在数字贸易中掌握着数字信息技术的核心要素，早期的创新专利和更有力的知识产权保护加强了美国在数字内容领域的地位。

# 第二节　欧盟数字贸易发展经验

数字经济是欧盟经济的重要组成部分，为了打破欧盟境内的数字市场壁垒，欧盟委员会于 2015 年公布了“单一数字市场”（Digital Single Market，DSM）战略的详细规划，以促进欧盟内部的数字贸易发展。

## 一、欧盟数字贸易发展现状

欧盟是全球最大的数字市场之一。欧盟委员会数据显示，欧盟区域内每天产生海量的业务量和数据量，日均发送 200 亿封电子邮件，产生 1500 万条社交媒体信息并完成 6500 万次网上搜索。2020 年，欧盟数字经济规模为 75036 亿美元，占数字经济总量的 22.8%，同比增长 2.7%。凭借完善的数字化基础设施和庞大的市场潜能，欧盟数字服务出口的比较优势凸显，也使欧盟成为全球数字科技企业稳定的业务市场和重要数字服务出口市场。

### （一）不断完善数字贸易发展基础设施

欧盟在信息技术和连通性方面领先世界，为数字服务的跨境贸易提供了良好的基础设施和环境。国际电信联盟（ITU）在 2019 年发布的“衡量信息社会”报告显示，2019 年欧洲在信息技术方面领先世界。特别是，欧洲的个人互联网使用率（82.5%）、每百人固定电话使用率（33.6%）、每百人固定宽带使用率（31.9%）、每百人移动电话使用率（118.4%）、每百人移动宽带普及率（99.1%）都是最高的。互联网用户（99.1%）是世界上最高的，每百人固定（有线）互联网宽带接入用户数为 33.8 户，略高于美洲 22.7 户。欧洲占全球国际带宽使用量的 25%。此外，按购买力平价（PPP）计算，欧洲的移动宽带价格是世界上最低的，并且具有成本效益，这得益于近年来欧盟对宽带网络的持续投资和欧盟内部漫游费的取消。就数字服务贸易的市场条件而言，欧盟是世界上最规范的地区。数字化立法已经成熟，网络安全法规和数字知识产权保护正在不断加强。在网络安全方面，《通用数据保护条例》（GDPR）、《支付服务修正案》（第二版）（PSD2），以及网络和信息安全令（NIS）、欧盟打击信息泄露行为准则等相关立法已经逐步生效，政府对网络安全的监管已经得到加强。在 2020 年初，欧盟委员会还对《欧盟信息运营行为准则》的有效性进行全面评估，目的是评估社交媒体和搜索平台在打击网络谣言方面的有效性。

在数字知识产权保护方面，欧盟于 2019 年 3 月通过了《数字单一市场版权指令》，以进一步加强对数字环境中内容创作者合法权利的保护，促进数字作品的兼容传播和使用。欧盟还解决了使用未经授权的软件的问题。根据商业软件联盟（BSA）2018 年全球软件调查结果，欧盟未授权软件的使用率为 28%，低于全球 37%的平均水平，西欧为 21%。

### （二）数字贸易规模大，是全球主要的出口来源地

欧盟是世界上最大的数字服务出口地。根据联合国贸易和发展会议的数据，欧盟的 ICT 服务（电信、计算机和信息服务）出口从 2011 年的 2095.5 亿美元稳步增长到 2018 年的 3068.7 亿美元。

欧盟 ICT 服务出口的来源国主要集中在西欧，那里的数字经济基础设施最为发达。其中，15 个欧盟成员国的 ICT 服务出口额为 280.16 亿美元，占欧盟总额的 91.3%。数字技术改变了服务的提供方式，并大大增加了提供服务产品的能力，促进了欧盟服务贸易的快速增长。根据联合国贸易和发展会议的数据，2018 年，欧盟的数字交付服务出口额为 1490.6 亿美元，占全球出口总额的 49.4%，占欧盟服务出口总额的 56.9%，高于世界上任何地区。在同一时期，数字服务的出口是信息和通信技术（ICT）出口的 4.9 倍；根据 UNCTAD，数字服务的价值是 ICT 的 5 倍，为数字服务出口留下了巨大的潜力。

### （三）新兴数字服务消费需求催生进口市场

欧盟消费者在数字媒体、网络游戏、搜索引擎等市场的强劲需求创造了巨大的进口市场。

在数字广告领域，社交媒体和搜索引擎通过对用户行为的大数据分析，形成了强大的用户跟踪能力，成为数字广告最重要的载体。根据欧盟委员会《2018 年社交媒体广告行为调查》，欧盟用户使用的主要社交媒体是 Facebook（43.6%）、YouTube（28.6%）、Twitter（4.3%）、Instagram（2.5%），这意味着欧盟用户为全球数字广告支付了高昂的费用。根据数据分析公司 Statista 的数据，9 个欧盟国家意大利、西班牙、荷兰、瑞典、比利时、波兰、奥地利、芬兰和爱尔兰在美国的在线广告支出总计 250 亿美元。观众的规模也间接证实了欧盟对数字服务的巨大消费。根据 We Are Social 的数据，2019 年 10 月 Facebook 核心产品广告的前 20 个来源国中有 4 个在欧盟，包括英国（3700 万）、法国（3100 万）、意大利（3000 万）和德国（2800 万）。全球最大的图片分享网站 Printerest 的前 20 个来源国中，有 17 个来自欧盟，其中德国（1120 万）、法国（1058 万）和英国（1036 万）的用户超过 1000 万。

就在线游戏而言，欧盟是世界上最主要的游戏投入地区。根据 Sensor Tower 的数据，2019 年欧洲共有 104 亿手机游戏下载量，同比增长 9.5%，欧洲用户在手机游戏上的花费为 74 亿美元，占整个欧洲手机应用市场的 66%。欧洲的手机游戏市场主要由外国公司主导。2019 年，欧洲收入最高的 10 款手机游戏中有 6 款来自欧盟以外，下载量最高的 10 款游戏中有 7 款来自欧盟以外。另外，欧盟的游戏发行公司海外市场份额较低，缺乏全球竞争力。根据 App Annie 的《2020 年移动市场报告》，在 2019 年下载量最高的 10 款游戏应用中，只有一家丹麦游戏公司 Subway Suefers。

欧盟的搜索引擎市场高度集中，几乎完全由美国公司主导。根据欧盟委员会的数据，谷歌在欧盟拥有超过 90%的市场份额。根据 Statista 在 2019 年 2 月发布的一项调查，德国市场上领先的搜索引擎是谷歌（93%）、必应（14%）、雅虎（11%）、DuckDuckGo（5%）和 AOI（3%）；英国市场上领先的搜索引擎是谷歌（94%）、必应（20%）、雅虎（19%）、Ask（5%）和 AOI（4%）。

## 二、欧盟数字贸易治理模式

在数字贸易方面，欧盟强调建立统一的市场，通过保护个人数据隐私和征收数字税等方式，形成制度性壁垒以应对美国的数字攻击。欧盟拟通过建立单一市场，扩大欧盟数字市场规模，提高欧盟数字经济发展水平。欧盟通过一系列数字经济发展战略，试图与中国和美国争夺全球市场份额、“技术主权”和国际规则制定权。

一是制定《通用数据保护条例》（General Data Protection Regulation，GDPR）。与美国数字贸易以市场自由为重不同，欧盟数字贸易强调以人权保护为重。欧盟大体上同意跨境数据流动和开放数字服务市场等问题，但在制定规则时优先考虑隐私保护。

欧盟于 2016 年通过的《通用数据保护条例》于 2018 年 5 月生效，被认为是最严格的个人数据隐私条例。欧盟优先考虑个人隐私保护，GDPR 主要采取“国家认证”的方式，即其他国家只有在满足欧盟认证的隐私保护标准的情况下才能使用欧盟数据，方便数据跨境流动。因此，GDPR 有效地充当了一种基于个人隐私保护的贸易壁垒。

二是推进数字单一市场建设。欧盟为提升与中国和美国在数字经济领域的竞争力，正在积极推进数字单一市场建设。单一的数字市场以数字商品和服务准入、安全与数字网络环境经济增长为三大支柱，打破欧盟成员国之间的体系“数字墙”，打破限制商品和服务体系自由流动的壁垒，打破行政和法律壁垒，促进数据在欧盟的自由流动，促进欧盟市场一体化，促进欧盟数字经济的发展。

三是提出征收数字服务税。2018 年 3 月，欧盟委员会率先提出征收数字税。2019 年 3 月，由于存在分歧，欧盟不得不宣布暂停实施全欧盟范围的词汇税。在欧盟的“数字税”未能产生的情况下，法国推出了数字税计划，引起了美国的强烈反对。未来，美国和欧洲在这一领域的分歧和冲突可能会持续很长一段时间，并可能导致数字经济国际税收规则的重组。

## 第三节　日本数字贸易规则演变

日本也是全球数字经济发展的强国。根据中国信息通信研究院的报告，日本的数字经济在 2018 年达到 2.3 万亿美元，占国内生产总值的 40%以上，在世界主要数字经济体中排名第四。今天，日本的数字贸易正在迅速扩大，并已成为世界上最大的跨境电商出口市场和世界第三大电商市场，仅次于美国和中国。近年来，日本依托与美欧的合作和自身的创新优势，在数字贸易规则方面跨入了全球领先行列，并开始基于自身的比较优势，在全球范围内推广数字贸易规则和理念。与欧洲和美国相比，日本的数字贸易规则对全球的影响还很小，但在全球数字贸易的发展中占据了重要地位。

### 一、国家扶持创新政策营造数字贸易优先发展环境

日本对数字贸易发展的战略定位，经历了从初期强化智能制造和数字化人才的培养，到近年来从国家战略层面呼吁政府重视数字贸易时代并把数字贸易时代作为日本企业发展的良好机遇的嬗变。

#### （一）初始阶段

一直以来，日本都极为重视科技创新，早在 2001 年日本就出台了《e-Japan 战略》，提出未来将进入数字社会，为应对未来全球化竞争，日本必须加快培养数字化人才，并提升民众的数字化素养，不断加大对数字技术的投入力度，为数字贸易发展提供良好的数字基础设施。2003 年出台了《e-Japan 战略Ⅱ》，旨在将数字信息技术应用于食品、医疗、中小企业金融等其他产业的发展之中。随着 e-Japan 战略的实施，日本的数字信息技术得到了快速发展。2004 年 3 月，日本出台了《u-Japan 战略》，战略理念是以人为本，实现所有人与人、物与物、人与物之间的连接，这里的 u 指的是 Ubiquitous、Unite、Universal、User、Unique。该战略以基

础设施建设和利用为核心，从三个方面展开分析：一是社会网络的基础建设；二是 ICT 的高度有效应用；三是与社会网络基础设施建设、ICT 应用高度化相关联的安心、安全的“利用环境整备”。此外，贯穿在三个方面之中的横向战略措施还有国际战略和技术标准战略。如 2006 年 1 月，推行《IT 新改革战略》，该政策的战略目标是提高效率和生产率，创造新价值，建设健康而安全的社会。

## （二）发展阶段

2009 年，日本政府推出了《i-Japan 战略 2015》，着眼于让信息技术惠及全民。2012 年，日本提出日本复兴战略，明确将通过促进数字信息产业的发展来振兴日本经济。2013 年，日本将 IT 战略总部升级为“高速信息通信网络社会推进战略本部”，统筹相关各部门工作，并将数字信息产业应用于区域振兴、资源和智慧农业等领域。同年开始，日本每年根据数字技术与产业创新前沿，定期发布《科学技术创新战略》，积极推动数字技术在各行各业的渗透，促进贸易数字化转型。2016 年 1 月，日本内阁会议指出要建设全球领先的“超智能社会”，旨在通过最大程度地利用信息通信技术，将网络空间与现实空间结合，使每个人享受高质量的服务和便捷的生活。

## （三）成熟阶段

2018 年，日本经济产业省发布《通商白皮书》，进一步提升数字贸易在国家战略中的地位，指出世界已进入数字贸易时代，抓住发展机遇，加强日本在全球价值链中的领导地位。日本经济产业省建议，数字贸易的发展为日本公司提供了良好的机会。科学、技术和创新综合会议的重点是实现不同部门之间的数据相互利用，通过加强公共和私营部门之间的合作来发展不同部门之间的数据协作基础设施，以及解决与数据安全和个人数据跨境转移有关的问题。会议指出，日本政府应在三年内开发数据协作基础设施，在五年内将数据协作投入实际使用，并实现人工智能的数据分析。同时，日本政府将加快发展信息技术和科技教育，培养人工智能领域的工程师。2018 年 7 月，日本重新组建了科技创新总委员会，以促进科学技术从基础研究向实际应用转变，解决人们生活中的关键问题，提高日本经济和工业水平。为了改善国家的经济和工业，日本第二个战略创新计划（SIP）已经公布。该计划旨在通过促进科学技术从基础研究到实际应用的转变，以及解决人们生活中的关键问题，来提高日本的经济和工业实力。2018 年 6 月，日本政府推出综合创新战略，要求开发基于大数据和人工智能的网络空间基础技术，开发与人类高级协作的人机互动技术，促进跨部门的数据协作基础设施建设，并为此开发工业智能协作基础设施技术。此外，随着《跨太平洋伙伴关系全面进步协定》（CPTPP）和《日本-欧洲经济伙伴关系协定》（EPA）的签订，日本正在逐步提高其在全球数字贸易中的领导地位。

## 二、日本数字贸易政策的主要特征

### （一）加强网络基础设施建设

网络基础设施是数字贸易发展的前提条件。早在2004年，日本发布的《u-Japan战略》已经强调要进行网络基础建设，实现从有线到无线、从网络到终端无缝连接的网络环境。优化网络结构，提升网络性质，突破网络信息技术应用面临的制度、惯例等壁垒，构建网络信息平台，逐步提高互联网普及水平，建立必要的机制，缩小不同人群、不同地区之间的数字鸿沟，促进信息技术在各个领域的广泛应用，完善网络基础设施建设，促进经济社会协调发展。

### （二）构建安全的网络环境

安全的网络环境是日本数字贸易发展的重要保障。随着信息技术快速发展，人们在享受信息技术带来的生活便利的同时，也比以往承担了更多的风险。随着国际范围内网络安全问题日益突出，日本作为亚洲最早将信息技术应用于国民经济部门和社会生活的国家，网络安全保障的重视程度逐步提升。日本政府出台的《i-Japan 战略 2015》中指出要明确信息泄露等问题的基本规则，降低其造成的影响，建立与风险级别相适应的信息安全体，保障数据安全。

### （三）推进跨领域数据合作

随着数字技术快速发展，日本逐渐将数字技术融入其他领域。在日本 2006 年出台的《IT 新改革战略》中，就指出要将信息技术普及至教育、交通等领域，随后拓展至区域振兴、智慧农业等方面。随着社会和科技的不断进步，日本提出要将数字技术融入物联网、人工智能等新兴产业，以创造新的附加价值。在 2018 年召开的综合科学技术创新会议中，日本政府强调要完善跨领域之间的数据合作基础建设，基于大数据和信息技术快速发展的前景，实现人工智能、自动驾驶系统和服务、智能生物产业等领域的数字化，加强不同领域间对数据的交互利用。

## 三、日本数字贸易政策的未来走向

从当前日本的数字贸易政策实施情况来看，日本的网络基础设施正在逐渐完善，但是网络风险也不容忽视。日本政府对于网络安全环境十分重视，全力保障公民个人信息安全，保护数据安全。同时数字化发展为日本的新兴产业带来了新的机遇，当前日本正在积极促进自动驾驶技术、人工智能等与数字化的深度融合，促进跨领域跨部门的合作创新，持续推进不同领域之间的数字合作，以提升日本的经济发展水平以及工业的综合实力。日本也充分认识到了数字化发展对于社会和经济的重要影响，指出要促进数据自由流动、实现更高的生产率、实现数字经济商业模式、推动数字贸易快速发展等。

## 第四节　全球数字贸易发展趋势

不同国家或地区之间出于结构性、政策性和自身条件的原因，经济发展水平、发展潜力是不同的，与其相应的数字经济与数字贸易的发展进程与特点也存在差异，尤其对于发达经济体与发展中经济体而言，对于数字贸易的认知、规则等存在不同观点。

### 一、“数字鸿沟”的影响

在数字经济环境下，国家或企业之间的技术壁垒可能成为国际贸易活动一个最为重要的障碍，这种阻碍作用，被学者们形象地称为“数字鸿沟”。

#### （一）技术复杂度提高数字产品贸易可进入壁垒

数字经济条件下的生产会具有较传统行业部门更高的技术复杂度，如数字经济硬件基础的电子信息产业中规模集成电路的生产不仅需要高度专业化的研发和设计部门，同时其精到纳米级别的元器件产品也需要能够实现高精度生产的制造部门加以配合，而作为芯片加工的母机——光刻机的生产更是集中了全球顶尖公司的尖端技术。单纯在一个或者几个领域的技术突破可能仍无助于冲破产品的技术壁垒，这就使得绝大部分不具备相关工业基础或技术能力的国家和企业被挡在了高端数字产品贸易的大门之外。

#### （二）数字基础设施及人力资本差异可能扩大数字鸿沟

国家之间在数字基础设施以及人力资本方面的差异也是导致数字鸿沟无法弥合甚至被逐渐扩大的重要原因。据世界银行相关统计，发达国家人口仅占世界总人口 16%，但网络用户却超过世界总量的 80%；而由此带来的结果便是全球90%的电子商务额被发达国家垄断。此外，遍布数字技术领域的知识产权也对后进国家的技术进步形成了阻碍。目前，发达国家的电子信息业和数字企业已经通过先行者优势主导了产业技术革新的路径，并对于可能实现技术突破的关键节点都已申请了专利，后进国家无论是通过模仿还是在现有技术基础上进行自主研发，实际上都无法绕过相关的知识产权壁垒，这种名义上的保护所带来的事实上的技术封锁也是造成数字经济下技术壁垒无法被有效规避和突破的原因之一。

### （三）数字经济条件下的价值链主导权更为集中，但参与范围则更广

数字产品本身所具有的高技术门槛以及规模经济特征决定了在大多数数字产品领域无法容纳更多的市场主体，市场结构会趋向寡头垄断甚至完全垄断格局，由此所带来的一个必然结果便是产业链的主导权将会更多地集中在少数大型跨国数字企业手中。这些企业可以凭借其在标准制定、专利封锁以及前期市场规模等方面的优势实现对价值链的严格掌控。而与之相对的则是这些价值链的参与范围将会变得更广——数字产业链的多元化和复杂程度为众多拥有不同资源优势、技术优势乃至文化优势的国家和企业的参与提供足够的空间，同时数字技术的应用也为更多的中小企业甚至个人融入价值链体系提供了可行的技术支持，并使得数字经济形态下的价值链从传统的线性化向覆盖范围更广的网络化蔓延。

### （四）数字贸易改变了全球价值链的价值创造模式和利益分配格局

传统的价值链领域中，由于技术含量相对有限，价值创造更多地集中在生产环节，因此拥有相对庞大和完整的制造业体系的国家往往会在价值链参与的过程中获得更为可观的利益。然而在数字贸易中，技术和创新能力的重要性得到了前所未有的强化，而研发和创造的价值也将在新的价值链体系中占据绝对优势。这将使得全球价值链体系的利益分配从传统的工业化国家向掌握数字经济主动权和价值链主导权的企业与国家倾斜，而在寡头化的市场结构中，这种价值链体系的改变也会进一步强化全球价值创造向少数企业集中的趋势，从而进一步加剧国际分工体系中的收入分配失衡现象。

### （五）数据要素跨境自由流动政策导向的差异

作为数字贸易的基础和载体，数据要素是否能够实现跨境的自由流动是数字

贸易能否有效开展的关键。现实情况中，一方面，数据要素的流动因为其特有的敏感性而成为数字贸易规则制定中最具争议的部分，数据要素会不可避免地携带个人的隐私信息，对于数据要素的采集和利用可能会涉嫌侵犯个人的隐私权，甚至造成个人信息的泄露与潜在的经济损失风险；另一方面，数据要素的跨境流动还可能关系到国家的信息安全，而在信息与数字技术已经渗透到社会生活各个方面的背景下，这种国家层面的“隐私”泄露甚至可能威胁到国家的产业甚至国防安全。此外，在数据要素内生性特征的驱使之下，控制了数据资源也就可以在相当程度上掌控产业发展的主导权，这也为相关国家限制数据要素的跨境流动提供了动机支持。

当前在全球范围内围绕数据要素的跨境流动形成了两类不同的政策主张。其中以美国为代表，在当前数字经济发展方面占得先机的国家极力强调数据要素的“全球属性”，主张实现数据要素的高度自由流动，并在各类自由贸易协定中努力避免对数据跨境流动施加阻碍；而以欧盟为代表的国家则更多地强调数据要素的“主权属性”，基于保护个人隐私和国家安全，以及扶持境内数字产业竞争力的目的主张对数据要素的跨境流动实施必要的限制，在 2018 年欧洲联盟出台的《通用数据保护条例》（GDPR）中，明确规定了只有在取得数据主体“同意”的情况下才能对数据进行相应的处理，同时对数据的本地化提出了更多要求，只有在符合一定条件的前提下才可以进行数据的跨境传输。

## 二、全球数字贸易最新发展动向

数字贸易发展改变了贸易的对象和方式，不仅会降低贸易成本和提高交易效率，而且会进一步提升企业、消费者和政府之间的互动频率，带来全球价值链贸易的发展与重构。

### （一）美国极力推动美式模板成为全球数字规则

为了保持其在数字经济和数字贸易中的领先地位，第一，美国将推动美国的模板成为全球数字规则，提出一个可以反映美国在 WTO、TISA 和其他地方的数字贸易立场的“美国法律”，并促进美国对数字贸易的自由态度。它将不遗余力地鼓励其他国家接受美国的数字贸易方式。第二，美国还利用国际合作机制，如亚太经合组织、经合组织、八国集团和二十国集团来澄清数字贸易的概念。第三，在双边自由贸易协定的谈判中纳入与数字有关的事项。第四，促进与其他经济体的数字贸易规则的协调，如美国和欧盟之间的“安全港”和“隐私盾”合作，美国和英国关于跨境访问数据的协议，以及美国和澳大利亚关于数据执法互助的协议。第五，美国通过区域协议参与数字相关规则制定。美国在 TPP 和 TTIP 谈判中纳入了更先进的数字规则。在美国退出 TPP 后，相关的数字规则基本上被转移到日本主导的 CPTPP。美国已经完成了与墨西哥和加拿大的谈判，以升级北美自由贸易区（NAFTA），最终达成了 USMCA。多年来，美国的主要数字公司，如微软、谷歌、亚马逊、脸书和苹果，已经能够利用其技术优势和全球影响力，积极参与和不断推动与数字贸易有关的国际规则和标准的发展。拜登政府上任后大力强调全球数字规则，而美国式数字规则的全球推广预计将是一个重要方向。拜登政府可能会在美英数据协议中建立美国—墨西哥—加拿大协议的数字规则，作为推广更高水平的数字规则体系的重要模式。

### （二）欧盟积极推动 GDPR 成为全球数字贸易新范本

GDPR 是全球最高标准的个人数据隐私保护规则，是欧式数字贸易模式最突出的代表性规则，其出台对全球数字贸易造成较大影响，使很多国家开始以 GDPR 为参照，衡量本国的个人数据隐私保护问题，甚至效仿 GDPR 构建本国个人数据隐私保护体系。同时，欧盟也努力向其他国家推介 GDPR 的数字贸易方式，将其他国家或企业纳入 GDPR 的白名单认定中，在各类双/多边经贸谈判中迫使他国接受 GDPR 相关规则主张，意图影响和主导全球数字贸易规则制定。欧盟也在利用各种双/多边合作机制推动 GDPR 相关规则上升成为国际规则。欧委会在修订后的《第 108 号公约》中特别新增了国际合作条款，强调通过充分认定机制，积极推进与相关国家的数据流动双边协议，构建欧盟的数据跨境流动同盟圈。在欧盟和日本的 EPA 谈判中，欧盟就努力将相关数字规则写入协定，日本现已成为欧盟 GDPR 充分认定的白名单国家，欧日数据自由流通圈初步形成。此外，即便美欧废除了《隐私盾协议》，但拜登上台后也为重新开展数字规则谈判留下了余地，为日后 GDPR 与美国主导的 CBPR 对接和融合留有接口。

### （三）发展中国家“数字鸿沟”问题依然突出

今天，全球“数字鸿沟”仍然存在，一些发展中国家甚至缺乏最基本的互联网、电信和数字基础设施，造成与世界其他地区的“数字隔离”，成为全球数字化浪潮中的“数字岛屿”。在全球数字化浪潮中，世界正在成为一个“数字岛”。这些“岛屿”对发展中国家的数字贸易也有不同的诉求，可以分为两大类：一是中国、印度、土耳其、印度尼西亚、巴西、阿根廷和尼日利亚等发展中国家，这些国家在数字经济方面已经有了一定的实力，并且正在快速追赶中。这些发展中国家致力于消除全球数字贸易的“发展障碍”，追求公平发展的权利和基于此的国际合作。二是数字经济薄弱、缺乏数字基础设施的发展中国家，如大多数非洲和中东国家。这些国家对数字经济的依赖程度较低，数字贸易还没有引起人们的关注和兴趣，他们没有制定自己的数字经济发展战略，在全球数字贸易中几乎没有发言权和明确的立场。“技术障碍”不仅是“发展障碍”，也是“治理障碍”。

### （四）大国围绕数字规则竞争与博弈日趋激烈

数字经济是全球经济现在和未来的前沿，是国家间竞争和讨价还价的焦点和战略高度。数字贸易游戏很容易成为大国博弈的工具或手段。美国利用数字技术的不对称优势，其威胁远远超出经济领域。美国的数字贸易也与意识形态有关，美国在其他国家开放市场，并要求美国数字服务公司，特别是数字社交媒体公司不受限制地进入其他国家市场。正是这些超越经济层面的政治和意识形态因素使全球数字贸易复杂化，加剧了主要国家在数字领域的竞争和讨价还价。

但从长远来看，全球数字贸易从根本上要依靠国际合作，通过不断地国际博弈和谈判，形成一个基本被各方接受、基本兼顾各方利益、以规则体系为基础的全球数字贸易体系，并且是有必要建立适应生产力变化条件的新生产关系，更好地应对数字经济时代的到来。

## 三、全球数字贸易发展趋势

数字贸易是数字技术与经济社会深度融合、共同演进的产物，社会组织在其中扮演着不可或缺的角色，人类社会正加速迈入数字经济时代。中国正在聚力科技创新、服务贸易和数字经济发展，打造高水平开放平台，构建更高层次改革开放新格局。当前，数字化成为引领服务贸易蓬勃发展的强劲动力。同时，全球数字产业分工远未形成，产业格局仍在调整，数字贸易规则尚不明确。探讨全球数字贸易现状、发展前景与机遇，具有重要意义。

### （一）数字贸易是数字时代的象征，是科技赋能的标志，是未来贸易发展的方向

数字化、网络化、智能化方兴未艾，推动服务业日益占据经济主导地位。数字技术在服务贸易中的地位日益凸显。据联合国贸易和发展会议统计，2019 年全球公有云服务市场规模同比增长 26%，全球服务贸易中一半以上已实现数字化。疫情蔓延使国际贸易面临严峻挑战，数字化成为降低疫情影响、对冲经济下行的

希望所在。数字化大大降低了国际贸易成本，提高了服务可贸易程度，促进了全球价值链协调，扩大了贸易的规模、范围和速度。数字贸易发展不仅有利于促进经济增长，而且有利于中小企业低成本进入国际市场，增加妇女就业、环境保护，推动经济可持续发展。

产业是贸易发展的基础。数字贸易的大发展取决于国内产业数字化转型。国际研究显示，未来3～5年实现数字化目标面临的大挑战是：

① 认识，实施，执行；

② 协调，包括多方利益相关者，多方和多层次治理协调；

③ 技能，培训，教育；

④ 公共投资或资金；

⑤ 技术，包括标准和协同性；

⑥ 信任，包括隐私、安全、消费者保护；

⑦ 法律和监管；

⑧ 政策设计和措施；

⑨ 信息技术的采用、商业数字化、创新；

⑩ 私人投资或获得融资。

OECD发布的《2020年数字经济展望》显示，2019年22个国家实现数字战略政策目标面临的主要挑战是：数字鸿沟、预算和资金限制、利益相关者的协调和互助、制定有效的监管工具和框架、适应数字技术的快速发展、创新与安全均衡等。C20在数字化发展中面临的主要挑战是：获得数字技术和服务；数字基础设施；支持数字基础设施和新的商业模式；制定数字标准；信息技术部门监管、数字安全、技能与数字经济；数字时代的消费者权利；数字化和法律框架。数字化转型正在从根本上改变国际贸易格局。消除数字贸易壁垒，推动数字贸易发展，必须迎接数字化发展的挑战，从国家战略层面制定综合经济社会发展政策。

### （二）政府与市场的融合促进数字贸易规则不断完善

数字贸易是数字技术与经济社会深度融合、共同发展的产物，社会组织在促进跨界融合、聚合创新资源、激活创新动力和创造产业生态方面发挥着重要作用。数字经济和数字贸易时代的数据可用性，加上开放性、存储和处理大量数据的能力以及社会结构的扁平化，也在一定程度上改变着政府和市场之间的关系。只要保证信息收集的基本法律，政府的监管就能变得更加及时有效，再加上政府数据整合和处理能力的提高，有利于市场监管与政府引导和预警的有机结合。Meltzer

（2019年）指出，全球数据越来越多地影响国际贸易的流动和数字技术，指出政府和监管机构都需要从这个大趋势中获益，但也要保证国家法规的完整性。数字贸易的全球治理需要包括两个核心要素。首先，确定新的数字贸易规则，例如澄清世贸组织中已有的一些规则，并在新的自由贸易协定中补充新的规则；其次，在隐私和消费者保护等领域制定国际标准和协定，以便国家监管机构能够确保数据不被需要进行国际监管合作，允许数据进入其管辖范围之外而不会损害国内监管目标。因此，在数字贸易的全球治理中，建立新的国际规则和条例迫在眉睫。

数字化是正在进行的第四次工业革命的一个重要特征，通过使用互联网等数字技术和全球化的进一步发展，数字贸易正在传统贸易形式的基础上出现。进入21世纪以来，国外的数字贸易理论研究逐渐增多，而中国的数字贸易理论研究自2012年以来也呈上升趋势。最初，关于数字贸易的学术研究集中在作为无形商品的数字贸易以及贸易过程中使用的法规和技术，以及美国和欧盟等数字贸易大国。近年来，随着互联网等技术的普及和贸易的全球化，数字贸易在世界范围内呈现出深入发展的趋势。中国等发展中国家的数字贸易发展非常迅速，学者们也开始关注发展中国家的数字贸易发展。同时，随着越来越多的国家发展数字贸易，在可预见的未来，在没有统一的数字贸易规则的情况下，这样的自由贸易就会越来越多。在协议框架内，各国已开始尝试制定统一的数字贸易规则，相关研究人员也开始对此进行调查。跨境数据流动是国际经济流动的一种新形式，导致全球相互依赖，更迫切需要在国际层面上规范数据流动。

人工智能、物联网、3D打印和区块链正在改变商品和服务的生产、交易、交付和消费方式。2019年，四分之一的网上购物者将从国外购买商品和服务，潜力是巨大的。世贸组织最近的一项研究显示，到2030年，数字技术可以推动高达34%的贸易增长。新冠感染流行将进一步加速全球数字贸易进程，全球前70家上市互联网公司的市值增长速度将比以前快得多，数字贸易将成为全球服务贸易增长的新驱动力。

当前，国际产业链、供应链格局深度调整，不确定、不稳定因素持续增加。美国就数字经纪公司的并购和市场竞争等问题提出了一系列建议，并继续加强对跨境平台的反垄断调查执法。欧盟提出了具有里程碑意义的数字经济法规，如《数字服务法》和《数字市场法》，这可能会刺激布鲁塞尔效应以来影响全球科技巨头的商业行为。在此背景下，中国正在积极推动数字贸易领域的国际交流与合作。

# 第十章

# 中国数字贸易发展

2019 年全球数字经济的名义增长率为 5.4%，比同期全球 GDP 名义增长率高 3.1 个百分点。从收入水平来看，高、中收入国家的数字经济增长率超过低收入国家 8.7 个百分点；从经济发展水平来看，发展中国家的数字经济同比增长率为 7.9%，比发达国家高 3.4 个百分点；从国别来看，中国以 15.6%的同比增长率领跑全球。根据日经新闻的调查，利用国际电信联盟和电信运营商的地理统计数据，2019 年中国的跨境数据流量明显超过美国等其他 10 个国家和地区。中国占全球跨境数据流量的 23%，美国以 12%位居第二。

## 第一节　中国数字贸易发展进程

中国的互联网、电信、数字经济和电子商务的发展非常迅速，尽管起步比西方国家慢，但自 2012 年以来，中国数字经济同比增长超过 15%，2019 年，我国数字经济增加值规模达到 35.8 万亿元人民币，占 GDP 的 36.2%，保持强劲增长势头。与中国数字经济整体的强劲增长有些不同，中国的数字服务贸易也呈现出整体增长的趋势，但速度相对较慢。这在很大程度上受到国际经济和贸易大环境、进口贸易服务国家的关税政策以及国家间贸易摩擦的影响。

### 一、中国数字贸易发展的战略定位

数字交易作为数字经济中最突出的商业模式，对于转变一个国家的经济发展方式、探索经济发展的新引擎至关重要。2019 年 1 月，《电子商务法》正式实施，对电子商务经营者的权利和义务、电子商务合同的订立和履行、电子商务纠纷的解决、电子商务的发展产生了重要影响。《数字贸易发展行动计划（2019—2021 年）》提出，数字贸易将成为国家战略实施的重要力量，这是我国首个由地方政府发布的数字贸易发展行动计划，具有重要的示范意义。2019 年 11 月，中共中央、国务院印发《关于推进贸易高质量发展的指导意见》，提出要加快推进数字贸易发展，实现贸易数字化。此外，中国积极参与全球数字贸易规则的制定，与多个国家签署了符合中国数字贸易发展利益的贸易协定；近几年，中国数字经济与实体经济深度融合的一系列政策已经公布，政策导向不断加强，预计贸易将进一步数字化，中国在数字贸易方面的战略地位也将进一步加强（表 10-1）。数字经济与实体经济的深度融合，可以激发数字经济的发展潜力，促进数字贸易作为外向型数字经济的主力军高质量发展，不断拓展贸易的边界。

表 10-1　中国数字贸易相关政策

| 政策类型 | 政策名称 | 核心内容 |
| --- | --- | --- |
| 数字贸易顶层设计 | 《国家信息化发展战略纲要》 | 提出了六大导向：战略性导向、全局性导向、体系化导向、融合性导向、创新性导向及国际化导向 |
| | 《“十三五”国家信息化规划》 | 未来五到十年取得重大突破、重大进展及重大成果，开创信息化发展新局面；提出了十大任务、十六项工程、十二项优先行动任务以及六大政策措施 |
| 国际数字贸易合作倡议 | 《二十国集团数字经济发展与合作倡议》 | 提出七项发展合作共同原则，并提出具体行动方案，包括：鼓励多层次交流、交流政策和立法、分享实践、加强培训和研究、开发更好指标、加强数字经济测度及国际交流 |
| | 《“一带一路”数字经济国际合作倡议》 | 提高宽带质量、促进数字化转型、促进电子商务合作、支持互联网创新、提升中小企业发展、加强数字技能培训、促进信息领域投资、推动城市数字经济合作、提升数字包容性、加强国际化合作及自主研发发展 |
| 数字贸易相关政策 | 《电子商务“十三五”发展规划》 | 发展以创新、协调、绿色、开放和共享为理念，围绕以全面建成小康社会为目标的创新电子商务民生。提出了发展和规范并举、竞争与协调并行、安全与开放并重的三大原则。同时，赋予电子商务服务经济增长与社会发展的双重目标和任务 |
| 数字贸易与实体经济融合 | 《关于积极推进“互联网+”行动的指导意见》 | 提出 11 项“互联网+”具体行动：创业创新、协同制造、现代农业、智慧能源、益民服务、普惠金融、高效物流、电子商务、便捷交通、绿色生态及人工智能 |
| 贸易政策 | 《浙江省数字经济五年倍增计划》 | 坚持产业数字化、数字产业化发展，培育数字安防、新能源产业、绿色石化等产业发展，联动推进制造强省和网络强省建设，并设立 100 亿数字经济产业基金，推进 100 个数字化重大项目 |
| | 《贵州省数字经济发展规划（2017—2020 年）》 | 全国首个省级数字经济发展规划，该规划将数字经济作为贵州省经济转型创新手段，加快发展“四型”数字经济，培育数字应用新业态，将数字经济提升至该省生产总值的 30% |

## 二、中国数字贸易的演变历程

近年来，随着中国数字经济的快速发展，数字技术加速向经济社会的各个层面深度渗透，利用数字技术进行数字贸易已成为中国服务贸易发展的新趋势。根据中国信息通信研究院的数据，2020 年中国的数字经济规模达到 39.2 万亿元人民币，占 GDP 的 38.6%。2020 年中国农业、工业和服务业的数字经济渗透率分别达到 8.9%、21.0%和 40.7%。2019 年中国数字贸易进出口规模达到 2036 亿美元，占服务贸易总额的26%。数字贸易正在强劲有力地发展。随着中国经济从疫情后期稳步复苏，数字经济将得到有利的发展，数字化的渗透和扩展将有更大的空间。随着数字经济的快速发展，中国越来越重视数字贸易的发展，正在进行各种探索，其战略意义越来越重大。

### （一）数字贸易服务类型不断丰富

数字贸易促进了贸易的便利性，数字技术的发展和应用降低了贸易成本，丰富了参与主体，减少了中间环节，同时强调了个性选择。数字化促进了数字服务在全球价值链中的整合和修改，导致数字服务在价值链中的收入和具体比重不断增加，知识密集型产业的收入也更多。随着中国互联网网络的发展和普及，越来越多的行业正在加速与互联网技术的融合，形成新的创新模式。除了基本的数字化产品，如数字音乐、数字电影和数字出版，在"一带一路"（丝绸之路经济带和21世纪海上丝绸之路）发展战略的推动下，跨境电商也发展迅速，成为中国数字贸易发展的核心力量和主导。根据易观发布的统计数据，2018年中国跨境进口零售电商交易总额达到4216.7亿元，比上年增长16.1%。2020年底，中国跨境进口零售电子商务交易规模将达到5477.2亿元，市场规模进一步扩大。此外，随着国内消费者经济水平的显著提高，越来越多的国内消费者开始寻求数字贸易服务业务。例如，越来越多的消费者在节假日期间选择在线旅游。根据文化和旅游部的统计数据，从2013年到2017年，中国在线海外旅游的年平均增长率达到64.2%，在线旅游市场规模达到73.03亿元，同期增长72.2%。此外，人均消费金额达到883.4美元，位居全球海外旅行者前列。

### （二）数字贸易规模逐年扩大

在传统的贸易产业链中，生产、贸易和供应链方面存在着一些明显的痛点，运营效率低下。在生产端，随着经济社会模式转变的不断深入，如何根据客户需求的变化调整研发方向，如何缓解生产成本压力等问题变得更加突出。在交易端，有一个痛点，就是供需信息难以匹配。同时，也难以系统地解决贸易瓶颈问题，如贸易环节的信任、质量控制和价格评估。在供应链一端，仓储成本高，物流参与者之间的合作水平低，供应链金融服务的发展缓慢。因此，通过突破传统贸易产业链的关键问题，数字贸易平台将重建传统贸易产业链上的供需匹配和产业主体的合作模式，为农业、钢铁、化工、批发和跨境等行业创造更广阔的数字贸易市场空间。

近年来，工业互联网在转变经济模式方面的作用与日俱增。数字经济也创造了数字贸易，它不仅创造了新的贸易内容，也改变了传统的贸易形式。它增加了贸易利益的新内涵，重塑了全球经济增长的新模式，促进了全球经济增长，也提高了全球福利水平。云计算、物联网和大数据等技术的深度应用，提高了数字贸易运营的效率。资本的不断流入，有助于为数字贸易开辟更广阔的发展空间。

资本持续流入工业互联网与传统产业结合发展的行业，为数字产业平台的快速发展提供了充足的资金支持。资本市场对工业互联网的具体描绘显示，从 2011 年到 2016 年的 6 年间，中国数字贸易相关产业的风险投资增长了 6.4 倍，达到 770 亿美元，占全球风险投资的近 20%。超过一半的资金流向了大数据、人工智能和金融科技等数字产业，极大地促进了中国数字贸易的发展。数字贸易的发展将带来数字红利的回报，如访问量和覆盖面的增加等。2021 年与 2016 年相比，电商 2B 领域的贷款数量和金额都有明显增加，其中农业、跨境、纺织服装、工业品等领域相对来说受到资本的青睐。

### （三）数字贸易不断变革

数字贸易是数字经济的延伸和应用，其特点是以数字知识和信息为核心内容，作为重要的生产要素，利用现代信息网络传输和完成交易，最终目的是提高传统经济活动的效率，优化经济结构。如果面向全社会的所有企业不仅敢于追求数字经贸，而且放弃传统产业的核心业务，转型平台型企业而不掌握数字经贸活动的标准，超负荷运转将使经济发展陷入困境。为使新技术有效地发挥作用，它们还必须与实体经济有效地联系起来。实体经济是数字经济和使用数字贸易的基础。

在数字工业化方面，数据作为重要的生产要素，推动了生产力的发展和生产关系的变革，促进了新技术、新产品和新商业模式的诞生，从而建立了新的生产功能，为高效、生态的经济增长开辟了新的空间。《“十四五”服务贸易发展规划》首次将数字贸易列入服务贸易发展规划中，为未来中国数字服务贸易的发展指明了重点和路径。

### （四）跨境数字贸易持续推进，各地数字贸易港建设稳步实施

2021 年 3 月，商务部等六部门联合发布通知，进一步扩大 54 个跨境电商零售进口测试范围。目前，中国的跨境电子商务综合试验区数量达到 165 个，覆盖了全国 31 个省（自治区、直辖市）。同时，面对新冠疫情，跨境电商与中国和欧洲之间的定期列车服务已经常态化，为丝路电商提供了与丝路沿线国家经贸合作的便捷通道，有助于维护全球供应链的稳定。到 2021 年 6 月，中欧定期班列累计开行数量超过 4 万列，货运总值超过 2000 亿美元，73 条运营线路到达欧洲 22 个国家的 160 多个城市。2021 年 4 月，商务部等 20 个部门联合发布《关于促进海南自由贸易港贸易自由化便利化若干措施的通知》，从货物贸易和服务贸易两个方

面确定了28项政策措施；7月，《海南自由贸易港跨境服务贸易专项管理办法（负面清单）》正式宣布，这是国家在跨境服务贸易领域宣布的第一份负面清单。一系列相关政策措施的陆续公布，将进一步支持海南自由贸易港的数字贸易、技术贸易等领域的发展，扩大服务业的开放。

2021年3月，北京国际大数据交易所正式成立。其目的是建立一个数据跨境分布基地，构建一个国际数字贸易港。同月，《中国（上海）自由贸易试验区临港新区数字化发展“145”计划》公布，提出到2025年，临港新区将形成相对成熟的数字化发展体系，率先建成世界级国际数据港和“国际数字之都”示范先行区。

## 三、中国数字贸易发展优势

当前，全球经济发展正式步入服务经济时代，服务产业已经成为世界经济的一个重要增长极。而伴随着我国数字经济的广泛普及和数字技术的快速发展，我国传统制造业和服务业的融合不断加深，服务的贸易性越来越强，因此我国数字贸易正面临着前所未有的发展机遇。

### （一）新基建为数字经济发展全新赋能

进入21世纪以来，中国政府高度重视信息技术的发展，通过“宽带中国”“提速降费”等政策支持和财政补贴等手段，全力推进信息基础设施建设，为中国数字贸易的发展奠定了坚实基础。特别是新的基础设施建设以来，引起了社会各界的关注，但新的基础设施中的核心数字基础设施、未来经济的基础设施建设和数字生活的数字化以及围绕数字的商业生产创新，并没有纳入新的数字基础设施的建设，而是将传统设施进行数字化改造列入规划。短期内，新的基础设施建设将起到稳定投资、促进消费和增加工业的作用。从长远来看，新的基础设施建设的发展将对国家治理能力的现代化起到比较大的作用。目前，对新的基础设施建设的类别划分还处于探索阶段，还有不断探索的空间。应以数字化基础设施建设为主线；国际服务贸易区域发展不平衡，中西部地区仍有较大提升空间；2020年4月20日，国家发改委相关负责人表示，新型基础设施是数字模式转型、智力升级、整合创新等，并明确表示应该是一个提供这些服务的基础设施系统。据统计，此前中央机关会议明确提出新的基础设施建设都是以数字为基础的基础设施建设，包括5G、数据中心、人工能源、工业互联网和物联网。数据是一种新的生产要素，新的基础设施建设的共同特点是以数据这一核心生产要素的感知、采集、传输、存储、计算、分析和应用为核心，以技术经济活动、资源配置和制度配置为重点。数字经济是基础设施建设的市场基础和需求来源。工业互联网是数字经济发展的高级阶段，是基础设施建设的市场先导，是基础设施建设主攻方向的雏形。新的基础设施建设是“数字土壤”和“基础”，它将为众多经济和产业网络的可持续发展、新商业模式和新模式的培育以及数字中国的建设奠定基础。在实践中，除了在人工智能、5G、互联网、物联网数据中心、工业、计算机等各个领域打造新型基础设施外，平台思维必须注重生态体系的建设，应用需求、研发、聚集、资本等，这些都是工业和金融所必需的。数字平台旨在整合工业、金融、物流、交易市场、社交等生产性服务业，推动“上、用、智”和产业及各领域的综合应用创新。为此，平台和生态思维是发展新的基础设施和建设一个更加数字化的中国的必要路径。

### （二）庞大的产业体系和消费市场

中国拥有世界上最完整的制造业体系，服务业规模巨大，农业现代化潜力巨大，为世界先进信息技术提供了广阔的应用空间。信息技术应用的场景，不断推动和加速信息技术产业的融合，伴随着第一、二、三产业数字化升级的拓展，在物联网、大数据、云计算、人工智能等下一代信息技术的规模上，应用了对传统制造模式的颠覆，给模具制造带来了新的创新空间。特别是 5G 与产业的深度融合，将推动智能制造、远程医疗、远程教育、智慧城市、智慧物流、电子商务等新产业、新模式的升级，并在智能终端、可穿戴设备、智能家居等领域创造大量新供给。中国信息通信研究院预测，到 2025 年，中国的 5G 网络建设将带动超过 8 万亿人民币的信息消费。

经济改革日渐深化，强大的工业基础为数字贸易发展提供了令人鼓舞的背景。如果说数字经济是一场工业革命，那么数字贸易就是一场商业革命。然而，数字贸易仍然必须依赖实体经济的发展才有机会发展。当前，我国经济发展正处于改革的强劲阶段，无论是产业发展政策还是金融改革战略，都有利于传统制造业的发展和模式的转型升级。特别是新能源制造、人工智能等高端产业的快速发展，都对传统产业的数字化模式转型发展具有积极意义，为数字贸易的发展提供了令人鼓舞的后盾。同时，随着国际社会环境的不断变化，特别是多边贸易面临不确定性困难，中国政府开始尝试新的贸易合作方式，为数字贸易的发展提供了更多选择和借鉴。例如，自由贸易区的建立不仅是中国对外开放的重要体现，也是制度性开放的重要探索，对促进中国数字贸易的发展具有深远的影响意义。

### （三）自主创新能力显著提升

国际市场需求越来越多样化，知识密集型服务贸易稳步增长，贸易出口结构不断优化。随着信息和通信技术的发展，世界各国的联系日趋紧密，数字贸易市场的潜力巨大。此外，随着全球经济的发展和消费者生活方式的不断改善，传统的标准化产品和服务难以满足基本需求，分项、定制等消费模式日渐发展，因此，发展数字贸易已成为大势所趋。在卫生用品方面，中国出口卫生用品的结构也在明显变化，卫生用品和服务更加适应数字贸易的发展需求。根据商务部发布的最新数据，自“十三五”以来，中国服务贸易发展的增长速度已经超过了全球平均水平。其中，2018 年服务贸易进出口额达到 5.24 万亿元，同比增长 11.5%，连续 5 年位居世界第二。服务贸易所占的贸易总额也增加到 14.7%。从结构构成看，中国知识密集型服务贸易增长明显，出口额达到 1.7 万亿元，同比增长 20.7%，占服务贸易出口总额比重的 32.4%，贸易出口结构不断优化。根据世界知识产权组织（WIPO）发布的《2019 年全球创新指数报告》，2019 年中国创新水平排名第 14 位，连续四年保持上升趋势。2021 年，中国数字产业化规模为 8.35 万亿元，同比名义增长 11.9%。而产业数字化规模达到 37.18 万亿元，同比名义增长 17.2%，占数字经济的 81.7%，占 GDP 的 32.5%。

## 四、中国数字贸易发展的劣势

数字贸易作为数字经济的重要表现形式，其经营模式以及国际冲突摩擦又致使我国数字贸易面临诸多发展挑战。

### （一）数据开放性不足，数据价值利用率和使用率不高

数字经济与传统的农业和工业经济相比，最大的区别在于数字经济的流动性更强，对其生命力和经济发展的驱动力更大。然而，数据本身既不是直接可用的资源，也不是生产的必要因素。因此，为了将数据变成一种资源，需要对数据的信息价值进行转化。但在现实中，数据的所有权和运营形式已经发生了很大的变化，无法用传统的所有权理论进行合理的解释，从而限制了数据的使用价值。从数字贸易产业的发展来看，中国的数字贸易发展迅速，再加上中央政府的良好领导，进一步加快了数字贸易的发展。然而，由于中国信息化建设的地区差异，中国的数据共享和开放不足，导致中国的数字贸易在数量上迅速增加，但质量上仍有待提高。国外技术限制和国内数字人口素质平均水平低，也不利于中国数字贸易的发展。总体而言，数字服务贸易的规模与数字经济强国的地位不相称。数字化服务在全球服务贸易中的出口份额超过 50%，其中美国和英国达到 60%以上。2019 年，美国数字服务出口额为 4956.3 亿美元，是中国的 3.4 倍；美国知识产权使用费的出口额为 1287.5 亿美元，比我国高出 19 倍。

### （二）数字贸易法规建设缓慢，数字贸易规范存在差异

数字技术加速了产品分销和经济流动，而网络数据的传播则简化了传统贸易流程，提高了国际贸易互动的效率。然而，这两种新兴的商业模式都需要法律规范和监督控制，以防止系统性风险的产生和传递。目前，世界贸易组织（WTO）法律规范框架内的“贸易知识产权协议”和“服务贸易总协议”都没有提及相关数字贸易发展规范的内容。TPP 中对数据的跨境流动进行了规定，但没有提到安全问题。总的来说，国际上对数字贸易治理和相关数据流等议程没有形成共识，国家数字贸易交易仍然按照国家法律制度执行。此外，考虑到数字贸易和互联网网络管理是一个复杂的话题，在建立数字贸易的法律规范时，不仅要考虑如何促进数字贸易的发展和经济创新，还要考虑政治发展、社会发展、技术发展，乃至文化和道德等因素也需要被全面考虑。中国的数字商品和服务标识相对较晚，对跨境数据流动的监测体系还不完善，监测能力相对较弱。在数字商品和服务的生产、定价、交付、存储和使用，贸易合同的签订，争端解决，税收征管，商业秘密和分项人员隐私的保护，版权保护，以及对相关犯罪的打击和审查等方面，相关的数字贸易法律存在很多空白点。对数字贸易的监管不足或缺乏，是社会转型治理结构的潜在风险和巨大挑战。

### （三）数字贸易监管滞后

随着经济逐渐进入数字时代，数字贸易业务的规模正在成倍增长。然而，如何对数字贸易进行合理的监督和控制，并对其进行合理的征税，已成为当前数字贸易发展的一个重要新议程。在传统的跨境电商中，跨境电商采用目标国征税原则，避免重叠征税。然而，在数字贸易的情况下，实施这一原则存在困难，因为数字贸易很少与货物的实质有关，这使得海关难以核实贸易并对其进行准确的税收活动。例如，根据传统的跨境电子商务原则，如果一个发达国家向我国提供在线教育服务，我国不能对提供服务的实体征税，因为它无法确定常设办公桌的实际存在。

### （四）数字贸易人才培养体系有待建设

数字贸易驱动的全球价值链时代的到来，要求加强贸易部门的数字人才发展。数字贸易领域人力资源体系的不统一，已经成为制约中国数字贸易快速、稳定发展的重要因素。提高全民数字素养，构建完善的人力资源体系，是推动数字贸易高质量发展的关键。目前，我国数字经济基础产业创新能力不足，数字产业高端

人才匮乏，人才引进体系不健全，人才大量外流，人才培养体系不健全，特别是数字贸易领域高素质创新人才和管理人才相对缺乏，制约了数字贸易的发展。目前，我国在信息技术方面的下一代专业人才十分短缺。数据显示，2020 年下一代信息技术人才的缺口将达到 760 万以上，其中大数据人才需求 260 万，云计算 210 万，物联网 200 万，人工智能 220 万。在贸易和数字两方面都有专长的专业人员短缺。因此，应多方位加强数字化人才队伍建设，促进数字贸易的发展，推动中国全球价值链的高端化。

## 第二节　中国数字贸易典型特征

全球数字技术快速发展与新冠疫情影响叠加大幅提升了贸易数字化水平，加速了数字经济强势崛起。世界正加速进入数字经济时代，为中国发挥自身优势，推动数字强贸提供了机遇。数字技术引领、数字驱动、数字赋能是未来全球产业变革的大趋势，数字技术正在向产业、贸易和公共服务等领域融合渗透，产业和贸易的数字化转型已是大势所趋，也是决定未来产业兴衰和企业生存的关键。“数字强贸”正是基于数字经济时代这一背景提出的，强调数字驱动对提升贸易竞争力具有重要作用，对中国把握数字经济机遇、实现贸易高质量发展具有重要意义。

### 一、数字服务贸易迅速发展

数据显示，2020 年全球数字服务贸易规模达 31309.1 亿美元，在服务贸易中占比从 2011 年的 48.1%稳步提升至 2020 年的 62.8%。数字服务贸易在疫情面前展现出较强韧性。

#### （一）数字服务贸易规模快速扩张

2020 年，中国数字服务贸易规模达到 2947.6 亿美元，较 2011 年翻了一番；年平均增速达到 6.7%，高于我国同期货物贸易增速（2.7%）和服务贸易增速（4.4%）。同时，我国数字服务贸易连续实现顺差，数字服务贸易净出口从 2011 年的逆差 148.2 亿美元逐渐转为顺差，2018 年到 2020 年连续 3 年实现顺差。2020 年，我国数字服务贸易顺差为 147.7 亿美元，贸易竞争力指数（净出口与进出口总值之比）为 5%，数字服务贸易规模在 105 个国家中的排名从 2019 年的第 7 上升至第 5 名，十年来首次跻身全球前五，也是前五位中唯一的发展中国家。

### （二）数字化深入推进成为"贸易强国"建设的保障

我国商务部发布的《"十四五"商务发展规划》（以下简称《规划》）首次提出要推动"数字强贸"。《规划》明确，要提升贸易数字化水平，加快贸易全链条数字化赋能，推进服务贸易数字化进程，推动贸易主体数字化转型，营造贸易数字化良好政策环境，推动"数字强贸"。"数字强贸"，顾名思义是要发挥数据信息作为新生产要素的重要作用，通过数字化手段降低贸易成本，促进贸易发展方式转变，提高外贸发展效率，进一步增强中国贸易的国际竞争力。"数字强贸"将推动从产业到贸易乃至消费终端全链条的数字技术升级，将在"科技兴贸"基础上提高贸易供给效率，增强贸易国际竞争力。"数字强贸"不仅局限于高技术产品，劳动密集型、资本密集型等传统产品都可以应用数字技术做优做强。一方面，"数字强贸"不仅要看到生产环节的数字化、高科技化，更要关注整个贸易链条和贸易环节的数字化转型升级，比如大数据营销、电子口岸、数字化通关等；另一方面，"数字强贸"不仅强调货物贸易领域的科技含量和数字化转型，也包括服务贸易的数字化转型，推动中国从贸易大国走向贸易强国。"数字强贸"可以推动产业、贸易和企业数字化转型。加速5G、大数据、云计算、人工智能、区块链等数字技术与制造业、采矿业、服务业、农业以及医疗、教育、文化、体育、政府等公共服务部门融合渗透，一方面可以让货物贸易降本增效，创造更多新增长点，提升综合竞争力；另一方面可以推动与服务贸易加速融合，增强中国外贸的整体竞争力，加速打造贸易强国。中国实施数字贸易强国战略，更准确地抓住了当前技术变革的方向，通过智能化、数字化贸易体系的建立，使中国在新一轮技术革命中占据有利的地位，为进一步提升贸易竞争力发挥重要作用。与此同时，"数字强贸"将推动从产业到贸易乃至消费终端全链条的数字技术升级，将在"科技兴贸"基础上提高贸易供给效率，增强贸易国际竞争力。

### （三）数字贸易促进高质量发展

数字贸易最大特征在于贸易方式的数字化和贸易对象的数字化。从产业链角度通过数字技术与贸易开展过程的深度融合，打通产业链的生产端、交易端以及供应链端的信息交互与响应通道，构建产业链的新型供需关系和协同关系，进而提升整个产业链的运转效率。在当前背景下，中国数字科技正向各领域渗透。就外贸领域而言，数字经济可以赋能各个环节，推动生产变革、产品变革、营销变革等。数字化赋能提高了服务的可贸易性，服务贸易的加速发展也将提升货物贸易的质量和水平，为贸易高质量发展带来无限空间。

数字贸易促进经济高质量发展的两条可行性路径：一是通过数字产品贸易或

借助数字平台进行产品交易，以促进市场主体交易互动、提升市场效率、提高居民消费水平，直接促进经济高质量发展；二是通过推进数字贸易，影响中国产业数字化水平和数字产业化水平来促进“传统生产函数”升级和“新生产函数”形成，以实现地区产业结构优化升级，间接促进经济高质量发展。

数字经济和数字贸易在疫情中显示了很好的抗冲击能力。新冠疫情将迎来新一轮互联网新业态新模式大发展时期，如网络消费、网络办公、网络会议、网络教育、网络医疗、网络娱乐等。互联网新业态新模式体现出较强的抗冲击能力，2020 年上半年，我国服务进出口总额 22272.8 亿元，同比下降 14.7%；我国知识密集型服务进出口 9744.3 亿元，增长 9.2%，占服务进出口总额的比重达到 43.7%，提升 9.6 个百分点。其中，知识密集型服务出口 5128.7 亿元，增长 9.7%，占服务出口总额的比重达到 56.2%，提升 6.1 个百分点；出口增长较快的领域是知识产权使用费、保险服务、电信计算机和信息服务，分别增长 37.2%、18.7%、15.2%。

2020 年以来，我国数字经济与实体经济深度融合的相关政策相继出台，政策导向持续强化：要推动数字经济和实体经济深度融合，推动工业化与信息化融合发展，促进制造业数字化、网络化、智能化升级。数字经济和实体经济的深度融合在激发数字经济发展潜力的同时，能够推动作为外向型数字经济主要载体的数字贸易高质量发展，不断拓展贸易的边界。

## 二、以制度性开放为引领探索高水平数字贸易国际规则

数字贸易深刻改变了中国的贸易方式，对中国制造业及其他相关产业的智能化升级具有重要意义。积极参与数字贸易国际规则制定是中国在未来全球贸易竞争格局中赢得主动权和话语权的关键，也将对自身参与全球经济治理产生重大影响。

### （一）积极参与国际数据价值链建设

在国际数据价值链的背景下，数据收集、存储、分析等数字情报处理的不同阶段大多发生在不同的国家。人们越来越意识到跨境数据流动的不平衡。发展中国家可能面临着仅仅成为全球数字平台的原始数据提供者的风险，同时不得不为从其数据中获得的数字情报付费。“数据主权”的概念在 2011 年之前在学术和公共辩论中几乎不存在。它具有不同的含义，反映了不同地区不同的文化价值观和政治偏好，数据的价值体现在对数据的聚合、分析和处理的智能化。因此，除了访问之外，拥有将数据转换为数字智能、可货币化或用于公共利益目的的能力是至关重要的。因此，利用数据进行生产和开发的能力是很重要的。从数据中创造

和获取价值需要与数据相关的基础设施的可用性和可负担性，以便数据流动，以及技能、资源和与经济其他部分的联系，并通过适当的监管和政策提供支持。全球数据治理的政策制定需要在国家和国际层面上，由政府全面、多维地考虑不同利益攸关方。

在缺乏适当的全球数据治理国际体系的情况下，数据收集方面的这种优势直接转化为这些平台获取数据驱动的数字经济的大部分货币收益，从而实现跨境数据流动。中国领先的数字平台阿里巴巴、百度和腾讯，净利润从2017年的近200亿美元增长到2019年的270亿美元，增长了37%。2020年的利润增长更为显著，累计净利润约为480亿美元，较2019年增长78%。

### （二）数字治理结构优化服务于数字贸易发展

国际一级的现有体制框架不适合用于解决全球数据治理的具体特点和需要。要使它有效，很可能需要一个新的全球机构框架，包括多边、多重利益攸关方和多学科参与的适当组合。

新冠疫情防控期间，政府、企业等都不同程度地认识到数字经济所发挥的效能，快速转变思维进行云招商、云签约、远程协同办公、在线教育等，线上应用快速普及，甚至向更广泛的社会生活领域渗透，成为一种普遍的生产生活方式。疫情之后，政务、医疗和教育等公共服务领域的数字化转型进程必将加快，企业从生产、供应链到销售等各个环节也都会加速应用数字技术。在支撑数字经济发展的背后，需要一整套数据资源到基础设施再到数据智能引擎的推动数字经济发展的核心要素，形成新的增长模型，从政府治理和产业数字化两方面提升数字经济效率。

从政府层面来说，新冠疫情防控期间，数据智能在提升政府社会效率方面的表现十分亮眼，通过打通政务数据，实现了疫情防控精准治理。一个公共事件的事前预警、事中反应和事后处置等各个环节，无不需要由数据和数据智能来提供高效服务。数据智能通过建设“城市大脑”，汇总教育、医疗、旅游、交通、公共安全等领域的数据，形成统一的城市大数据平台，进而在这个平台上构建智慧城市的指挥控制中心，政府部门通过分析“城市大脑”的运行态势，可以更好地做集约化的管理和指挥调度，包括城市管理、生态环保、治安防控及政务服务等。

疫情将倒逼产业数字化进程，从内部改造到外部协同，从单点应用到全局优化，持续推动产业数字化、服务化升级。可以预见，在新冠疫情过后，中国很可能成为主要经济体中极少数能够维持经济正增长的国家之一。未来，在政府治理方面，数据互通将成为提升国家治理能力的前提，治理手段现代化成为国家治理能力提升的关键工具。同时，线下产业线上化、工作协同模式线上化的趋势将加速，不同行业、不同企业的数字化转型进程将分化。总体来看，促进政府的数字化治理和产业的数字化转型，数据智能将卓有成效，引领数字经济效率革命。

### （三）不断加强国际交流与合作

通过政府间合作，加强数字贸易领域的国际交流与合作，增进其他国家对我国企业和技术的了解，为我国民营企业实现国际化发展创造更多的机会。充分利用各种区域组织、国际组织和多双边交流机制，如“一带一路”、上海合作组织、澜沧江湄公河合作机制、国际电信联盟、中美互联网论坛、中英互联网圆桌会议、中国-东盟信息港论坛等，为我国企业宣传推广其优势技术、产品和服务创造机会，减少观念误区。共建产业园区、自由贸易区等，切实推进园区内各国电子商务、数字内容等相关产业的投资自由化、贸易自由化和便利化。同时，结合数字贸易企业全球化重点需求并综合考虑国际科技合作总体布局，积极筹建一批高水平的海外科学研究基地。

## 三、细分领域的数字服务出口快速发展

新一代信息技术应用将持续推动数字贸易快速发展，助力数字贸易的商流、信息流、物流与资金流的高效配合与流通。

### （一）新一代信息技术开发应用服务出口大幅增长

2019 年，云计算、人工智能、区块链等新一代信息技术开发应用服务外包执行额同比增长 154.53%。如，我国云提供商拥有亚太地区公共云市场 40%的份额，其中阿里云 2019 年营收 52 亿美元，增长 63.8%，全球市场份额占比 4.9%，在 Canalys 发布的 2019 年全球云市场排名中名列第四位，仅次于亚马逊云、微软云、谷歌云。2019 年上半年全球区块链企业申请专利数量前十有 7 家企业来自中国，其中，阿里、中国平安分别以 322 件、274 件专利排名第一、第二位，前 100 名企业中我国占 67%，美国占 16%。近年来，大数据、区块链、物联网、人工智能等新一代信息技术的快速推广应用，为数字贸易发展奠定了坚实的产业基础。2019 年我国软件出口执行额 434.8 亿美元，同比增长 5.47%，较 2016 年增长 1.27 倍。

### （二）数字生产服务出口形式多样，增长迅速

生产性服务业外贸快速增长，2019 年我国企业承接离岸服务外包执行额 968.9 亿美元，增长 9.3%。卫星导航与位置服务国际化不断加快。截至 2019 年，我国卫星导航专利申请量累计 7 万件，位居全球第一。2019 年，北斗系统及其相关产

品和服务已输出到 100 余个国家，其中包括“一带一路”沿线 30 个国家和地区。我国已经成为游戏出口大国。2019 年我国自主研发的游戏海外市场实际销售收入达 115.9 亿美元，增长 21.0%，来自美、日、韩市场的收入占比分别为 30.9%、22.4%、14.3%。同时，社交媒体加速海外市场拓展。中国手机 App 接近 449 万个，居全球第一。2019 年全球手机 App 下载量抖音排名全球第 2。截至 2019 年第一季度，抖音海外版 TikTok 的 75 个语种产品已经覆盖全球超过 150 个国家和地区。

### （三）数字支付水平不断提高

2018 年我国第三方跨境支付机构跨境互联网交易额超过 4900 亿元，同比增长 55%。2020 年，在疫情影响下，中国线上第三方跨境支付规模为 6109.8 亿元，同比下降 16.1%；线下第三方跨境支付规模为 2806.4 亿元，同比下降 24.2%。2019 年支付宝的全球用户超过 10 亿，保持 20%的增长，目前全球 54 个国家和地区可以使用支付宝消费。2019 年微信支付覆盖 60 个国家和地区，支持 16 种不同货币直接结算。

2021 年 4 月在国际电信联盟第十六研究组全体会议上，中国人民银行数字货币研究所和中国信息通信研究院合作，针对区块链平台的功能和性能测评的痛点，在 SG16 分布式账本工作组 Q22 成功立项 2 项区块链测评标准——“分布式账本技术平台功能测评方法”和“分布式账本技术平台性能测评方法”。

## 第三节　中国发展数字贸易的策略

新一轮科技革命深入发展，加速了数字经济强势崛起，世界正加速进入数字经济时代。数字经济加速推进贸易数字化，全球对数字贸易规则的抢夺日益激烈。中国数字经济创新活跃，新基建大力推进，市场优势明显，产业基础雄厚，为数字贸易发展奠定了坚实基础和较强优势。为更加有效地参加新一轮国际竞争，中国无论是迈向贸易强国，还是加速抢占数字贸易高地，抢抓数字强贸机遇，提出中国策略都是刻不容缓的。

### 一、融合数字化产业链与供应链体系，奠定数字贸易产业基础

在数字技术创新影响下，制造业呈现出服务化发展趋势，进而对全球价值链进行重组与重建。数字化在产业链中的应用场景是工业互联网，在供应链中的应用是数字供应链。通过工业互联网+数字供应链，加上当前快速迭代的元宇宙技

术，一方面可以大幅度提升产业链、供应链抵御疫情等线下突发事件冲击的能力，另一方面可以提高工厂的智能化水平和供应链的敏捷管理能力，让生产更加“聪明”，让供应链更加“柔韧”。随着数字科技的深入应用，原本大乱局中遭到伤害有些收缩和本土化的供应链，可以在AR、人工智能、区块链、物联网、数字孪生等技术下重新复兴，在保持稳定安全的同时继续发挥出全球供应链的效率优势。但是当前，中国供应链的数字化程度与世界相比还不够高，在当前俄乌冲突导致的全球乱局下数字安全和算力安全的保障能力还不够强。目前的全球供应链25强，中国只有阿里巴巴和联想集团两家入选。可见，中国要构建强大的数字供应链和数据算力安全体系，必须培养一批具有国际影响力和充足实力的算力设备行业龙头企业，通过这些龙头企业来“保链强链”。

### （一）树立开放拓链思维，推动更高层次的改革开放

我们有足够的制度优势和资源条件来实现保链稳链，但是也要清醒地认识到，我们的产业链供应链依然离不开全球市场，很多关键技术、战略能源、核心要素等还需要利用海外资源，尤其是在关键技术领域与西方发达工业国还存在一定差距，很多稀缺原料和核心技术短期内难以替代，原本“需求收缩”的国内市场也无法在短期内承载本已过剩的产能。加快自主研发和挖掘国内市场固然重要，但更重要的还是要深化对外开放格局，继续鼓励有能力的企业参与国际竞争，巩固和拓展海外市场份额，形成强大的跨国经营和国际贸易及资本运作能力，在大乱局中能继续有效利用国内国外两种资源。所有这一切需要一个稳定友好的国际环境来推动更高层次、更高质量的对外开放。因为系统论告诉我们，封闭系统是最不稳定的，只有不断吸收外部能量来对抗“熵增”的开放系统，才能保持长期动态的稳定。

推动实施跨境数据流动分级分类管理制度。数字贸易的发展，离不开跨境数据的自由流动。推动跨境数据流动应考虑我国数字贸易发展的比较优势以及在全球价值链中的位置，因地制宜推动实施跨境数据流动分级分类管理制度，最大限度地维护我国数字贸易发展的利益诉求以及国家安全。

### （二）有机统筹开放与安全

完善数据要素流通制度。进一步完善数字经济市场体系，建立数据收益补偿机制，强化数据收益保护与管理，推动形成数据要素市场，推动国内数据共享与自由流通，并加快国内数字贸易规则建设；积极推动个人和企业数据使用规则、数据管理规则和电子交易相关规则建设；推动数字贸易相关产业的行业自律机制以及监管体系建设；建立适应数字贸易发展的核算和指标体系，建立数字贸易企

业数据库。

从政府层面来看，应主要为数字化贸易营造良好营商环境。一方面，政府行政事项和公共服务可以率先实现数字化，深入推动数字化通关，精简办事流程，提高办事效率，引导企业实现数字化转型；另一方面，政府可以大量开展适应数字时代的电子认证、电子签名、电子合同等，并与更多国家开展互认，营造良好的国际环境，加快贸易的数字化进程。政府应主要定位于更好满足外贸企业需求，提供基础设施方面的帮助，解决市场失灵问题。比如，在数字经济和数字科技方面提供研发帮助，助力企业更好地应用数字经济，继续推动贸易便利化等。外贸企业则应转变观念，积极抢抓数字强贸机遇。比如，在生产、出口等方面运用数字经济手段提升生产经营效率和竞争力；积极参与国际竞争，重视研发投入和科技创新；同时，加大国际合作力度，联合外国企业共同推进“数字强贸”。

### （三）完善数据要素交易流通制度

当前，数据已成为核心战略资源和参与国际竞争的关键要素。要树立底线思维，把数据安全放在国家安全的重要战略位置。

一是健全数据开放法律法规。在顶层制度层面，加快制定出台关于促进数据市场化的指导意见，注重数据价值的挖掘和利用，实现数据安全与价值的平衡统一。尽快出台《个人信息保护法》《数据安全法》以及《关键信息基础设施管理条例》等相关法律法规，明确数据市场化须遵守的法律秩序。明确数据市场化的监管底线，即数据监管的通用规则，各行业监管机构制定相应的实施细则。

二是明确数据权属。产权清晰界定是数据开放和市场化的基础，是国家和企业获得数据开放收益的依据，是保障数据开放安全的前提。扫清数据市场化应用和数据产业发展的关键障碍。我国政府数据权属关系需要在数据主权和数据权利两方面分别构建不同的框架，数据主权需要考虑数据管理权和数据控制权，数据权利需要考虑数据人格权和财产权。要明确国家对数据的主权和管辖范围，在不损害国家利益的前提下，合理、有序、有度地开放相关数据资源。

三是建立数据收益补偿机制。数据是数字经济时代的关键生产要素，通过挖掘、处理和分析数据，能极大改善原有数字服务和创造出新的数字服务。当前，全球数据要素市场尚不健全，一些国家对外输出大量数据的同时却无法从中获得回报，数据创造出的价值几乎全部被数字服务提供商及其所在国所取得。全球性的数据收益补偿机制亟待建立，确保数据像其他贸易品一样能从流通中获益，保障数据输出国的应有权益，调动各国数据开放和流通积极性。

四是强化数据保护与管理。建立健全大数据安全保障体系，完善个人信息保护、数据跨境流动、数据安全防护等制度，维护网络空间安全以及网络数据的完整性、安全性、可靠性。加强技术保障能力建设，推进防泄露、防窃取、匿名化等大数据保护技术研发和应用，促进网络信息安全威胁数据采集与共享，建立统一高效、协同联动的网络平台。

### （四）加强数字贸易全球价值链的基础理论研究

目前学术界就数字贸易对全球价值链重构的影响仅作了一些初步的探索。由于未来数字贸易发展在全球政治经济体系中将发挥越来越重要的作用，并且会重塑全球价值链新格局，因此加强数字贸易全球价值链的基础理论研究显得尤为重要。未来关于数字贸易重构全球价值链的研究，应在以下方面进一步拓展：第一，进一步加强数字贸易基础理论研究。未来数字贸易基础理论研究应着眼于建构符合我国数字贸易发展实践与利益的理论体系，以推动我国数字贸易相关产业迈向全球价值链高端。第二，建构适用于数字贸易全球价值链的新理论范式。从目前全球价值链理论来看，其建构于传统国际贸易模式的基础上，建构的逻辑框架多是以研究生产制造环节为重心，已不能适用伴随着数字贸易发展而兴起的新型国际贸易形式和全球虚拟价值链。第三，加强对数字贸易相关产业的全球价值链位置测度研究。从有关全球价值链测度的文献来看，现有文献多是对制造业等传统行业的全球价值链位置进行测度，也有部分文献测度了服务业的全球价值链，但由于数字贸易是近年来才逐渐兴起的一种贸易形式，学术界对数字贸易相关产业的全球价值链位置尚未开展研究。只有对数字贸易相关产业的全球价值链位置进行准确评估，才能明确我国数字贸易相关产业的国际竞争力和比较优势，在出台数字贸易相关政策时更有针对性，提高政策的可操作性。

## 二、以推动自由化和便利化为重点打造国际一流营商环境

打破区域市场分割，实施公平透明的市场准入政策，公平对待区域内、区域外企业，清理有关部门和地方在市场准入方面对企业资质、资金、股比、人员、场所等设置的不合理限制条件。优化数字政务服务能力，推进公共服务事项“一网通办”，实现政务服务就近办、网上办；推广电子证照、电子印章、电子档案应用，提升电子印章、电子签名在法人、自然人各类政务服务事项中的应用。加强和改进平台经济领域反垄断监管，严禁平台经济领域经营者滥用市场支配地位排除或限制竞争，维护消费者利益和社会公共利益，构建开放、公平、健康、有力竞争的数字市场秩序。强化知识产权创造保护，加快知识产权保护体系建设，加大侵权假冒行为惩戒力度，严格规范证据标准，强化案件执行措施，完善新业态新领域保护制度。

## （一）内部制度改进与完善

制度创新是实现经济持续增长的关键要素。只有推动制度供给的持续创新，才能充分发挥我国数字贸易发展的比较优势，拓宽数字贸易发展空间。

第一，优化数字贸易监管服务，完善政府支撑体系。积极利用现代信息技术构建适应数字贸易发展的高水平监管体系，继续深化“放管服”改革，加强数字贸易相关立法，完善数字贸易发展相关法律法规。加快数字技术及相关应用规制体系建设，在保证安全前提下积极推动数字贸易发展。数字贸易领域内的法律法规建设不仅要包含数字贸易保护，同时也要针对跨境贸易存在的洗钱、欺诈以及破坏知识产权等行为进行阻止。由于数字贸易涉及跨境交易，因此对于不同国家之间的贸易、文化、信息以及管理都需要考虑周全，通过监管部门整合厘清各监管主体的职责。对此，与数字贸易业务相关的《个人信息法》《电信法》以及《数字签名法》等法律规范都需要进行相应修订，为数字贸易法律体系建设奠定基础。

同时，为更好地解决数字贸易安全问题，应优化公共服务环境，着力降低数字贸易准入壁垒。应加快制定出台《个人信息保护法》《数据安全法》等相关法律法规，对涉及个人隐私安全的数据以及推进数据市场化作出明确规定，通过统一及严格的管理方式有效控制和预防数字交易潜在风险，提升我国跨境网络交易安全预警和处置能力。另外，应支持引导学术界加强对数字贸易立法的课题研究，为我国企业开展海外数字贸易业务提供法律保障；探索建立数字知识产权保护体系；放宽市场准入，使人员往来便利化，增强跨境数据自由流动，做好个人隐私保护、知识产权保护等。

第二，统筹规划，加强国内信息化基础设施建设，尽快消除地域信息化发展鸿沟，全面渗透数字贸易发展理念，增强国内数字贸易产业链，强化信息基础设施建设和安全保护。产业发展离不开相关基础设施建设，因此数字贸易发展的基础离不开信息化数字基础设施建设。立足数字贸易试验区、各类数字贸易园区等特定区域，建设专用通道等通信基础设施，实现 5G 在特定区域覆盖；升级改造高耗能低效率的数据中心，积极布局物联网、工业互联网信息基础设施。虽然目前全国信息化建设推广成果显著，但是仍有部分地区还未完全实现信息化服务，所以仍需要加快我国信息化发展，力争全民享受互联网红利。此外，数字贸易发展基础设施与民用基础设施存在差异性，因此为增强国内数字贸易发展意识，不仅需要中央政府加大资金支持力度，同时还需要地方政府的相关市场机制建设，通过相互协调、相互促进以及相互配合等方式加快生产业及服务业数字化转型，培育国内健全数字贸易发展优质环境。设立数字贸易发展专项基金，加大对重点数字贸易相关企业的资金扶持力度。

探索财税与金融政策相结合的多元化体系。加强财税政策对数字基础设施建设的投资，并大力支持数字贸易相关企业的发展，对相关领军企业投资实行投资抵免，多方位加大对数字贸易的财政投入力度，培育一批竞争力强、创新能力突出的龙头企业；加强数字贸易金融服务创新，积极引导金融机构加大对数字贸易发展示范项目、重点项目的信贷投放，与此同时也应加大对中小贸易企业金融支持力度。

加强顶层设计，建设具有国际竞争力的数字贸易产业集群中心。数字贸易发展模式属于知识型贸易，因此具有极强的集聚效应。从竞争性及成本角度来看，建设数字贸易产业园、缩短数字贸易产业链无疑是最具有效果的。由于数字贸易模式发展不再受到交通及地域等因素的限制，因此数字贸易产业园在选址方面更加灵活，可以将产业园选择在信息化技术较为发达与成熟的地区，进而实现数字贸易和传统贸易双发展模式。

构建适应数字贸易发展的培训体系。借助于人工智能、大数据、云计算等现代信息技术，加快建设数字贸易人才网络培训平台，加大对数字贸易相关领域从业者的培训，提升数字化技能水平与数字化思维。选择一批知名高校与科研院所作为试点单位，增设数字贸易相关专业或成立数字贸易学院，以我国数字贸易发展需求为核心，改革人才培养模式，探索跨界人才联合培养制度，提升人才培养的成效。

充分发挥中国科协的创新人才引领作用。作为中国科技共同体组织，中国科协拥有 210 个自然科学、工程技术和交叉领域的全国学会，与 374 个国际科技组织建立了合作关系，连接国际创新网络。2020 年中国科协推出科创中国品牌，以组织创新聚合资源，让市长找到市场，让科学家找到企业家。科协组织助力数字贸易发展，一是推动跨界协同，搭建数字技术服务与交易平台，构筑数字经济新生态；二是培育数字人才，以学术交流、人才举荐、专业培训等渠道，助力数字经济人才成长；三是拓展开放合作，开展民间科技交流，深化与国外、国际科技组织的合作，共建全球数字贸易与治理体系。

### （二）外部环境优化与提升

第一，继续推动经济全球化发展战略，全面参与全球数字贸易中高端产业价值链，打造具有影响力的国际品牌。虽然近年来贸易保护主义逐渐抬头，但随着互联网技术的高速发展和广泛应用，经济全球化仍是主要发展趋势。对此，中国应当继续全面推进经济全球化发展战略，充分发挥各国比较竞争优势，实现各自经济利益最大化。例如，继续推动“互联网+”发展战略，实现全产业数字化转型，为跨境电子商务做好必要基础准备。同时，加强与“一带一路”沿线国家的数字贸易交流活动，积极推广大数据、云计算以及物联网等技术应用，加速世界资源整合，更快地参与全球中高端价值链生产。同时，鼓励国内企业数字化转型，加强企业生产及日常经营的信息化管理，通过技术创新打造具有国际影响力的品牌，缩短与发达国家之间的差距，为我国数字贸易国际谈判提供更多支持。

第二，建设较为健全的信用体系及跨境商贸纠纷解决机制，重点布局跨境电子商务行业，构建诚实守信的跨境电商发展环境。跨境电子商务作为数字贸易的重要载体，其发展质量关系到我国数字贸易发展前景。而对跨境电子商务经营影响最大的因素为信用体系建设和售后纠纷解决机制。对此，吸取国外信用体系建设经验并结合国内实际发展状况，采用创新技术实现信用信息共享，构建全球化信用体系势在必行。重点加强对消费者权益及数字知识产权等领域的保护，以规范我国跨境电子商务发展规范，通过国际合作和交流等形式，联合构建跨境电子商务纠纷解决机制，切实保护国内外消费者权益。

第三，积极参与数字贸易国际规则制定，提升国际话语权。数字贸易模式发展时间尚短，且全球数字贸易规则由欧美等国家主导和制定，而中国等发展中国家鲜有建树。因此，对中国而言加快数字贸易国际规则制定，切实维护自身利益势在必行。对此我国应先客观评判数字贸易国际规则并明确我方立场及态度，在遵循公正和平等原则上从现有分歧中寻找平衡点。同时，吸取过往国际贸易经验与教训，组建以中国为核心的数字贸易平台，推动多边数字贸易合作力度，探索并组织构建一套适用于发展中国家的数字贸易规则框架和体系。

## 三、以建设“数字丝绸之路”为引领加强数字贸易国际合作

加快构建以中国为核心的“一带一路”数字贸易区域价值链，提高与“一带一路”沿线国家的数字经济合作水平。中国自提出“一带一路”倡议以来，已经得到不少沿线国家和地区的响应与支持，在全球范围内已经产生较大影响。“一带一路”倡议已经成为中国突破现有全球价值链分工格局、实现全球价值链升级的重要渠道。因此，数字贸易发展应与“一带一路”倡议相结合，加强与沿线国家和地区数字贸易的合作与交流，推动数字贸易规则制定。同时，要立足国际视野，加强与美欧日等数字贸易强国的联系，拓展数字贸易合作渠道，积极参与双边与多边数字贸易规则制定。从我国数字贸易发展的比较优势入手，以“一带一路”沿线国家和地区为重点，推动数字贸易全球合作共享中心的建设。

### （一）加快新型基础设施建设

加速推动 5G 网络部署，推动基础电信企业加大投资、加快建网，组织开展

异网漫游，最大程度推进 5G 网络共建共享，2020 年底，已实现全国所有地级市覆盖 5G 网络；加快出台 5G 跨行业应用指导政策和融合标准，促进 5G 和制造、交通、医疗、教育、农业等垂直行业的融合发展。持续推进工业互联网创新发展，加快工业互联网网络、平台、安全三大体系建设，持续完善工业互联网发展生态；继续实施工业互联网创新发展工程，打造公共服务平台，培育系统解决方案供应商，促进产业供给能力不断提升；聚焦工业互联网内外网络建设改造，加快实施“5G+工业互联网”工程，推动 5G 与工业互联网融合发展。深入推动网络基础设施优化升级，做好网络提速降费工作，推进千兆宽带入户示范和移动网络扩容升级，推动宽带精准降费，规范用户套餐设置；深化电信普遍服务，加大对边疆地区、深度贫困地区的支持力度；纵深推进 IPv6 规模部署，持续提升 IPv6 网络质量和服务能力，加快形成网络终端全面就绪、应用改造逐步推进、用户流量稳步提高。

## （二）加速数据要素价值化进程

推进数据采集、标注、存储、传输、管理、应用等全生命周期价值管理，打通不同主体之间的数据壁垒，实现传感、控制、管理、运营等多源数据一体化集成。构建不同主体的数据采集、共享机制，推动落实不同领域数据标注与管理应用。建设国家数据采集标准平台和数据资源平台，实现多源异构数据的融合和存储。建立数据质量管理机制，制定规范的数据质量评估监督、响应问责和流程改善方案，积极应用先进质量管理工具，形成数据质量管理闭环。加快完善数字经济市场体系，推动形成数据要素市场，研究制定数据流通交易规则，引导培育数据要素交易市场，依法合规开展数据交易，支持各类所有制企业参与数据要素交易平台建设。推动数据要素全面深度应用，深化数据驱动的全流程应用，提升基于数据分析的工业、服务业、农业的供给与消费，实现不同产业的生产管理全流程综合应用。组织开展数据标准研制工作，促进各类标准之间的衔接配套。

## （三）加强企业数字化改造

引导实体经济企业加快生产装备的数字化升级，深化生产制造、经营管理、市场服务等环节的数字化应用，加速业务数据集成共享。加快行业数字化升级，面向钢铁、石化、机械、电子信息等重点行业，制定数字化转型路线图，形成一批可复制、可推广的行业数字化转型系统解决方案。打造区域制造业数字化集群，加快重点区域制造业集群基础设施数字化改造，推动智慧物流网络、能源管控系统等新型基础设施共建共享。培育数据驱动的新模式新业态，引导企业依托工业互联网平台打通消费与生产、供应与制造、产品与服务间的数据流和业务流，加快创新资源在线汇聚和共享，培育个性化定制、按需制造、产业链协同制造等新模式，发展平台经济、共享经济、产业链金融等新业态。

从企业层面来说，一要通过数字科技的创新推动产品的创新；二要鼓励企业运用数字科技来创造更多高科技、智能型新产品和新服务，进而提升企业竞争力；三要运用数字技术加速发展新业态新模式，进而推动商业模式创新。对于外贸企业来说，建设数字贸易强国，关键在于加快传统产业数字化步伐，实施生产以及服务体系的智能化升级，形成具有国际竞争力的数字产业集群，通过数字技术激发新产品、新模式、新业态的发展，推动新旧外贸动能的转换。外贸企业要充分利用数字化技术拓展国际市场，更好地掌握国际市场的变化，持续优化全球资源配置，有效组织出口和进口，使得供求更契合消费者的需要，推动外贸效率进一步提升。

在上海、海南等自贸区进行试点，有序开放增值电信业务（包括数据中心、云服务的业务）支持外国企业来华投资兴业，进一步推动外资项目和企业复工复产，各项服务政策都同等适用于内外资企业。在确保数据流动安全可控的前提下，积极推动试验区内少量试点企业在国外特定范围内实现数据合规流动，扩大数据领域开放，创新安全制度设计。加快推动公共数据开放，引导社会机构依法开放自有数据，支持在特定领域开展数据合作，推动政务数据与社会化数据平台对接。

## 四、以“碳中和”“碳达峰”为契机，重塑中国出口竞争优势

碳中和将影响全球贸易格局，展望后疫情时代，碳中和对全球贸易影响更加深远。一方面，碳关税影响高碳贸易品成本和国际比较优势，影响中国相关产品出口规模和全球贸易份额；另一方面，碳中和带来新能源设备、低碳产品贸易增长，促进技术先进国家占据贸易优势地位。碳关税将冲击中国高碳产品竞争力，相关产品出口份额或下降。碳关税主要通过成本上升机制影响贸易国出口竞争力。中国作为最大的贸易国和碳排放国，同时也是欧盟主要的钢铁进口国，欧盟碳关税落地将造成中国钢铁出口成本增加约 25%。如果每吨二氧化碳征收 60 欧元碳关税，以 2019 年对欧盟的出口额 47 亿欧元钢铁为基数，则中国将被征收 2.65 亿欧元的碳关税。具体来说，碳关税将冲击焦炭、石油冶炼、钢铁、纺织业、服装等产业，可能冲击中国传统贸易品的竞争力，造成相关商品出口减少。相比之下，欧洲等发达地区的低碳产品国际竞争力将有所上升，利好其出口增长。所以我们要积极融入全球数字分工与治理体系建设。

### （一）推动数字服务出口试点示范

推动国家数字服务出口基地建设，支持基地发展信息技术服务、数字内容服务出口、离岸服务外包以及服务型制造，鼓励传统制造业数字化以及基地内企业开展战略合作。推进数字技术对产业链价值链的协同与整合，推动产业数字化转型，促进制造业服务业深度融合，推动生产性服务业通过服务外包等方式融入全球价值链。打造数字服务出口支撑平台，充分借鉴区域平台的创新性体制，构建物联网平台和公共服务平台。培育数字服务出口新主体，积极发展共享、平台、众包、供应链、跨境电商等新兴市场主体，加快培育以研发、设计、营销、品牌等服务环节为引领的综合服务提供商。完善统计界定范围，将运用大数据、人工智能、云计算、物联网等新一代信息技术进行发包的新业态新模式纳入服务外包业务统计。

发挥试点试验区的作用，建设服务外包示范城市、服务贸易创新试点、数字服务出口示范基地、跨境电商试点、软件出口基地城市；提升服务外包价值链地位；宣传推广众包、云外包、平台分包等新业态新模式，促进外包产业链上下游企业供需对接，加强产业对接合作；利用外经贸发展资金支持服务外包企业参与新基建投资、建设与运营服务，助力开拓国内国际市场；鼓励研发、设计、维修、咨询、检验检测等领域传统服务外包企业向“一站式解决方案提供商”转型，提升外包企业数字化服务能力。

### （二）构建适应开放需求的数字治理体系

健全数据流动风险管控措施，深入贯彻实施网络安全等级保护制度，重点保障关键信息基础设施和数据安全，健全网络安全保障体系，提升网络安全保障能力和水平。开展跨境数据分类分级，建立国际数据跨境交换规则与安全保护及风险控制机制。深入研究开放环境下原有数字经济监管治理逻辑或原则的适用性，是否损害我国消费者、企业或政府的利益，以及是否有重大风险隐患。探索构建对境外数字服务提供商的监管体系，确保相关法律法规能对境外企业形成切实约束。探索构建对境外输入数字产品和服务的监管体系，通过数字技术提升监管治理效率，确保输入的数字产品和服务符合我国法律法规。

### （三）积极参与全球数字经济治理体系构建

加快构建我国的数字贸易规划方案，制订数字贸易规则设计的工作计划、实现路径和完成时限，建立统筹协调机制，推动各规则模块有序构建。组建跨学科、跨领域的数字贸易专家团队，除了法律和贸易领域专家外，还应整合从事数字经济研究的专家学者，以及技术、产业界的代表。开展数字贸易专项调研，了解我国数字贸易相关企业的发展现状，贸易中遇到的制度性障碍和外部壁垒以及对规则的诉求。更深程度参与电子商务/数字贸易规则谈判，积极参与传统电子商务议题以外的新兴议题的磋商和对话，同时在区域贸易协定谈判中也应加入数字贸易议题的讨论，扩大我国规则主张的国际影响力。在保证数据安全的前提下，充分挖掘数字经济和数字贸易的潜力，处理好服务贸易数字化和数据安全的关系。培育一批具有全球数字技术影响力、数字资源配置力和数字规则话语权的数字贸易龙头企业。基本建成与国际高标准经贸规则相衔接的数字贸易发展体系，打造具有国内示范作用和全球辐射效应的数字贸易示范区。

# 参考文献


[1] 董加天. 我国跨境电子商务综合试验区发展模式研究[J]. 商展经济, 2022(06): 34-38.

[2] 王岚. 数字贸易壁垒的内涵、测度与国际治理[J]. 国际经贸探索, 2021, 37(11): 85-100.

[3] 余晓晖.《全球数字经济白皮书——疫情冲击下的复苏新曙光》解读[J]. 互联网天地, 2021(08): 17-21.

[4] 周念利, 吴希贤. 美式数字贸易规则的发展演进研究——基于《美日数字贸易协定》的视角[J]. 日本学刊, 2021(S1): 177.

[5] 朱福林. 中国数字服务贸易高质量发展的制约因素和推进路径[J]. 学术论坛, 2021, 44(03): 113-123.

[6] 赵忠秀, 刘恒. 数字货币、贸易结算创新与国际货币体系改善[J]. 经济与管理评论, 2021, 37(03): 44-57.

[7] 黄鹏, 陈靓. 数字经济全球化下的世界经济运行机制与规则构建: 基于要素流动理论的视角[J]. 世界经济研究, 2021(03): 3-13, 134.

[8] 张茉楠. 数字贸易：经济复苏新动力 大国博弈新前沿[J]. 经济导刊, 2021(03): 4.

[9] 何伟. 我国数字经济发展综述[J]. 信息通信技术与政策, 2021(02): 1-7.

[10] 夏杰长. 数字贸易与全球价值链[J]. 团结, 2021(01): 24-26.

[11] 张可儿. 中国数字服务贸易发展现状及优化策略[J]. 企业科技与发展, 2021(02): 35-37.

[12] 肖宇, 夏杰长. 数字贸易的全球规则博弈及中国应对[J]. 北京工业大学学报(社会科学版), 2021, 21(03): 49-64.

[13] 董亚楠. 数字贸易壁垒国际规制比较研究[J]. 老字号品牌营销, 2021(02): 91-92.

[14] 罗丽琪, 温湖炜. 后疫情下提升中小企业国际竞争力的数字贸易政策简析[J]. 中国商论, 2021(04): 91-93.

[15] 张夏恒. 数字贸易的研究现状及趋势研判[J]. 长安大学学报(社会科学版), 2021, 23(02): 75-84.

[16] 朱李鸣. 聚焦发力数字自由贸易试验区创新突破点[J]. 浙江经济, 2021(01): 16-17.

[17] 方元欣, 高晓雨. 数字贸易理论与发展框架研究[J]. 中国信息化, 2021(01): 110, 116-120.

[18] 熊鸿儒, 马源, 陈红娜, 田杰棠. 数字贸易规则：关键议题、现实挑战与构建策略[J]. 改革, 2021(01): 65-73.

[19] 王瑞荣. 数字贸易推动浙江省制造业高质量发展的对策建议[J]. 现代管理科学, 2021(01): 114-120.

[20] 沈玉良, 彭羽, 高疆, 陈历幸. 数字贸易发展新动力：RTA 数字贸易规则方兴未艾——全球数字贸易促进指数分析报告(2020)[J]. 世界经济研究, 2021(01): 3-16, 134.

[21] 张纪凤, 牟亚静. 国际贸易专业人才培养模式研究[J]. 对外经贸, 2020(12): 153-155.

[22] 吕飞, 陈阿兴. 我国数字贸易发展水平的因子分析[J]. 高师理科学刊, 2020, 40(12): 17-22.

[23] 张卫华, 梁运文. 中国数字贸易发展水平省域分异与空间效应[J]. 贵州社会科学, 2020(12): 129-138.

[24] 高晓雨. 聚焦数字贸易新发展共享数字经济新机遇[J]. 信息化建设, 2020(11): 60.

[25] 刘多.《全球数字经济新图景(2020 年) ——大变局下的可持续发展新动能》解读[J]. 互联网天地, 2020(10): 8-15.

[26] 李轩, 李珮萍. 数字贸易理论发展研究述评[J]. 江汉大学学报(社会科学版), 2020, 37(05): 44-57, 125-126.

[27] 黄庆平, 李猛. 探索建设自由贸易港口的数字贸易发展策略[J]. 管理现代化, 2020, 40(05): 60-64.

[28] 戴龙. 数字经济产业与数字贸易壁垒规制——现状、挑战及中国因应[J]. 财经问题研究, 2020(08): 40-47.

[29] 谢谦, 姚博, 刘洪愧. 数字贸易政策国际比较、发展趋势及启示[J]. 技术经济, 2020, 39(07): 10-17.

[30] 王娟. 论 CPTPP 数字贸易规则及对中国的影响[D]. 济南：山东大学, 2020.

[31] 黄时敏. 跨境数据流动"二元规则"与我国应对[D]. 上海：华东政法大学, 2020.

[32] 王超. 全球数字贸易视角下个人数据跨境流动的规制[D]. 上海：华东政法大学, 2020.

[33] 叶海君. 跨境数据流动的国际规制研究[D]. 泉州：华侨大学, 2020.

[34] 涂芷筠. 数字贸易的非关税壁垒研究[D]. 大连：大连海事大学, 2020.

[35] 盛欣. 数字贸易背景下个人信息跨境传输的国际法保护[D]. 长沙：湖南师范大学, 2020.
[36] 倪甜. 国际贸易规则下的数据本地化措施研究[D]. 郑州：河南大学, 2020.
[37] 郭旭. 美国数字贸易规则研究[D]. 大连：大连海事大学, 2020.
[38] 陈戎. 数字经济发展对中国出口贸易的影响[D]. 济南：山东大学, 2020.
[39] 安娜. 区域贸易协定中的电子商务规则比较与中国的应对[D]. 广州：广东外语外贸大学, 2020.
[40] 徐金海, 夏杰长. 全球价值链视角的数字贸易发展：战略定位与中国路径[J]. 改革, 2020(05): 58-67.
[41] 王婷婷. 跨境数据流动法律问题研究[D]. 郑州：郑州大学, 2020.
[42] 赵晓斐. 数字贸易壁垒与全球价值链分工[D]. 北京：对外经济贸易大学, 2020.
[43] Ivan Sarafanov. 金砖国家数字产品贸易壁垒对数据密集型行业全要素生产率及宏观经济影响研究[D]. 北京：对外经济贸易大学, 2020.
[44] 郑伟, 钊阳. 数字贸易: 国际趋势及我国发展路径研究[J]. 国际贸易, 2020(04): 56-63.
[45] 钱芳. 金融服务贸易的区域规则研究[D]. 上海：华东政法大学, 2020.
[46] 孔大鹏. 美国区域合作中的数字贸易规则研究[D]. 北京：中国社会科学院研究生院, 2020.
[47] 张冰. 欧盟个人数据跨境流动的规则研究与借鉴[D]. 上海：华东政法大学, 2020.
[48] 国莎莎. 全球数字贸易规则形成中的分歧与中国的应对策略[D]. 长春：吉林大学, 2020.
[49] 刘洪愧. 数字贸易发展的经济效应与推进方略[J]. 改革, 2020(03): 40-52.
[50] 雷辉, 聂丽鹃. 数字贸易规则构建的发展现状及我国对策[J]. 对外经贸事务, 2020(03): 46-49.
[51] 张群, 周丹, 吴石磊. 我国数字贸易发展的态势、问题及对策研究[J]. 经济纵横, 2020(02): 106-112.
[52] 汪延明. 我国数字贸易面临的挑战及对策[J]. 中国流通经济, 2020, 34(01): 3-8.
[53] 曹淼孙. 我国数字贸易发展: 现状、挑战与策略研究[J]. 西南金融, 2020(01): 46-53.
[54] 于雪. 欧美数字贸易规则比较研究[D]. 重庆：西南政法大学, 2019.
[55] 王素云. 互联网与我国对外贸易发展：动因、机制与效应研究[D]. 上海：上海社会科学院, 2019.
[56] 熊院菊. 论数字贸易下数据跨境流动国际规制的完善及对我国的启示[D]. 武汉：中南财经政法大学, 2019.
[57] 向南. 跨境贸易中数字产品的定性及法律规制研究[D]. 南京：南京师范大学, 2019.
[58] 沈乐乐. 论国际数字贸易规则领域的中国国际话语权提升[D]. 杭州：浙江大学, 2019.
[59] 李丽. 数字贸易背景下国际贸易专业人才培养路径研究[J]. 芜湖职业技术学院学报, 2018, 20(02): 7-10.
[60] 徐翔. 美国数字贸易发展分析[D]. 长春：吉林大学, 2017.
[61] 吴殿廷. 试论中国经济增长的南北差异[J]. 地理研究, 2001(02): 238-246.
[62] 杜顺帆. “三链融合”框架下数字贸易竞争力测度与提升策略[D]. 杭州：浙江大学, 2020.
[63] 倪琦. “数字丝绸之路”共建中的治理机制研究[D]. 杭州：浙江工业大学, 2020.
[64] 赵新泉, 张相伟, 林志刚. “双循环”新发展格局下我国数字贸易发展机遇、挑战及应对措施[J]. 经济体制改革, 2021(04): 22-28.
[65] 王智新. “一带一路”沿线国家数字贸易营商环境的统计测度[J]. 统计与决策, 2020, 36(19): 47-51.
[66] 周安康. FTA 数字贸易规则法律问题研究[D]. 南京：南京师范大学, 2020.
[67] 彭德雷, 张子琳. RCEP 核心数字贸易规则及其影响[J]. 中国流通经济, 2021, 35(08): 18-29.
[68] 盛斌, 高疆. 超越传统贸易: 数字贸易的内涵、特征与影响[J]. 国外社会科学, 2020(04): 18-32.
[69] 张夏恒. 共生抑或迭代: 再议跨境电子商务与全球数字贸易[J]. 当代经济管理, 2020, 42(11): 43-50.
[70] 杨安琪. 构建国际经贸新规则问题研究[D]. 哈尔滨：黑龙江大学, 2020.
[71] 李钢, 张琦. 对我国发展数字贸易的思考[J]. 国际经济合作, 2020(01): 56-65.
[72] 丁秀芳. 促进数字贸易国际规则发展的路径[D]. 杭州：浙江大学, 2019.
[73] 白黎. TPP 规制数字贸易壁垒的措施研究[D]. 重庆：西南政法大学, 2018.
[74] 叶亚露. 传统产业的数字化变革[D]. 杭州：浙江大学, 2017.